Moritz Leopold Ludolf von Kaisenberg

Ulanen-Briefe von der I. Armee

Moritz Leopold Ludolf von Kaisenberg

Ulanen-Briefe von der I. Armee

ISBN/EAN: 9783744671682

Hergestellt in Europa, USA, Kanada, Australien, Japan

Cover: Foto ©ninafisch / pixelio.de

Weitere Bücher finden Sie auf **www.hansebooks.com**

Ulanen-Briefe
von der I. Armee.

Von

Moritz von Berg.

Drei Teile in einem Bande.

Nebst einer Karte des Kriegsschauplatzes um Amiens.

Bielefeld.
Verlag von Ernst Siedhoff.
1893.

Alle Rechte vorbehalten.

Der Frau Gräfin von Galen

geb. von Olfers

in alter Anhänglichkeit gewidmet

von dem

Verfasser.

Die nachstehenden Briefe fand ich in dem Nachlaß meiner verstorbenen, teuren Mutter. Die liebende Mutterhand hatte sie nach der Nummer geordnet, und erzählen sie von dem, was ich in dem französischen Kriege erlebt. Wenn sie dem Lesenden auch nichts mitteilen werden, was neu, historisch merkwürdig ist, so bilden sie doch ein Stimmungsbild aus den Tagen der herrlichen Zeit, welche Deutschland einigen half. Für die Waffen=kameraden werden die täglichen Schilderungen Erinnerungen entstehen lassen an Thaten, welche sie selbst ähnlich erlebten.

Mögen diese Briefe in diesem Sinne aufgefaßt werden.

I. Abschnitt.

Von der Mobilmachung bis zur Kapitulation von Metz.

I.

H., den 13. Juli 1870.

Mein liebes Mamachen!

Es sind einige Tage vergangen, mein gewohnter Wochenbrief hat sich verspätet. Wirst Du mir zürnen? Und dabei kann ich eigentlich nichts Thatsächliches zu meiner Entschuldigung Dir anführen. Unsere kleine westfälische Garnison liegt in gewohnter Ruhe da, des Dienstes regelrechte Uhr geht ihren gewohnten Gang, die heiße Julisonne brütet bei dem Exerzieren über den Lanzenflaggen meiner Ulanen, die Offiziere sind teilweise auf Urlaub und kein Wölkchen ist an dem Horizont zu erblicken. Und doch, was ist es, das die Stimmung beeinflußt? Sind es die politischen Nachrichten, die fern aus Spanien kommend, den Geist beschäftigen, sind es die gallischen Unverschämtheiten, welche es wagen, unserem geliebten König nahe zu treten? Wer weiß es? Und doch, es liegt wie eine Wetterwolke am Himmel unseres Lebens und ein gewisses Etwas läßt uns von der kommenden Minute Aufregendes erwarten. Die vergangenen Tage haben wir noch ziemlich ruhig verlebt. Am Nachmittag bin ich oft in E. bei der mir so lieben Familie v. T. gewesen, deren gastliches Haus uns so viel Angenehmes bietet, und vorgestern war ich bei dem Baron R. zum Diner. Als wir nach Tisch in gewohnter Weise nach der Scheibe schossen und der Donnerschlag des Centrumschusses nebst der in ausgiebiger Weise dabei genossenen Bowle die Gemüter bewegte, da fielen schon viele Brandreden und erbitterte Worte auf unsere westlichen Nachbaren, denn es gewittert schon lange, und aller Wunsch ist, daß der Blitz in Form der Kriegserklärung bald die Unruhe klären möge. Heute abend will ich meinen braunen Koriander wieder nach E. hinaustänneln und denke dort auf einem langen Spazierritt mit der Tochter des Hauses etwas auf andere Gedanken zu kommen. Morgen weiter.

14. 7. Es waren wie gewöhnlich nette Stunden gestern abend, mein liebes Mamachen, und gegen 10 Uhr kehrte ich nach hier zurück. Als ich mich der Stadt näherte, spitzte mein Brauner plötzlich die Ohren und auch ich erschrak, als ich plötzlich die Alarmtrommel unseres hier mit uns liegenden Bataillons vernahm. Ein langer Galopp bis auf den Marktplatz, woher die Trommel klang. Ist die Mobilmachungsordre da? Doch nein, es war nur eine Alarmierung des Bataillons zum Zweck einer Nachtfelddienstübung, also wieder einmal — nichts. — Heute habe ich mit den Offizieren des Bataillons die Feier der Schlacht von Aschaffenburg mitgemacht, und als die Stimmung lebhafter wurde, fehlte es wieder an Toasten nicht, welche die Ohren der Franzosen nicht angenehm berührt haben möchten. Ich bin sonst munter und wohl, von Fr. und den Kindern habe ich gute Nachrichten. Meinen zwei Offizieren habe ich heute geschrieben, daß sie sich auf ein sofortiges Rückrufstelegramm von ihrem Urlaub gefaßt halten sollten, denn man weiß nicht, was die nächste Stunde bringt. Hoffentlich geht es Dir gut, mein liebes Mamachen, in den nächsten Tagen schreibt Dir wieder

Dein M.

II.

St., den 20. Juli 1870.

Meine liebe teure Mama und Tante!

Da meine Briefe immer für Euch Lieben Beide bestimmt sind, so will ich sie auch heute unter obiger Adresse schreiben, fehlt dann einmal die ganze Ueberschrift, so wird meine liebe Tante Wile nicht böse sein, sie weiß ja, wie es gemeint ist. Wenn Ihr die obige Adresse lest, so wundert Ihr Euch vielleicht und wähnt mich nach den Zeitungsnachrichten womöglich schon jenseits der Grenze. Aber gut Ding will Weile haben, und solch eine Mobilmachung bedarf erst recht der Zeit. Sie ist nun endlich eingetroffen die Ordre der Mobilmachung, dieses eine Wort, welches Hunderttausende von Herzen hoch aufschlagen ließ in Begeisterung und Liebe für König und Vaterland. Hier in meinem teueren Lande der roten Erde herrscht nur **ein Sinn**: „**Hin nach Frankreich hinein und dem Beleidiger in das Gesicht geschlagen.**" Wo sind die Strömungen geblieben, von denen ich Euch vor 4 Jahren nach 1866 schrieb, die uns anfangs unseren Verkehr mit den Freunden vom Lande so erschwerten, wo das Mäkeln zwischen den Vorzügen Oesterreichs vor Preußen, wo die religiösen Streitfragen? Einen Sinn, ein Wort giebt es nur in der Bauernhütte wie im Schloß, die heißen: „**Deutschland, stehe auf und wehre Dich Deiner Ehre.**" Es ist eine große Zeit, in der wir leben, und es lohnt sich, in ihr ein Deutscher zu sein.

Als ich am 16. früh 5 Uhr in meinem Bett des Gasthofs bei dem braven Unkenbold noch selig schlief, da nahte sich das Schicksal und dasselbe erschien in der Gestalt des Kommandeurs des Garde-Landwehr-Bataillons, Baron W., welcher mir zurief: „**Der ganze Norddeutsche Bund ist mobil.**" Ihr könnt Euch denken, aufspringen, dem lieben Major die Depesche entreißen, die er soeben von Berlin bekommen, war eins und da stand es: **Als erster Mobilmachungstag gilt der 17. Juli.** Wir fielen uns bald in die Arme vor jubelnder Freude. Alle anderen persönlichen Gedanken traten zurück, das Vaterland stand in erster Linie. Hurra! Hurra! mit diesem Ruf eilte ich zur Kaserne, ließ antreten, und meine Ulanen brachen auf meine Mitteilung mit mir in ein stürmisches Hoch und abermals Hoch auf unseren teueren König aus. Derselbe Morgen brachte vom Regiment die telegraphische Ordre des schleunigen Einpackens der Kammerbestände und des Abmarsches der Eskadron in die Kantonnements bei M. zur Konzentration des Regiments für den nächsten Morgen, für mich aber den Befehl zur Aushebung von 300 Pferden in H. i. W. Meine Offiziere, Lieutenant von R. und von L. kamen schon mit dem nächsten Zuge an, da ihnen der Urlaub unter den Verhältnissen zu brenzlich geworden war. Nun aber hieß es „Packen". Was das bedeuten will, in den 24 Stunden mit einer Kammer von Jahre lang ersparter Bestände fertig zu werden, das weiß allein der, welcher es mitgemacht. Aber es **ging**, und am anderen Morgen marschierte die Eskadron unter dem Befehl des Lieutenants von L. nach Münster ab, während ich hierher fuhr und mein ältester Offizier, Lieutenant v. R. nach W., gleichfalls zur Pferdeaushebung reiste. Mein liebes, teueres Mütterchen, hättest Du nur unsere Garnison, sonst so friedlich in grünen Wiesen an der Lippe Strand gelegen, in diesen Tagen sehen können, Du würdest erstaunt gewesen sein. Es war ein Jahresfesttag in der Stadt. „Das jähr= liche Wettrennen," verbunden mit Pferdemusterung und Dressurproben fand auf meinem Exerzierplatz statt. Aber wo sollte das Interesse für Rennen c. noch herkommen? Am Nachmittag war ich mit meinem alten Freunde, Baron G. R., Baron R. und Landrat von B. eine Stunde auch auf dem Rennplatz und sah Graf Nicky noch in aller Eile die steeple chase mit gewohnter Bravour gewinnen. Nachher ging es in den Gasthof zum Grafen von der Mark, und hier saßen wir bei schäumendem Sekt und jubelnden Reden auf Sieg und Wieder= sehen bis zu meiner Abreise hierher. Mir geht es vorzüglich. Einer besonderen Vorbereitung zum Kriege bedurfte es für mich nicht, meine Sachen waren in Ordnung, unsere Möbel standen des bevorstehenden Umzuges wegen, wie Ihr wißt, wohlverpackt im Romberger Hof in M. und so konnte es denn losgehen. Leid that es mir, Fr. und den Kindern nicht vorher noch Adieu sagen zu können, denn es ist doch immer solche eigene Sache mit dem Wiederkommen, und Euch, Ihr meine Lieben, nicht zum Abschied küssen zu können, aber bei der Ent= fernung ist es ja unmöglich. Meine drei Pferde sind wohl und munter, alle drei sind vollständig kriegstüchtig, nur bin ich neugierig, wie die im Vollblutstall in Nordkirchen etwas verwöhnte Brittish Queen sich dem Feldzug und seinen Strapazen bei ihrem Alter von fünf Jahren anpassen wird. Aber edles Blut ist ja kein leerer Wahn und geht sie entzwei, dann reite ich auf einem Franzosenpferd weiter ins Franzosenland hinein. Gestern habe ich nun in den drei Distrikten Pferdevormusterung gehalten, heute bereits 190 Pferde für Landwehr= Kavallerie und Artillerie ausgehoben und morgen denke ich mit dem Rest von 120 Pferden fertig zu werden. Ein viel Aufmerksamkeit erforderndes Geschäft ist es, da das Auge sich in den vielen Stunden der Arbeit nicht gegen die sich zeigenden Fehler abstumpfen lassen darf.

Welche genußreichen Stunden verlebte ich aber nach der Arbeit in dem so reizend gemütlichen Hause des mir befreundeten Grafen L. Wie schließt man sich an diese lieben Menschen Westfalens an, welche als so reserviert gelten und doch so treu zu Einem stehen, wenn man mit ihnen erst bekannt geworden ist. Schwer bekannt werden, aber ist man es geworden, dann treu fürs Leben, das ist die Devise des westfälischen Adels. Vom ersten Augenblick vor vier Jahren, wo ich aus der Heimat zu dem Regiment hierher versetzt wurde, habe ich mich hier heimisch und wohl gefühlt, ja beinahe als Westfale selbst, da ja nach alter Tradition unsere Familie auch in dem Ruhrthal bei der Hohen-Syburg auf dem castrum, das noch als Ruine das Fluß=thal beherrscht, seit dem 12. Jahrhundert gehaust hat.

Hier in St. ist nun alles vereint, was Einem das Scheiden schwer machen kann, eine reizend graziöse Hausfrau, ein jovialer liebens=würdiger Mann, reizende Kinder und eine liebliche Häuslichkeit zwischen grünen Bäumen und Wiesen. Dazu war das Haus noch voll von Besuch, teilweise schon von einigen Verwandten vom Rhein, welche der Kriegsgefahr wegen ihre lieblichen Töchter hierher geschickt hatten. Mein liebes Mamachen, wenn man so im Leben um sich sieht, wie viel Stoff zu Romanen ist da oft vorhanden. So spielte sich auch in diesen Tagen hier ein solcher zu Ende. Da war ein bildhübsches interessantes Mädchen, das, wohin sie kam, Furore gemacht und eines liebenswürdigen Prinzen ganzes Herz gewonnen hatte. Der Prinz, zwar aus kleinem Hause, durfte doch nach den Familienbestimmungen nicht die Dame heiraten, obgleich ihr Adel dem seinigen an Alter mehr als gleich kam. Sie liebten sich, aber es war die alte Geschichte, sie konnten zu einander nicht kommen, das Wasser war viel zu tief. So schieden sie, und die Dame ward nach einigen Jahren dann eines anderen Braut. Ja, Du warst nicht das Ideal eines Mädchenherzens, mein lieber N., nur Jagdpassion und sonst wenig mehr, damit gewinnt man nicht ein solches Mädchenherz. Nun war auch dieser Verlobte zu den Fahnen einberufen, und als er gestern dahinzog, da bekam er auch seinen ersten Kuß. — Wer diesen Abschied mit ansehen konnte, wußte erst, was es für verschiedene Arten von Zärtlichkeiten giebt.

Doch, mein liebes Mamachen, sind das noch Mobilmachungs=gedanken? Wohin verirrt sich mein Schreiben, das schon so lang geworden? Morgen reise ich von hier ab nach M. und von dort zu meiner Schwadron, und dann adieu allen abschweifenden Gedanken an Friedens Glück und Sonnenschein. Einen kurzen Brief denke ich Euch Lieben noch zu schreiben, ehe wir eingeschifft werden.

Für heute lebt wohl und Gott behüte Euch.

Euer M.

III.

Amelsbüren, den 25. Juli 1870.

Meine liebe Mama!

Vorgestern mit Extrapost von dem 9 Meilen entfernten H. zurückgekehrt, finde ich hier in meinem Kantonnementquartier bei dem ehrenfesten Schulzen Brüning Deine lieben zärtlichen und besorgten Zeilen vor. Fürchte Dich nicht, mein liebes Mutting, Gott verläßt keinen braven Deutschen, und jede Kugel trifft ja nicht. Ueberhaupt sorge Dich nicht zu sehr, ich habe immer im Leben gefunden, je mehr man sich um etwas bangt, je leichter passiert etwas Unangenehmes, und ein Ulan mit Sorgen, das ist wie ein Hahn ohne Schwanz. Ich schreibe Dir gleich heute und schicke Dir die Schlüssel zu meinen Schränken, welche ich nicht gern dem Möbeltransporteur überlassen möchte; heute will ich nach M. fahren und das Nähere mit ihm besprechen.

Am Dienstag Morgen rücken wir ab und werden mit der Eisenbahn in mehreren Zügen nach Call über Köln 8 Meilen von der Grenze befördert, sodaß wir wohl in den nächsten Tagen von unseren Freunden, den Franzosen, hören werden. Lieutenant Bar. Tw. ist heute als Quartiermacher für das Regiment vorangereist, und mußte ich lebhaft dabei an meine Reise als solcher im Jahre 59 denken, als es wegen Luxemburgs mit Frankreich losgehen sollte, und ich von dem Offiziercorps meines alten Kürassierregiments auf die Bahn gebracht, unter Viktoriarufen abfuhr, um 4 Stunden darauf ganz still wieder zurückzukehren. Damals hatten die Diplomaten gesiegt, diesmal soll es hoffentlich das Schwert thun. — Ich habe jetzt, wie Ihr denken könnt, alle Hände voll zu thun: die Eskadron ist auf den Kriegsfuß gesetzt, die fehlenden Pferde teils ausgehoben, teils aus der Ersatzeskadron, welche Rittmeister v. R. erhalten hat, ergänzt. Der Enthusiasmus für den Krieg kann kaum noch größer werden, der Deutsche lernt es zum erstenmal, sich als Deutscher zu fühlen und

partikularistische Ansichten giebt es nicht mehr. Von allen Seiten
kommen die Anträge der Eltern, die Söhne mitzunehmen und einzu=
stellen, auch wenn sie noch gar nicht das Alter haben. Die Baronin
v. T. schickt 3 Söhne bei unserem Regiment mit.

Auch ich habe Wolf v. B. bekommen, der eigentlich Jäger werden
sollte; außerdem ist der Reserveoffizier Lieutenant Sch., der früher in
unserem Regiment stand, zur Eskadron versetzt. Solch' eine kriegs=
komplete Schwadron sieht doch anders aus, als eine im Frieden,
die Züge sind viel breiter, und ich habe gestern auf der Heide exerziert,
um Zugführer und Leute an die ungewohnte Form zu gewöhnen. Die
eingetroffenen Reserven sind prachtvolle Kerle, meistens Rheinländer
voll Schneidigkeit und dabei Humor, das sind die besten. Als ich
gestern in M. war, konnte man die sonst so ruhige Stadt kaum wieder=
erkennen, fünf Deputationen zogen am Abend mit Fackeln und Musik
vor das Schloß, um dem kommandierenden General zu huldigen und
Tausende riefen dem braven Z. ein Hurra zu, als er auf dem Balkon
erschien. Wie schnell ist „die Wacht am Rhein" zum Nationallied
geworden, und überall hört man nur diese Melodie. Die Stimmung
der Landwehr ist vorzüglich und alle Straßen und Orte sind voll von
zu der Fahne eilenden Mannschaften. Darunter sind prachtvolle
Menschen, der alte deutsche Eichenschlag, teilweise aus der Gegend
des Teutoburger Waldes.

Soll man da nicht unwillkürlich an Varus und seine Legionen
denken? Hüte dich, Napoleon, den teutonischen Furor zu reizen. —
Mit allen Dingen, welche die Fürsorge unserer Freunde und Bekannten
sich für uns ausdenken können, werden wir von allen Seiten über=
schüttet, das meiste können wir gar nicht mitnehmen. Von meiner
Freundin Fr. v. Tw. bekam ich gestern das schönste, eigenhändig zu=
sammengestellte Verbandzeug, so schön, daß es gar nicht schmerzen kann,
davon Gebrauch zu machen, und von der alten Baronin B. erhielt ich
einen schönen Trinkbecher. Nach M. vermeide ich es nochmals hin=
zugehen, zwar ist das Zusammensein mit all' den lieben Freunden
(wer weiß, wann und wie wir uns wiedersehen) ja prachtvoll und der
Enthusiasmus berauschend, aber es wird immer so viel sogenanntes
M.'sches Einmaleins (Burgunder und Sekt) dazu getrunken und noch
einmal die alte M.'sche Mimik durchgeübt, daß die Stimmung am
nächsten Morgen doch zu tragisch ist, und jetzt heißt es „Klarer Kopf

und Fröhlichkeit im Herzen". Herrmann soll ja noch vor dem Ausmarsch heiraten wollen, bestätigt sich das? Wünschen würde ich es ihm, daß er es noch möglich machte, und den „Firlefanz der Formen", den hat der Krieg ja meistens beseitigt. Wir bilden mit den 5 ten Ulanen in Düsseldorf die 7. Kavalleriebrigade unter General Graf D., und diese gehört zur 3. Kavalleriedivision unter Generallieutenant Graf Gr. Wenn Ihr schreibt, meine Lieben, so könnt Ihr das nächste Mal schon „Feldpostbrief" unter Anführung obiger Bezeichnungen schreiben und I. Armee darüber. Soeben erhalte ich noch einen Kriegssäbel von Baron W. und einen wunderschönen Revolver von Gisbert geschenkt. Nun kann's losgehen. Meine Pferde sind fit und munter. Nun, mein Mutting, lebe wohl und sorge Dich nicht, ich werde mich nicht leichtsinnig exponieren, aber doch immer der vorderste der Eskadron sein. Für die Kinder ist gesorgt, deshalb vorwärts mit Gott in den Feldzug hinein.

In treuer Liebe
Dein
M.

IV.

K.=Qu. Euren b. Trier, 31. Juli 1870.

Mein teueres Mamachen!

Wie ich Dir in meinem letzten Briefe schrieb, so ist es gekommen, wir sind am 26., nachmittags um 5 Uhr in M. verladen und hierher geschickt worden. Am letzten Tage kamen in Amelsbüren noch viele Bekannte mit ihren Damen an und wollten mich noch zu einem Abschieds= fest nach M. mitnehmen, ich lehnte es aber ab; es that mir leid, nicht den letzten Tag noch mit meiner lieben Bieber Familie (Baron B. W.) zusammen zu sein, es ging aber nicht anders, da ich noch zu viel zu thun hatte. Ich nahm an dem Nachmittag die Eskadron zusammen und hielt derselben eine Kriegsrede, worin ich die Leute über die Bedeutung des Krieges informierte, ihnen die Notwendigkeit strengster Disziplin an das Herz legte, die Kriegsartikel vorlas und sie auch auf besondere Manneszucht und das Verbrechen des Plünderns ꝛc. aufmerksam machte. Um 12 am 26. rückten wir nach dem Bahnhof in M. ab. Ein unbeschreiblicher Enthusiasmus herrschte in den Straßen und auf dem Bahnhof, viele, viele Bekannte, auch Damen, waren versammelt und der Abschied von den lieben Freunden wurde uns recht schwer. Mir am schwersten von H. v. O., Fr. v. Tw. und Th. v. R., denen ich im Laufe der Jahre am nächsten gestanden hatte. Die 3. und 4. Eskadron wurden in 2 Zügen befördert. Hierbei ereignete sich ein eigentümlicher Zufall, der die Verladungs- und überhaupt Eisenbahnverhältnisse unserer Zeit in einem merkwürdigen Lichte erscheinen ließ und zeigte, was für die Zukunft noch verbesserungsfähig war. Die Pferde meiner Eskadron und die Hälfte der Mannschaften waren in dem ersten Zuge verladen und war derselbe abgedampft. Die andere Hälfte meiner Mannschaften und die Pferde der 3. Eskadron waren gleichfalls verladen und der Rittmeister v. Sch. hatte auf dem Perron gerade die Leute seiner Eskadron antreten lassen, um sie zur Verladung einzuteilen, da — dampfte auch dieser zweite Zug dem anderen nach und war trotz allem Schreiens und Rufens nicht anzuhalten, so fuhr ich mit den Pferden der 3. Eskadron und nur wenigen Begleitmannschaften derselben, die in den offenen Pferdebahnwagen verteilt waren, und der zweiten Hälfte meiner Pferde und Mannschaften ab. Das war eine schöne Geschichte, aber nur nicht den Kopf verlieren: die Mannschaften der 3. Eskadron werden schon mit dem nächsten Zuge, der eine Stunde später ging, nachkommen. Aber ein fataler Moment muß es für Sch. doch gewesen sein, als er so seine Pferde davonfahren sah. — Es war überhaupt mit der Eisenbahnfahrerei an dem Tage eine eigene Sache, und mir passierte während der Fahrt ein Fall, der mir leicht das Leben hätte kosten können. Da wurde während der Fahrt plötzlich ganz unerwartet angehalten und nach einiger Zeit ohne Signal wieder abgefahren. Als wir auf der Strecke zwischen Köln und Call am anderen Morgen fuhren, kam plötzlich wieder ein Halt, welches längere Zeit zu dauern schien. Ich stieg aus, um mich von dem Zustand der Pferdewagen zu überzeugen und mir Brittish Queen anzusehen, die bei dem Einladen sehr nervös gewesen war; diese befand sich in einem der letzten Wagen. Da — fing plötzlich ohne Signal der Zug an, sich vorwärts zu bewegen. Es war windiges Wetter, ich hatte den Paletot umgehängt, mein Säbel schleppte; um nicht sitzen zu bleiben, sprang ich auf das Trittbrett des letzten Personenwagens und nun, Ihr wißt, daß ich etwas schwindelig bin, an den Wagen entlang vorwärts getappt auf den Trittbrettern, um mein Coupé zu erreichen, wobei mich Säbel und Paletot sehr hinderten. Zum Ueberfluß sehe ich noch von weitem eine Ueberführung quer über der Eisenbahn erscheinen. Nun fing ich an zu schreien, da — öffnete sich eine Coupéthür und die hülfreichen Arme des alten Kammerdieners des Grafen G., welcher als Malteser mitfuhr, zogen mich noch kurz vor der schrecklichen Brücke in das Coupé hinein. Ihr könnt denken, wie froh ich war, aber es dauerte eine Zeit lang, ehe ich mich von der körperlichen Anstrengung und der Aufregung erholte.

Auf jeder Station, die wir berührten, jubelnde Volksmengen an dem Eisenbahnwall und auf den Perrons, flatternde Fahnen, ungezählte Flaschen Wein und Bier in die Coupés hineingereicht, patriotische Reden, genug, ein Trubel und eine Begeisterung, die sich nicht beschreiben lassen. In Köln mitten in der Nacht um 1 Uhr war es am ärgsten, von Schlaf war keine Rede, die Nerven hielten kaum noch aus und das Gewühl des jubelnden Volkes war so groß, daß ich die Ulanen aus Besorgnis der Ueberbegeisterung nicht aussteigen, sondern ihnen den Kaffee in die Coupés hineinreichen ließ. Als dieselben nun bei werdendem Morgen gar den Rhein zuerst sahen, da kannte ihr Jubel keine Grenzen mehr, und „die Wacht am Rhein" erklang den ganzen langen Zug entlang. Es ist doch eine wunderbar große Zeit, die wir durchleben! In H., unserer lieben Garnison, die wir zuerst nach M. durchfuhren und wo wir 5 Minuten hielten, war noch eine traurige Abschiedsscene. Meines Lieutenants Sch. junge Braut, mit der er erst vor 4 Wochen sich verlobt hatte (das junge Brautpaar ist zusammen 39 Jahre alt) wartete thränenden Auges auf den scheidenden Bräutigam. Und als der Zug nun einlief und die beiden Liebenden sich in den Armen lagen, immer von neuem die schmerzlichen Rufe ertönten: „wir sehen uns niemals wieder", da feuchtete sich doch manches Ulanen Auge, welcher gleich diesem sein Liebstes zurückließ.

Am 27. um 11 Uhr kamen wir in Call an, hier wurde ausgeladen und ich ließ die Pferde der 3. Eskadron mit ihrem Gepäck unter der Aufsicht einiger Unteroffiziere zurück, um ihre kommenden Reiter zu erwarten. Sie kamen denn auch nach 3 Stunden an. Und nun begannen einige recht strapaziöse Tage, da wir Tag und Nacht auf Vorposten waren. Die Garantie des neutralen Landes Luxemburg war zweifelhaft geworden, und es wurde von der Heeresleitung ein eventueller Vorstoß der Franzosen durch das Großherzogtum erwartet. Wir hatten infolge dessen in der Brigade (mit den 5. Ulanen waren wir am 29. zusammengekommen) eine Aufstellung an der Sauer genommen und Vedetten von uns waren an der Grenze angeordnet.

Die Gegend war hier wunderschön, die Quartiere aber desto schrecklicher für Leute und Pferde; für diese fingen Haferrequisitionen auf mehreren Dörfern an, da ein einzelnes Dorf nicht im stande war, die Rationen zu liefern. Am Abend des 30. marschierten wir dann durch das schöne Moselthal an der hochgelegenen Mariensäule vorbei in unsere Kantonnements bei Trier, wo die Konzentration und der Aufmarsch stattfinden sollte. Die Eskadron kam nach Euren. — Wie geht es hier schon alles kriegsgemäß zu, mein liebes Mamachen, im Frieden da wird man in ein bestimmtes, vorher von dem Generalstabsoffizier bestimmtes Dorf einquartiert, hier wird im allgemeinen der Rayon angegeben. Findet man in dem einen Dorfe nicht Platz, so geht man in das nächste. Dann reitet eine Ordonnanz mit der Meldung zum Stabe und die bleibt dann dort zur Ueberbringung der Befehle. So ging es uns auch hier, wir dachten eigentlich nach Ceven zu kommen, fanden hier jedoch schon die 5. Ulanen und gingen deshalb nach Euren. Trier ist nur eine halbe Stunde entfernt und denken wir von dort unser Kriegsajustement zu vervollständigen, namentlich uns tüchtige Kriegsstiefel zu kaufen, da doch unsere lacklederenen für die kommenden Biwaks nicht ganz kriegstüchtig sein möchten. Euren liegt ganz prachtvoll in dem breiten Moselthal, die bewaldeten Ufer mit ihren Felsen und Trier in der Entfernung auf dem anderen Ufer geben ein entzückendes Landschaftsbild ab.

Lange werden wir nicht mehr hier sein, aber diese Gegend bietet uns ein schönes Abschiedsbild an unser schönes deutsches Vaterland. Gestern mußten wir recht über einen alten Bauern lachen, der in dem Wirtshaus den anderen Bauern mit überlegener Miene den deutschen Kriegsplan auseinander setzte, wir nannten ihn infolge dessen „den Moltke von Euren". Doch nun lebt wohl, und Gott erhalte Euch gesund; in den nächsten Tagen mehr.   Euer M.

Biwak bei **Pry**, 13. August 1870.

Mein liebes, teueres Mamachen!

Heute bekommst Du einen Brief, der nur mit Bleistift geschrieben ist, aber wie Du aus dem Ort siehst, sind wir in Frankreich, und da muß manches anders werden. Unsere Tinte ist alle geworden, selbst das Wachtmeistertintenfaß ist ausgetrocknet und ich habe eben dem Requisitionskommando aufgetragen, aus der école unter allen Umständen eine Flasche Tinte mitzubringen. Denn wo bliebe sonst das offizielle Kriegstagebuch, diese Last des schon so gequälten Schwadronsvaters, das täglich abends geführt werden muß? Werde ich nun mein Versprechen halten können, Dir alle 8—10 Tage zu schreiben? Ich denke es zu halten. Ist es doch, abgesehen von der Freude, mit Euch plaudern zu können, fast die einzige geistige Thätigkeit der Tage, die jetzt angefüllt sind von Strapazen, Aufregungen und dem historisch Großen, das man sieht und miterlebt, aber auch durch Schmutz und körperliche Entbehrungen. Gott sei Dank kann ich sagen, daß ich noch immer gesund bin, und da will ich Euch denn nun schildern, was ich seit Eurem bei Trier erlebt habe.

Am 31. Juli und 1. August blieben wir noch dort und erwarteten stündlich den Befehl zum Weitermarsch. Am 31. war allgemeiner Feldgottesdienst, die Schwadron trat auf dem Alarmplatz an und der Divisionsprediger Sauberzweig hielt eine von Herzen kommende und zu Herzen gehende Rede. Da sah ich manches Auge, das sonst nur von Humor zu blitzen pflegt, ernst werden und manche Hände sich zum Gebet falten, die das wohl lange verlernt hatten. Am 2. traf endlich die Marschordre ein und wir marschierten über Trier nach Conningen, wo wir angelehnt an ein Dorf zum erstenmal biwakierten. Hier schlachteten wir unser erstes Rind und machten die Erfahrung, daß frisch geschlachtetes Fleisch doch schwer zu kochen ist.

Wir aßen nur die Leber, welche durch Lieutenant v. R.'s Kochkunst zu einem ganz leiblichen Festbraten gemacht wurde. Auch die Bouillon war erträglich. Das Fleisch zu kochen aber war ein travailler pour le roi de Prusse, wie man hier zu sagen pflegt, wenn man etwas Unnützes vornimmt. Hier in Conningen wurden auch von mir die Rollen verteilt zur täglichen Verpflegung von uns, und jeder Offizier erhielt seinen Teil. R. behielt das des Obermundschenks und Kochs wegen seiner Meriten um die Leber, und entzückte uns derselbe in den nächsten Tagen oft durch seine humoristisch aufgestellten Menus, wo das Menu oft besser war, als das nachherige Essen. Auch für das Aesthetische wurde gesorgt, Lieutenant v. L. trug auf einer mitgeführten Ziehharmonika die schönsten Weisen vor, wobei das „Herzliebchen unter dem Rebendach" unsere beliebteste war, und am Nachmittag wurde das geistreiche Fliegenspiel gespielt, wobei ein jeder mit ernstem Antlitz auf den vor ihm gezeichneten Vierfleck herniedersah, um zu sehen, bei wem sich die erste Fliege einfinden wird und ihn den ausgesetzten Preis gewinnen läßt.

Die nächsten Tage gab es Märsche von je 5 Meilen nach Oppen und am 4. am schönen Dachstuhl vorbei nach Baltersweiler. Das Regiment marschierte jetzt zusammen, es waren aber gemischte Empfindungen, mit denen wir den schönen Dachstuhl betrachteten, denn unser Kommandeur führte uns einen Umweg von einer Meile, die Sonne brannte heiß und da wird eine Meile zu viel, so gut, wie deren drei sonst. Am 5. war Ruhetag, an dem wir endlich einmal die Wäsche waschen lassen konnten und mit den Sachen antreten. Hier waren wir schon ganz im kriegerischen Treiben darin, viele Regimenter kamen vorbei, so die 26 er, 35 er, 2. Dragoner und viel Artillerie. Unsere Quartiere wurden natürlich dadurch enger und teilte ich das Zimmer bei einem Lehrer mit zwei Hauptleuten von den 26 ern.

Der nächste Tag führte uns zum ersten Rendezvous unserer Kavalleriedivision, wo Graf Gröben eine Ansprache hielt und uns versprach, uns zu Ruhm und Ehre zu führen. Die 8. Kürassiere, 7. Ulanen und unsere Brigade waren hier zuerst im Verbande zusammen; ich traf dabei manchen Bekannten, so auch meinen lieben Karl v. d. Osten von den 7. Ulanen. Unterwegs trafen wir den Prinzen Adalbert von Preußen mit seiner Suite und den General von Steinmetz mit seinem Gefolge, unter welchem sich auch die Prinzessin Felix Salm befand, die Verfasserin ihrer mexikanischen Erlebnisse, die Ihr gelesen habt. Ich kannte die Prinzessin aus Anholt von Salms her; sie war als Leiterin der Anstalten vom Roten Kreuz vorläufig im Gefolge des Generals. Am 8. teilte uns der Kommandeur die mit Jubel aufgenommene Nachricht der Siege bei Spichern, Weißenburg und Wörth mit, was den ganzen Tag verherrlichte und uns zu brausenden vivat sequens-Rufen veranlaßte. Am Tage darauf ging es weiter in das Biwak bei Schwalbach, wo wir uns den ersten Kochofen bauten, den v. L., gestützt auf seine bei den Pionieren erlernten Kenntnisse, konstruierte.

Am 10. marschierten wir zuerst zum Rendezvous der Division und von da nach langem Warten bei Ueberherrn über die Saar und nach Frankreich hinein. Ich hatte die Avantgarde, und als wir am Grenzstein mit dem F (France) vorbeiritten, brachte ich ein jubelndes Hurra mit der Schwadron aus. So weit wären wir, und wir gehen nicht wieder heraus, bis der Franzose aufs Haupt geschlagen ist.

Bei Hargarten kam ich auf Vorposten, und setzte ich mit 2 Zügen Vorposten gegen Teterchen und Comme aus. In der Nacht kam ein wolkenbruchartiger Regen, was für uns um so empfindlicher war, als im letzten Biwak unser schönes tente abris vergessen wurde. Am 7. habe ich noch vergessen, Euch zu erzählen, daß mein Lieutenant v. R. mit 12 Pferden über Boulay bis nordöstlich von Metz nach Thionville zu, als Patrouille vorgeschickt wurde, um genaue Nachrichten über die französischen Gros einzuholen; heute kam seine erste Meldung an die Division an, die sehr Wichtiges gebracht haben soll. Während des heutigen Marsches traf ich einen Verwandten, den General v. L., Eueren Vetter, dessen Brigade wir kreuzten, und seinen Adjutanten, unseren alten Freund Karl Eilstedt (Graf Eilstedt-Peterswaldt). Es war ein zu komisches Wiedersehen, ich im Vollbart, schmutzig von all' den Biwaks, in verblichener Uniform, und er wie immer à quatre épingles. Erst erkannten mich beide nicht, aber nachher, welche Freude! Der General Hermann v. L., wie immer der liebenswürdige vornehme Mann, von seiner Kavalleriebrigade hochgeschätzt, läßt Euch vielmals grüßen. Was es für Verschiedenheiten unter Brüdern giebt, das ließ sich bei diesem und seinem Bruder wieder recht erkennen, keinen Tropfen Blut haben sie gemeinsam. Den 11. verbrachten wir nach der schauderhaften Regennacht in unserem Biwak auf Vorposten. Am Morgen hatten wir in unserem patschnassen Elend das Mitleid der Französinnen in Hargarten erregt, und brachten sie uns heiße Milch in großen Kübeln heraus, welche Liebenswürdigkeit mit graziösestem Dank erwidert wurde. Abends wurde ich von Vorposten abgelöst und marschierte mit der Schwadron als linke Seitendeckung bis an die Stadt Boulay mit Vorschiebung zweier Feldwachen über Boulay hinaus. — Was die Aufregung der Nerven für Erscheinungen hervorbringt, lernten wir in dieser Nacht kennen. Lieutenant v. L., der Kommandeur einer dieser Feldwachen, mußte bei dem Mondschein wohl eine Fata morgana gehabt haben, plötzlich ging es klabaster, klabaster durch die stillen Straßen von Boulay und 2 Melderciter alarmierten uns mit der Meldung, ein feindliches Dragonerregiment wäre 2000 m vor Boulay von Metz her. Aufsitzen, Vorwärtsgehen, eine Meile vortraben, aber nichts war da, und blieb es bei einem tüchtigen Rüffel an den Herrn Lieutenant, der in den nächsten Tagen noch sehr mit seiner Hammelherde, die er wohl gesehen, geneckt wurde. Es war ein eigentümlicher Eindruck, durch Boulay so in der Nacht hindurchzutraben; die Stadt, wie ausgestorben, lag wie eine Totenstadt da, nur ängstlich lugte hier und da eine trauernde französische Zipfelmütze hinter einem halbgeöffneten Laden hervor, und glaubte der Besitzer gewiß, die höllische Jagd an seinem Fenster vorbeireiten zu sehen.

Biwak, den 15. August: Mein teueres Mamachen, es ist gut, daß Du diese Zeilen wohl eher bekommen wirst, als die Zeitungsnachrichten, da wirst Du Dich nicht erschrecken, denn wir haben hier gestern eine blutige Schlacht gehabt, die große Verluste gekostet hat, aber wir sind gar nicht mit in das Gefecht gekommen und das ging so zu. — Nach unserer vor Frost und Ermüdung bei Boulay durchklapperten Nacht war ich mit der Eskadron von meiner Seitendeckung zu dem Regiment zurückgegangen und zog in das Biwak desselben bei Nidonye um 10 Uhr morgens ein. Hier kam auch mein Lieutenant v. R. mit seiner Patrouille zurück und konnte nicht genug erzählen, was für Wichtiges er gesehen und gemeldet und wie vorzüglich Mann und Pferd auf Kosten der Franzosen gelebt hätten. Er und seine Leute sahen sehr wohl aus und die Pferde waren kastendick trotz der sehr hohen Anforderungen, welche in den 4 Tagen an sie gestellt waren. R. wurde von oben herab sehr wegen seiner Meldungen gelobt, also muß er wohl etwas geleistet haben; seinen Erzählungen war mit einiger Vorsicht zu begegnen, da man nie genau wußte, wo

der Scherz aufhörte und der Ernst anfing. Er hatte noch 3 Ulanen=
kollegen gehabt und sie hatten als Auge und Ohr unserer Armee dem
Ulanen=Namen Ehre gemacht und Furcht und Schrecken vor ihrer
Schnelligkeit und ihrem ebenso plötzlichen Verschwundensein bei den
Franzosen verbreitet. Am 13. rückten wir aus unserem Biwak aus,
rückten bis auf zwei Stunden von Metz nach Bry, wo wir wieder
ein Biwak bezogen.

Der übrige Tag verlief ruhig und benutzten wir denselben zur
Erbauung einer wasserdichten Hütte. Die Kunst des Biwakierens lernt
sich immer mehr, und man wird mehr und mehr Naturmensch; nur
das ewige Hammelfleisch will uns nicht schmecken trotz aller Künste,
die unser Koch Gebbert damit macht. Am 14. nach schauderhafter
Regennacht krochen wir madennaß aus unserer Hütte, deren Wasser=
dichtigkeit sich nicht bewährt hatte, und tranken eben aus hohles unseren
Kaffee, die Schwadron war abgesattelt und zur Tränke nach Lavien=
ville geritten, da — plötzlich Alarm. Unsere Pferde sämtlich fort,
was nun? Ein Trompeter auf meinen Haltaus gesetzt und Karriere
ins Dorf, wo die Pferde einzeln auf den Gehöften getränkt wurden,
und Alarm geblasen.

Das Dorf war ungefähr 20 Minuten entfernt. Nun hättet Ihr
sehen sollen, wie meine Ulanen ankamen. 10 Minuten nach den
übrigen Eskadrons waren wir fertig, aber leider doch zu spät, denn es
war schon die hohe Disposition über die Eskadrons getroffen und die
meinige zur Bagagedeckung kommandiert. Hierzu hätte ein Zug hin=
gereicht. Doch „gegen des Geschickes Mächte ꝛc.", geschimpft wurde
furchtbar, und nur einen Trost hatten wir nachher, nämlich den, daß
die anderen Eskadrons auch nichts gemacht hatten, da Kavallerie gar
nicht in dem Terrain zur Geltung kommen konnte. So habe ich die
blutige Schlacht, die den Namen Courcelles=Remilly erhielt, gleichsam
aus der Proscenienumsloge mit angesehen, da wir auf einem Höhenrande
stehend die ganze Geschichte mit unseren Feldstechern betrachten konnten.
Der belagerte, in Metz bereits eingeschlossene Franzose wollte durch=
aus den Ring durchbrechen und zur Offensive vorgehen; einigemal
wogten die feindlichen Vorstöße so gegen uns heran, daß wir das
Schlimmste befürchteten; endlich aber wurde der Feind doch durch die
glänzende Tapferkeit unserer Infanterie in die Festung zurückgeworfen,
und unsere Truppen sind fast bis an die Festungswälle herangekommen.

Abends bei dem Schein von 3 brennenden Dörfern wurden unsere Biwaks wieder bezogen.

Aber bedeutende Verluste hat es leider gegeben, die 13er aus M. und die 1. Jäger sollen schrecklich gelitten haben, Arthur's Bruder und Arnim fielen und viele, viele Offiziere, deren Namen ich noch nicht weiß. Soeben erhalte ich die Nachricht, daß unser armer Vetter Leopold an den Folgen seiner schweren Verwundung bei Weißenburg gestorben ist. Das Königs-Grenadierregiment widmet ihm in der heutigen Zeitung einen wundervollen Nachruf, worin steht: Skalitz, Weißenburg und B., diese drei Namen würden dem Regiment ewig unvergeßlich bleiben. Der Kronprinz soll ihn in seinen Armen gehalten und ihm den letzten Kuß gegeben haben. Auch Albrecht, sein Bruder, soll schwer verwundet sein. Es ist ein eigentümliches Schicksal für die arme Tante Rosalie, daß sie, wie die Mutter der Gracchen, drei Söhne dem Vaterland hat opfern müssen, denn Walter, der auf der „Amazone" damals unterging, ist doch auch für das Vaterland gestorben. Wie schwer wirst auch Du, mein armes Mütterchen, Leopold's Tod empfinden, da Du ihn immer so gern gehabt und ihn uns stets zum Vorbild gabst. Jetzt ist er uns ein wahres Vorbild geworden von Hingabe seiner Person an König und Vaterland. Wie er, mit der Fahne in der Hand, zu fallen, ist gewiß ein schöner Tod. Ob das Vaterland, das jetzt in ganz Deutschland so herrlich vereint dasteht, wohl je die Namen derer vergessen wird, die mit ihrem Blute den Kitt zu dieser Vereinigung hergegeben haben?

Leopold's arme junge Frau, die so lange hat warten müssen, ehe sie die seine wurde, ist auch schrecklich zu beklagen, ein Jahr und er ist ihr wieder genommen. Ja, wo Holz gehackt wird, da fallen Späne, aber schwer ist es für diejenigen, denen diese Späne an das Herz gewachsen sind! Aber der Hausbau, zu dem dieses gehauene Holz dienen soll, der wächst nun auch herrlich genug empor, und in aller unserer Herzen Tiefe, aus Nord und Süd, ist jetzt die feste Ueberzeugung, daß ein einiges, großes deutsches Kaiserreich der Ertrag dieses Krieges sein wird. Nun aber lebe für heute wohl, meine liebe teure Mama. Wir glauben jetzt, daß wir noch lange um dieses Metz herumsitzen werden, um wie die Katze den Napoleon in seiner Mausefalle zu bewachen, bis er halb verhungert uns in die Tatzen fällt. Einmal heißt es, l'empereur sei mit in Metz, einmal wieder

nicht, keiner weiß es genau. Nun habe ich aber so viel geschrieben, daß ich aufhören will; wir wollen jetzt, in unser Biwak wieder ein=
gerückt, zu der 3. Eskadron gehen und einen Schlachtengrog trinken. Gott behüte Euch, Ihr meine Lieben; in treuer Liebe

Euer M.

VI.

Biwak bei **Pontoy**, 25. August 1870.

Mein liebes, teures Mütterchen!

Es sind einige Tage über meine gewöhnliche Schreibezeit da=
hingegangen, aber wenn Du einmal die Verhältnisse unseres jetzigen täglichen Lebens mit ansehen könntest, so würdest Du selbst sagen, daß das eigentlich mehr ein Vegetieren im Schmutz, und daß ein Brief=
schreiben in dieser Lage unmöglich ist. Heute schreibe ich Dir nun aus einer annähernd wasserdichten Hütte, ein auf ein Faß gelegtes Brett ist mein Schreibtisch und ein kleines Faß mein Stuhl. Wenn nur endlich einmal dieser schreckliche Regen aufhören wollte, aber bis heute, unserem 14. Biwakstage, hat es zu zwei Dritteln immer ge=
regnet. Von Euch Lieben habe ich nun 3 Briefe bekommen, die letzten beiden auf einmal, diese waren mir ganz besonders angenehm, da jeder ein seidenes chemise enthielt. Leinene Wäsche haben wir schon lange aufgeben müssen, da absolut keine Gelegenheit mehr zum Waschen war. Unsere äußere Seite hat sich aber auch recht verändert, überall teils mehr, teils weniger schöne Vollbärte, aufgesprungene gebräunte Gesichter, abpellende Ohrmuscheln, enfin wir sehen geradezu scheußlich aus. Auch die Kleidungsstücke werden recht primitiv; v. R. hat sich neulich sogar, als der Reitbesatz seiner Reithose mangelhaft wurde, einige Lederhandschuhe in denselben einsetzen lassen. Ihr könnt denken, wie drastisch die Raupen der Handschuhe an der Stelle wirkten. Unsere Pferde leiden auch recht; wenn man beim Aufwachen in der Hütte am Morgen so heraussieht und die armen Tiere bis

über die Fesseln im Wasser und Schmutz auf den paar nassen Stroh=
halmen stehen, so wird einem ganz elend zu Sinne. Brittish Queen,
die schon seit Call etwas drüsig war, hat den schönsten Husten, und
suche ich sie immer im nächsten Dorf wenigstens unter Dach zu bringen;
Haltaus und Koriander sind aber wohl und munter und fressen wie
die Löwen; Halbblut ist für solche Zwecke doch praktischer. Mir selbst
geht es immer noch sehr gut und der Humor ist obenauf, mehr, wie
je. Vorgestern, als wir in einem Regenschauer, bei einem alarm
rendezvous, im Offizierkreise unsere lustigen Lieder sangen, nahm
L. das Offiziercorps zusammen und hielt uns eine sehr anerkennende
Rede über Belebung des Humors, mit welchem alles zu ertragen
wäre. Da hat er denn wirklich einmal recht. Man sagt immer,
derselbe käme aus einem guten Magen, und der muß wirklich gut sein,
denn sonst würde er kaum mehr das Essen vertragen, das uns diese
Regentage spenden. Wer hat noch Lust zum Kochen, wenn das
Wasser immer Herr des Feuers wird? Deutsche Beefsteaks werde ich
im Leben wohl nicht wieder essen können; Cervelatwurst aus Malteser
Liebesgabenfonds und Cognak sind unsere Hauptlebensmittel. Seit
meinem letzten Brief sind hier bei Metz wieder viel historische Tage
gewesen, ich will sie Dir aber lieber einzeln beschreiben. Mein letzter
Brief war wohl vom 14.? Am 15. rückten wir im Regiment auf
das Schlachtfeld des vorigen Tages und deckten die Abfuhr der Leichen
und Verwundeten von demselben. Es ist doch eigentlich etwas Furchtbares,
solch ein Krieg! Ich will Euch nicht mit einer Beschreibung ängstigen
von dem, was ich alles an Schrecklichem gesehen, aber wenn man den
Litteraten und Zeitungsschreibern, die so häufig die Hetzer und
Anschürer eines Krieges sind, einmal ein Schlachtfeld des lendemain
zeigen könnte, sie würden ihre Federn etwas abstumpfen. Und nun
unsere Lazarett= und Krankenträgerverhältnisse! Wie ist da noch vieles
im Argen und wie verbesserungsfähig sind diese Anstalten, die im
Frieden ganz anders ausgebildet werden müßten. Wer ersetzt einem
solchen elenden, armen, für das Vaterland Angeschossenen die langen
qualvollen Schmerzensstunden, die er oft die ganze Nacht hindurch
ertragen muß, bis er vielleicht am andern Morgen von einer
Patrouille gefunden wird?

Wie viele unserer später unter „Vermißt" angeführten Braven
haben wohl unter schmerzlichsten Todesqualen bis zum Tode sich hin=

gejammert, weil sie im hohen Kornfeld nicht entdeckt wurden? Doch genug des Greuels, das wir sahen; die Kolonnen der Trains und Lazarettwagen, beladen mit Toten und Verwundeten, zogen in langer Reihe an uns vorüber. Am 16. marschierten wir südlich um Metz herum, nach Mescleuves; das Wetter war sehr schön, auch der Biwak= platz, den wir dort bezogen, aber es fehlte uns am besten, am Essen, da unsere Wagenparkkolonne der Schlacht wegen weit zurückgegangen und noch nicht eingetroffen war. So aß ich denn brüderlich mit aus meines Burschen Friedrich Feldkessel, der zufällig seine Fleischportion in denselben gelegt hatte. Der erfindungsreiche Koch Gebbert kochte aus den Rüben des Feldes ein Gemüse dazu, das ungeschmalzt und ungesettet ein wunderbares Gericht war, aber — „in der Not 2c.", Ihr kennt das Sprichwort, und so wurde es denn gegessen.

Infolge der Schlacht bei Retonsay=Courcelles wurde seitens des Oberkommandos eine Dislokation der Cernirungsarmee am 17. vor= genommen, das 1. Armeecorps ging bei Corny auf das andere Mosel= ufer, und wir deckten den Uebergang bis zum Nachmittag des Tages in einer Stellung gegen Metz in der Linie Courcelles=Cuvry. Am Abend bezog die Division hinter dieser Stellung Biwak, wir kamen nach Coin les Cuvry in das unsrige. Das Gerücht einer großen Schlacht verbreitete sich, die Prinz Friedrich Karl bei Gravelotte= Vionville geschlagen und mit großen Opfern abermals die Franzosen nach Metz zurückgeworfen habe. Mein liebes, altes Kürassierregiment soll fast aufgerieben sein, aber seine Aufgabe erfüllt (wie ich gestern hörte) und in einem kritischen Moment das Gefecht durch eine Attacke so lange zum Stehen gebracht haben, bis weitere Infanterie heran war. Die näheren Details erhielt ich am nächsten Morgen durch von Brankoni, der am Arm verwundet mit einem großen Wagentransport von teils sehr schwer Verwundeten die Chaussee nach Remilly passirte. Eine Batterie ist von den Kürassieren genommen unter Graf Schmettow's Führung und ein feindliches Infanterietreffen niedergeworfen worden. Tot sollen bestimmt sein Rittmeister Meier, Richard von Plötz, schwer verwundet mein alter Freund Ernst von Heister, dann von Stechow, ersterer ist verwundet gefangen worden. Mehr wußte Brankoni selbst noch nicht. Die 16. Ulanen, das Brigaderegiment, haben mit attackiert aber weniger gelitten. Es war ein wehmütiges Gefühl für mich, alle meine lieben, gelbweißen Kürassiere so in langer Leidenskolonne an

mir vorüberziehen zu sehen, viele erkannten mich noch in ihren
Schmerzen, und konnte ich ihnen zum Lebewohl die Hand drücken.
Armer Ernst, wo magst du jetzt sein? Welche Truppen kommen auf
unserer Chaussee an uns vorüber! Es ist die reine Völkerwanderung,
die Dragoner von der Memel mit denen vom Rhein zusammen, alles
durcheinander, aber nur ein Sinn und ein Enthusiasmus, ein
Ruf: „Nach Paris" lebt in aller Seelen. Am anderen Morgen
hörten wir noch immer den Kanonendonner von Mars=la=tour herüber
bis gegen 11 Uhr und schwankten die Gerüchte hin und her, bis gegen
Mittag die Kunde kam, der Durchbruchsversuch sei endgiltig gescheitert
und die Franzosen wieder nach Metz zurückgeworfen. Die beiden
nächsten Tage befand ich mich im Biwak sehr schlecht, ob das Gewitter
am 17. daran schuld war, oder ob ich mir den Magen gründlich
verdorben, genug ich hatte immer Ruhranfälle, so daß ich am 20.
abends nach Cuvry in das leerstehende Haus eines Notars gebracht
wurde, wo ich wenigstens unter Dach war; einige ernste Angriffe des
Oberstabsarztes stellten mich auch den nächsten Tag wieder her. Wir
fanden in den Kellern Cuvrys einen Vorrat von sogenannter limonade
gazeuse, ein sehr wohlthuendes Getränk, das uns an dem heißen
Tage sehr erfrischte. Wir sind nun 5 Tage hier im Biwak und ritten
die Züge am 22. ganz munter, wie im Frieden auf dem Carré.
Abends vereinigten sich immer die Offiziere der 3. und 4. Eskadron
zu einem Riesenpunsch aus Rotwein und Kirschwasser, der ganz gut
schmeckt; der Rotwein heißt petit vin, ist ein kleiner Landwein, der
sich gut zum Punsch eignet. Dabei fällt mir eine Geschichte von Graf
Hue de Grais ein, der, obgleich seines Namens nach Franzose, doch
des Französischen wenig kundig, von seinem paysan du vin forderte,
von der Farbe comme çà auf seine Nase deutend; hierauf erhielt er
die unerwartete Antwort: Nous n'avons pas du vin bleu. Ihr
kennt Bammels Nasenfarbe. Abends wird immer zweistimmig ge=
pfiffen, Flöte geblasen und Harmonikamusik gemacht. Am 23. traf
meine Schwadron die Reihe der Vorposten und löste ich Dewitz in
Pouilly ab. Bei der Aufstellung der Feldwachen wurden wir von
den Franzosen aus La Grange, das eigentlich neutral war und von
beiden Seiten ausfouragiert wurde, beschossen. Als sie mit Requirieren
fertig waren, gingen sie in ihre Vorpostenlinie zurück, die in der
Höhe Grigy=Montigny, eine halbe Stunde von uns liegt; Metz war

ungefähr 1 Meile entfernt. Unsere ganze Aufstellung war etwas
locker, die Linie Peltre-Marly für eine Eskadron viel zu lang, des=
halb kam ich eigentlich in den 24 Stunden kaum vom Pferde und
begleitete des Nachts immer die fortwährend gehenden Patrouillen.
Ich konnte mich deshalb gar nicht des hübschen Schlößchens des
Monsieur de Tinseau erfreuen, das wir mitbenutzten, das heißt die
Pferde standen im Park angekoppelt und die Parkmauern hatten wir
teilweise eingerissen. Es war ein trauriger Anblick dieses reizende
kleine château. Die Besitzer waren scheinbar ganz plötzlich nach Metz
hineingeflohen, denn es lag und stand noch alles, wie eben benutzt da.
In dem reizenden Zimmer der Töchter standen noch die kleinen
Pantoffeln vor dem Bett. Aber wie war darin gehaust worden. Der
hungernde Soldat, der direkt aus dem Gefecht kommt, der schont nicht
eingelegte Schränke ꝛc. auf seiner Suche nach Eßbarem, da wird alles
zerschlagen. Wehmütige Erinnerungen an meine Kinder erweckten die
blau=weiß ausgeschlagenen reizenden Kinderzimmer, in denen noch das
Spielzeug der Kinder lag. Alles war zerbrochen und durcheinander,
und auf dem Rand des Brunnens auf dem Hofe trauerte kläglich ein
zerbrochenes prachtvolles Kryſtallglas mit Namenszug und Krone und
goldenem Rand, seinem verjagten Besitzer nach. Wie sorgfältig mag dich
Madame gehütet haben und wie bist du ein Bild des Krieges! — Am
Mittag des gestrigen Tages löste mich Geyer von den 8. Küraſſieren mit
seiner Schwadron ab und ich marschierte hierher nach Pontoy, $1/2$ Meile
zurück hinter Cuvry, wohin das Gros wegen Mangels an Infanterie
zurückgelegt war. Da wir hier einige Tage bleiben sollen, wenn der
Gott des Krieges nicht anders denkt, so bauten wir uns hier aus
Dielen, die wir aus Pontoy holten, eine Hütte, die nun wohl in ihrer
Festigkeit dem Gewitterregen stand halten soll, und weihten sie abends
durch ein gemütliches Zusammensein ein. Waldemar v. T. hatte von
seinem Bruder T.=W. prachtvollen Jamaika=Rum bekommen, der die
Gemütlichkeit nicht verdarb. Abends erhielten wir die Nachricht von
der Attacke der Garde=Dragoner bei Marslatour, wo Graf Westarp
und Auerswald gefallen und Wilhelm Bismarck verwundet sein sollen.
Diese Nachricht brachte uns unser Brigade=Adjutant, „der kleine blaue
Mann", der wußte, daß es bei uns immer was Gutes zu trinken
gab und der sich deshalb schon mehrfach eingefunden hatte. Du siehst,
mein teures Mamachen, es geht mir gut, nur einen Gedanken haben

wir bei all diesen Gefechtsnachrichten „wenn wir doch auch einmal ran kämen an den Feind", denn diese verhältnismäßige Unthätigkeit haben wir nun satt. Von Fr. und den Kindern habe ich gute Nachrichten. Von Euch, Ihr Lieben, hoffe ich morgen auf einen Brief.

In treuer Liebe

Euer M.

VII.

Mescleuves, den 2. September.

Mein liebes, teueres Mamachen!

Wieder ist eine Woche seit meinem letzten langen Briefe vergangen, wieder hat es eine große Schlacht gegeben und zu Euerer Beruhigung will ich Euch daher schreiben, trotzdem ich eigentlich furchtbar müde bin, denn der letzten Tage Qual war groß. Aber das beste ist, ich lebe und freue mich meines Lebens. Ich bin nicht einmal verwundet, obgleich die Sache vorgestern bei Noisseville doch gefährlich genug war, und ich dabei doch fünf Mann und zehn Pferde verloren habe. Aber ich will nicht vorgreifen, sondern Euch wieder seit meinem letzten Briefe erzählen, wie es mir ergangen ist. Wie ich Euch schrieb, sind wir am 25. in das Biwack bei Pontoy eingerückt; es war nun schon der 19. Tag, daß wir kein Dach über unserem Haupte gehabt hatten. Hier, wo wir in der zweiten Linie liegen und die Infanterie endlich disponibel geworden ist, die erste Linie eingenommen und sogar teilweise befestigt hat, ist das ewige Biwakieren von gar keiner Berechtigung mehr, und es wird auch mehr und mehr so aufgefaßt, daß wir uns an ein Dorf „anlehnen", die Gärten zur Unterkunft der Pferde benutzen und uns selbst in die angrenzenden Häuser und Scheunen legen. Bei Pontoy kam es allerdings noch nicht dazu, der alte militärische Zopf läßt sich nicht auf einmal beseitigen, trotzdem dieses lange Biwakieren fast zum Ruin der Menschen und Pferde wird, denn ein Tag ohne Regen gehört zu den seltensten Ausnahmen. Wenn aber eine Schwadron allein ist, namentlich die meine, wo ich geradezu als Erfinder dieser Anlehnungstheorie betrachtet werden kann, da wird angelehnt. Natürlich doppelte Wachsamkeit gehört dazu und geschlossene Gehöfte müssen vermieden, oder vorher die Zäune resp. Mauern beseitigt werden; letzteres geht im Kriege schnell genug. Am 26. wurden wir wieder bei strömendem Regen im Biwak alarmiert, der General von Pr., der auf der Seite die Vorposten kommandierte, nahm einen sogenannten „Kartoffelausbruch" für Ernst, und das mußten wir mit fünfstündigem Stehen im Regen bei Peltre bezahlen. Die Leute bekommen nämlich in Metz nachgerade Hunger, und da macht denn bisweilen eine Kolonne von Hungrigen mit Körben einen Ausfall auf die Felder vor Quelen. Läßt man die armen Kerle gewähren, dann ziehen sie mit ihren Kartoffeln nach einer Stunde wieder ab, alarmiert man aber, dann alarmiert unser lieber Nachbar gleichfalls und dann stehen wir einige Zeit gegenüber und jeder fragt: „Ja, was ist denn nun eigentlich los?" So war es denn auch an dem Tage. Wir faßten die Sache aber humoristisch auf, was hilft das Schimpfen? und schickten, als wir hinter den wahren Sachverhalt kamen, unseren Fähnrich Wolf v. B. mit einer Gefechtspatrouille nach Hause, d. h. in das Biwak, wo alles stehen geblieben war, und der empfing uns, als wir naß zurückkamen, mit einem dampfenden Glase Grog, das uns sehr zeitgemäß vorkam. Solche lange Belagerung hat in der ersten Linie mit der Zeit doch etwas gemütlicher werdendes zwischen den Feinden, und manchmal kommt das Menschliche vor dem Feindlichen zu tage. So revidierte ich neulich nachts eine Vedette — der eine Ulan ist nicht da. Auf meine Frage erhalte ich die Antwort: „Der ist da vorn", und was sehe ich? — er giebt einem armen Franzosen, der sich, als Frau verkleidet, hatte durchschleichen wollen, und natürlich zurückgewiesen worden war, zum Trost aus seiner Feldflasche zu trinken. Und die Konversation dabei hättet Ihr hören müssen, es war zum totlachen. Wenn man aber lacht, kann man nicht böse sein und so war meine Strafrede eine geringe. Den nächsten Tag war immer noch schrecklicher Regen und da kam denn das Vorpostenkommando auf unsere Idee und quartierte uns in Pontoy ein. O, wie das wohl that, nun wirklich gegen den Regen geschützt zu sein! Es war 9 Uhr abends, als wir einrückten, der Ort war groß genug, so daß jede Schwadron eine Straße bekommen konnte, und da wurden denn rechts und links die Häuser bezogen. Jeder Offizier wohnte mit seinem Zuge. Ich hatte R. bei mir und segneten wir das Zimmer mit dem Strohsack, das wir vorfanden. Ein tüchtiges Feuer wurde im Kamin angemacht und wir warfen uns todmüde auf unser Lager nieder. Als wir aber am andern Morgen bei Tageslicht erwachten und sahen, worauf wir gelegen hatten, von R.'s Gesicht zu sehen und die Miene, mit der wir uns ansahen, das hätte ein wahres Schauspiel sein müssen. Seine Standhaftigkeit hielt nicht aus und spurlos verschwand er. Unser Lager war das Operationslager eines Feldlazaretts gewesen und blutgetränkte Tücher waren es, worauf unsere Gesichter geruht. Aber „c'est la guerre." Das wurde denn auch am Tage anders, und erhielt das Zimmer einen ganz freundlichen Anstrich. Ich hatte an dem Tage einen Aerger wegen eines Intendanturwesens. Als wir an dem vorigen Abend unsere Pferde in den Stall brachten, fand ich in demselben zwei dicke Reittiere dieses Intendanturrats vor, die sich seit acht Tagen hier gepflegt hatten. Ich ließ dieselben in eine Ecke zusammenrücken, darob großer Zorn des Besitzers und Klage bei dem DivisionsKommandeur. Dieser versuchte mich darüber zur Rede zu stellen, als ich ihm jedoch den Sachverhalt mitteilte, daß ich die Intendanturpferde nicht hinausgeworfen, sondern nur etwas zusammengeschoben hätte, um meinen von drei Wochen Biwak ermüdeten Vollblutpferden etwas Platz abzugeben, da klärte sich das Unwetter und der Herr Rat mußte wutschnaubend abziehen.

Die nächsten beiden Tage vergingen ruhig und ungestört, und konnten wir einmal wieder die Sachen in Ordnung bringen lassen und die Pferde einmal gründlich pflegen. Ich selbst aber schrieb einige Dankesbriefe nach dem lieben Westfalen, woher mir in den letzten Tagen einige schöne Kisten mit allem möglichen Guten gesandt worden waren. Die Postverbindung ist jetzt ganz schön in Ordnung, namentlich seitdem die neue von uns gebaute Feldeisenbahn ordentlich funktioniert, und kommen auch Euere lieben Briefe pünktlich an. Ihr könnt mir gelegentlich immer einige Cigarren im Briefconvert mitschicken, denn die Liebescigarre ist schrecklich, namentlich wenn sie naß geworden und dann künstlich am Fener wieder getrocknet ist. Dieser Liebesgabenspender hat gewiß einen verdorbenen großen Vorrat auf Lager gehabt, hat denselben nicht los werden können, und da kam ihm der Gedanke, sich als Patriot aufzuspielen und sie uns rauchen zu lassen.

Wie oft möchten wir dem Menschen sein eigenes Kraut in den Mund stecken. Am 30. kam ich mit der Schwadron wieder auf Vorposten nach Chesny-Peltre. Man wird schon ganz bekannt in der Gegend und nächstens kommt es dazu, daß einem der Vedetten aufführende Unteroffizier sagt: „Nein, nicht hier muß die Vedette stehen, sondern dort, das war immer so." Wir lehnten uns mit den zwei Zügen des Gros an das château des Mjr. d'Annoncelle in Chesny an und machte die Sache sich recht nett. Zwei Züge waren auf Vorposten. Die Feldwachen der Infanterie schossen sich nachmittags viel mit den französischen Patrouillen herum, und kamen wir nicht recht zur Ruhe. Nachmittags, als ich die Posten abritt, stieß ich auf dem Rückweg auf ein wahres Kriegsidyll, ein reizendes, ganz intakt gebliebenes Schlößchen eines conseiller, der nach Metz geflohen und das Haus einem alten Curé übergeben hatte. Wie immer, wenn ein Mensch zurückgeblieben war, hatten unsere Soldaten es respektiert, und Alles war wunderschön erhalten. Ich stieg einen Augenblick ab und ließ mir von dem alten Curé das Innere zeigen. In dem reizend dekorierten Zimmer der blonden Tochter des Hauses, in dem ihr wunderlieblichem Bild hing, legte ich meine Visitenkarte in eine Schale auf dem Tisch zu mehreren anderen preußischer Offiziere. Zu meinem Erstaunen fand ich auch die Karte meines Brigadekommandeurs dort vor; auch sein Kriegerherz war gerührt von dem Bilde stillen Friedens in all diesem kriegerischen Graus. Was mag Marguerite wohl dereinst sagen, wenn sie unsere Karten vorfindet?

Am 31. August, als wir gerade zu Mittag aßen, kam der uns bekannte Generalstabsoffizier von Westernhagen im Galopp durch Peltre und rief uns zu, es würde gleich alarmiert werden, der Feind solle versuchen nach Osten auszubrechen, so sei eben von der Beobachtungsstation St. Blaise telegraphisch gemeldet. Fünf Minuten darauf waren wir fertig und da kam auch schon die Meldung vom Regiment, einen Zug bei der Infanterie zu lassen, mit der übrigen Eskadron aber nach Marsilly zu gehen und uns dort dem Regiment anzuschließen. Als wir mit dem Regiment bei Retonfay ankamen, fanden wir die Schlacht schon im vollen Gange. Die dort befindlichen zwei Divisionen mußten den ersten Anprall Bazaines, der mit einem Armeecorps aus Metz vorgedrungen war, aufhalten. Sie hatten zu Anfang einen schweren Stand, aber von allen Seiten der Cernierungslinie marschierten die

Truppen zur Verstärkung heran. Ein jeder fühlte, daß es heute der letzte Verzweiflungsversuch der Belagerten sein würde. In Retonfay wurde ich mit der Eskadron zur Bedeckung unserer reitenden Batterie kommandiert, die westlich R. eine dominierende Stellung einnahm, von wo sie die anrückenden Kolonnen tüchtig ins Feuer nahm. Aber auch wir wurden von der bei Vauton stehenden feindlichen Batterie sehr beschossen. Es ist für Kavallerie ein häßlicher Moment, so im Feuer zu stehen und nichts thun zu können, es hat das etwas nerven= angreifendes, so still im Feuer zu stehen, wo alle Pulse zur Attacke schlagen. Auch Klein=Gewehrfeuer bekamen wir tüchtig. Als die erste Granate in die Schwadron einschlug, begann ein gewisses Schwanken der Glieder und die Nebenreiter der Gefallenen spritzten aus ein= ander. Als ich aber den Witz machte, das wäre ja wie bei dem Schneeballwerfen, da lachten die Leute und mit dem Lachen fanden sich die Nerven derselben wieder und blieben es. — Nur mein Trompeter, dem blieben sie fort, und er gab das Objekt zu einem nachher entstandenen prachtvollen Kriegsbilde ab. Das kam so. Du weißt, mein Mütterchen, daß mein braver Koriander von der Natur, was Schwanzverhältnisse anbetrifft, etwas schlecht fortgekommen ist und infolgedessen eine künstliche Anleihe gemacht und, sagen wir einen „chignon" trägt. Als ich nun vor der Schwadron hielt, hatten die vielen Kugeln, die bei uns einflogen und das Geknatter der Mitrail= leusen den lieben Braunen gewiß sehr fidèle gemacht und er hatte es verstanden, sein ziemlich haarloses Schwänzchen aus seiner Hülle herauszuziehen. Freudig wedelte er mit demselben. Dieser Zustand konnte natürlich nicht so bleiben. Mein Trompeter Küster hatte viel= leicht wenig gegessen oder woran es sonst lag, aber er hatte heute absolut keine Nerven, das Schießen war ihm ungemütlich und er hatte, mich als Deckung benutzend, sich immer direkt hinter mir aufgestellt. Ich hatte das bemerkt und dachte, warte nur, jetzt mußt du heraus. Er mußte absitzen und mitten im Kugelregen den „chignon" wieder über das Schwänzchen ziehen. Wie er das machte, wie seine schon gelben Züge erblaßten, wie die Hände dabei zitterten, das zu sehen und nicht zu lachen, war unmöglich. Der Brave hatte viel zur guten Haltung der Schwadron beigetragen, und kam nachher wieder einmal ein kleines Schwanken in die Schwadron, so brauchte ich nur zu sagen:

„Soll Küster wieder vom Pferde herunter?" und sofort war alles wieder in Ordnung.

Aber solch eine erste ernstliche Feuertaufe griff nicht nur Küsters Nerven an, sondern man sah auch unwillkürlich viele andere Diener machen, wenn eine Granate ankam, und oft mußte ich rufen: „O wie höflich," ehe sich das ganz gab. Auch ein höherer Offizier kam in dieser halben Stunde, die dieser Gefechtsmoment uns zu dauern schien (in Wirklichkeit waren es kaum 20 Minuten) an die Schwadron heran, bat blassen Gesichts um Feuer, konnte aber absolut die Cigarre nicht zum Brennen bekommen, und tags darauf wußte er gar nicht, daß er bei der Schwadron überhaupt gewesen war. Ja, gute Nerven zu haben, ist eine schöne Sache, aber weniger verbreitet, als man glaubt. Der liebe Gott hat uns in Schutz genommen, es waren nur drei Mann tot und zehn Pferde, aber nachher fanden sich noch viele Chassepotkugeln in den Kleidern, Mänteln, ja sogar Tabaksbeuteln der Leute. Die armen Pferde mit teils abgeschossenem Beine herumhinken zu sehen und ihnen doch nicht helfen zu können, war ein schrecklicher Anblick. Die Schlacht dauerte bis 8 Uhr und endete mit dem end= giltigen Zurückwerfen Bazaines in die Wälle der Festung. Es war gegen Abend ein schaurig schönes Abendbild, rechts und links brennende Dörfer (Noisseville brannte ganz nieder), der schönste Mondschein und dazu das brüllende Getön der Geschütze und das knatternde Geräusch der Mitrailleusen und der Gewehre. Um $^1/_29$ Uhr bezogen wir auf dem Schlachtfeld ein Biwak, wenn man es so nennen will, das heißt, wir saßen mit dem Zügel in der Hand abgesessen da, und nur der kalte Regenmantel schützte uns, da die Handpferde bei der Bagage weit weg waren. So klapperten wir vor Frost bis 3 Uhr, dann gingen wir eine halbe Stunde zurück bis hinter Les Etangs und klapperten hier weiter bis 5 Uhr. . Das eine kleine Feuer per Schwadron nützte nichts. Darauf marschierten wir hierher. Kaum eingerückt, wurden wir wieder alarmiert, es war aber nichts, und da alles seine Grenze hat, auch der Hunger und die Kräfte der Pferde (wir und diese hatten seit 20 Stunden nichts im Magen), so warf sich alles, in das Quartier gekommen, auf das Stroh und schlief bis zum Abend. Sehr apropos kam uns da der liebe „alte Mann", Otto v. B., der uns von Lilly aus dem Malteserdepot einen prachtvollen Transport brachte. Denkt Euch, gerade an diesem Abend erhielten wir 100 Flaschen

Rotwein, Würste, Hemden, Leibbinden, Chokolade, Schinken, es war die wahre Weihnachtsbescherung. Treulich wurden die Vorräte mit unseren braven Ulanen geteilt, wir saßen aber noch bis spät in die Nacht mit unserem lieben Otto zusammen und tranken auf das Wohl der Spender. Das waren doch einmal wirkliche Liebesgaben!

So, meine Lieben, da habt Ihr wieder einmal einen ausführlichen Brief über unser Ergehen hier. Hoffentlich ergiebt sich nun bald unser sprödes Metz, daß wir frei hier werden und Lorbeeren erringen können im freien Feld. Wie froh bin ich, daß Herrmanns Verwundung nur eine leichte und daß er schon wieder bei dem Regiment ist. Hier ist alles böse auf die dumme Anzeige Graf Schm.'s in der H. Zeitung, daß er nicht die Namen der Vermißten angeführt hat, das ist ja für die Angehörigen schrecklich beängstigend. Doch nun lebt wohl, Ihr meine Lieben, schreibt bald und vergeßt Cigarren und vor allen Dingen die Zeitungen nicht. Stets
der Eure
M.

VIII.

Pournoy la Chetive, den 13. September 1870.

Meine liebe teuere Mama!

Abermals hat sich ein großes, historisches, die Welt bewegendes Ereignis vollzogen, am 3. erhielten wir hier die Nachricht der Schlacht und der Kapitulation von Sedan; „Napoleon gefangen." „Welch eine Wendung durch Gottes Fügung" telegraphierte unser teurer König an die Königin. Ist es denkbar, daß in zwei Monaten die Herrlich=keit dieses Mannes, der 20 Jahre Europa, und das, was man die „Welt" nennt, terrorisierte, durch deutsche Fäuste in Trümmer geschlagen worden ist? Welch ein Umschwung in der Stimmung eines jeden deutschen Herzens. Wie wird man nun mit Stolz sich des Namens bewußt, ein Deutscher zu sein! Herrliche, erhabene Momente müssen es gewesen sein, als am Abend des 2. September die weiße Fahne

auf den Zinnen Sedans erschien, und in der deutschen Armee die
Ueberzeugung zum Durchbruch kam, daß nun das letzte französische
Heer kampfunfähig gemacht, der Weg nach Paris offen sei. Zwar
haben die nächsten Tage andere, unerwartete Nachrichten gebracht,
Frankreich hat die dritte Republik proklamiert, die Kaiserin und ihre
Regentschaft verjagt, eine allgemeine Bewaffnung verfügt, aber was
wird das bedeuten? Mit diesen Volksheeren werden wir schon fertig
werden.

Was nun werden wird, das weiß vorläufig kein Mensch. Wenn
der Krieg vorbei ist, ob wir dann nach unserem Münster zurückkehren
werden? Eigentlich glaubt es keiner. Wir werden nun wohl nach
der eigentlichen Heimat unseres Regiments, nach Hannover, kommen,
und das erfüllt unsere Herzen mit Wehmut, denn unsere Sympathieen
sind ganz bei unseren lieben Westfalen. Jedenfalls würden wir aber
wohl zuerst nach M. zurückgehen, dort demobil machen und dann erst
fort. Das ist eine Lesart, die andere ist, daß wir noch eine zeitlang
in Lothringen als Occupationsarmee stehen bleiben. Nun, wie Gott
will. Vorläufig müssen wir aber erst einmal mit unserem Metz hier
fertig werden. Jeden Tag denken wir, daß er das Ende, die Kapitu=
lation bringen soll, aber leider immer vergebens. Dabei mehren sich
die Krankheiten in der Belagerungsarmee; täglich bringt der Rapport
einige Ruhrkrankheiten mehr und die Epidemie wird immer schlimmer.
Mein lieber, teurer Freund Graf Pl. (genannt der kleine Meier) ist
auch in St. Menihould am Typhus gestorben, von uns allen innig
betrauert, und mein Reserveoffizier, Lieutenant H., ist gestern aus dem=
selben Grunde in das Lazarett gebracht worden. Ich hatte in meinem
letzten Briefe zu früh mit dem Aufhören des Biwakierens triumphiert,
am 6. ging die greuliche Geschichte von neuem los und bezogen wir
ein großes Kavalleriebiwak bei Cuvry an der bekannten Stelle. Die
Nacht war ein furchtbarer Regen, verbunden mit orkanartigem Sturm,
wobei unsere Hütte umfiel und wir unter den Trümmern den ganzen
Tag zubrachten. Der Schmutz im Biwak war schrecklich, bis über die
Fesseln standen die Pferde darin. Wenn ein Offizier zu einer anderen
Eskadron wollte, dann mußte der Bursche als Reitpferd dienen, und
unter großem Jubel von Reiter und Pferd ging die Expedition los.
Auch am 8. regnete es noch den ganzen Tag; ich hatte du jour und
sollte das Biwak in Ordnung erhalten; ja, das soll einmal einer bei

solchem Wetter fertig bekommen. Den 9. war noch immer dieselbe Geschichte, endlich wurden wir mittags erlöst und rückten nach hierher ab. In die schmutzigen Dorfhütten konnten wir aber erst abends um 9 Uhr einrücken, da wir die Zügel in der Hand vor dem Dorfe in einer Stellung bleiben mußten. Unsere Batterien waren so nah wie möglich an Metz herangegangen und hatten durch hohen Bogenwurf die Stadt und Festung selbst in Feuer genommen. Viel wird es wohl mit den Feldgeschützen nicht geschadet haben, aber es sollte durch den moralischen Eindruck gewirkt werden. Da man nun nicht wußte, wie das Resultat desselben wäre, so mußten wir in unserer Bereitstellung verbleiben. Wie mag es bei dem Wetter in Metz und dem französischen Lager selbst erst aussehen? 20000 Verwundete sollen darin sein, der Typhus soll auch dort schrecklich wüten, dabei kein rechtes Trinkwasser, da der Aquädukt zerstört ist, und 180000 Seelen befinden sich darin. Und nun noch diese Beschießung. Ich dächte, sie müßten bald weich sein. Dem Gerüchte nach sollen zwei Parlamentäre mit Erlaubnis des Prinzen Friedrich Karl unserem Könige nachgereist sein, wahrscheinlich wollen sie wieder erwirken, die Besatzung mit Waffen abziehen zu lassen, was nicht gewährt wird. Aber es scheint doch der Anfang vom Ende zu sein. Gestern und vorgestern haben wir hier 60000 Gefangene von Sedan durchkommen sehen, eine ununterbrochene Kolonne von je 5000 Mann, Turkos, Zuaven, Kavalleristen zu Fuß, schwarze, gelbe Gesichter, ein trauriger Anblick. Sic transit gloria mundi. Nun sind wir also hier einquartiert: Pournoy, ein kleines Dorf von 50 Häusern und darin das ganze Regiment. Die Pferde stehen in Stuben, Küchen, Weinkellern und Scheunen, es ist einmal wieder das reine Kriegsbild und unser eigener Anblick ist ein scheußlicher; gut, daß die Spiegel fast alle zerschlagen sind. Gestern kamen zwei Herren von der Garde du Corps von irgend einem Stabe hier durch, die R. und mich aufsuchten, sie wollten gar nicht glauben, daß wir es wären, die da aus dem kleinen Schmutzhause herauskrochen. Wenn wir doch nur einmal wieder ordentlich Toilette machen könnten, aber alles ist durchweicht und verschmutzt von dem ewigen Regen. Hoffentlich wird es bald anders. Ihr fragt nach meiner neuen Wohnung in H., die habe ich gleich bei dem Ausmarsch gekündigt. Was habt Ihr für Nachrichten von Herrmann? Nun lebt wohl für heute, bis jetzt bin ich gesund. In treuester Liebe Euer M.

IX.

Selligny, 23. September 1870.

Mein liebes Mütterchen!

Länger, als meine gewohnte Zeit, habe ich vergehen lassen und habt Ihr gewiß schon lange auf Nachricht gewartet, aber Gott sei Dank, ist es kein ängstlicher Grund gewesen, weshalb ich Euch warten ließ, und Fr. wird Euch wohl inzwischen mitgeteilt haben, daß es mir den Verhältnissen nach gut geht. Es ist ja auch immer wieder der alte Refrain: „Wir sitzen vor Metz und das ergiebt sich nicht." Unser lieber, alter König soll schon gesagt haben: „ehe Paris nicht fällt, kommt Metz auch nicht in unsere Hände", und so sitzen die denn da und cernieren Paris und wir hier und cernieren Metz. Von Bazaine's Herauskommen kann gar keine Rede mehr sein; unsere erste Cernierungslinie ist vollkommen zu einer Gegenfestung gemacht und die Feldbefestigungsart der Neuzeit ist nicht zu verachten. Die Infanterie der ersten Linie, die hat es aber verstanden, sich dort einzurichten. Gestern ritt ich einmal nach unserm altbekannten Pouilly hinaus, um mir die Sache anzusehen. Da haben sie ordentlich Baracken von Stein errichtet und selbst die Oesen aus den Häusern herausgeschafft und von neuem in den Baracken mit den Schornsteinen aufgestellt. Bei der Ablösung eines neuen Bataillons wird dem ablösenden ein ordentliches Inventarienverzeichnis übergeben, wobei der preußische Humor oft prachtvolle Ausdrücke verzeichnet. Auch die Lagerstraßen haben die komischsten Namen wie: Plonplonstraße, Bazaine's Verzweiflung, alte Bullerjahn Valerienstraße x. — In dem Quartier Pournoy, aus dem ich Euch zuletzt schrieb, blieben wir drei Tage, es regnete fast jeden Tag. Um den Pferden Bewegung zu machen, exercierten wir den zweiten Tag im Regiment auf den Seillewiesen und rekognoscierten nachher die Seilleübergänge. Schloß coin les Cuvry sah stolz auf unsere Evolutionen herab; das hatte gewiß auch nicht vermutet, einst an einem preußischen Exercierplatz zu liegen. Unsere Pferde sind trotz Regen und Schmutz doch in einer vorzüglichen Kondition, der viele Hafer der Kriegsration ist der Grund hiervon, und man sieht daraus, daß man den Tieren im Frieden immer viel zu wenig zumutet und sie zu sehr verpäppelt. Bei dem Rückmarsch nach dem Exercieren auf den Seillewiesen ging plötzlich ein Hase neben uns auf, da hättet Ihr einmal sehen sollen, was unsere Pferde leisten konnten. Es entwickelte sich die reine Parforcejagd und die Offiziere ritten hinter dem Hasen her, wie zu Hause hinter der Meute. Leider entkam uns der Krumme, indem er mit mächtigem Satz in die für uns unpassierbare Seille sprang. Die Jagd bot wieder Gelegenheit zu einem herrlichen Kriegsbilde. Unser Hauptbedürfnis ist immer geistige Nahrung und wir jammern stets nach irgend welcher Lektüre. Ich werde dabei sehr beneidet, da ich von Fr. v. Tw. einen Tag um den andern eine Zeitung bekomme, die wandert dann stets durch das ganze Offiziercorps. Worauf die Leute und auch Offiziere alles kommen, um sich die Zeit zu vertreiben, glaubt Ihr gar nicht. So fand ich neulich im Biwak die Lieutenants von L., Sch. und den Fähnrich ganz ernsthaft dabei beschäftigt, an einem kleinen Bach neben dem Biwak sich eine Wassermühle zu bauen und kindisch freuten sie sich, als dieselbe auch wirklich anfing zu klappern. Jedes Tierchen hat sein Pläsierchen, ich ließ ihnen gern ihre Beschäftigung. Einen Tag um den andern geht ein Offizier per Eskadron auf Requisitionskommando, deren Rayon immer weiter ausgedehnt wird, denn Hafer und Lebensmittel, auch Vieh, werden seltener und es müssen immer mehr unsere Depots in Anspruch genommen werden, was man für die Kavallerie so lange wie möglich aufschieben wollte. Da muß ich Euch doch erzählen, wie L.'s erste Requisition damals zurückkam. Auf dem ersten Wagen saß er, neben sich hatte er einen großen ausgestopften Papagei, zwei Sammetlehnstühle, eine schöne Waffensammlung (es war gerade ein château in dem Requisitionsort gewesen) und selbst „Tüllgardinen" brachte er auf dem Wagen zur Dekoration der Hütte mit außer der Fourage ꝛc. Das war seine Auffassung vom Requirieren, und war er sehr erstaunt, als ich ihn aufforderte, doch sofort alles bis auf den Hafer wieder dahin zu bringen, woher er es geholt. Er führte zu seiner Entschuldigung an, die Franzosen hätten 1806 seinem Großvater zu Haus alles Silberzeug mitgenommen, da hätte er geglaubt, er könnte sich auch ein kleines Andenken mitnehmen. Im ganzen ist es schade, daß darin nicht eine gewisse Gerechtigkeit walten kann. Aber es geht doch einmal nicht. Diese Requisitionen sind für die betreffenden Offiziere sonst immer eine recht unangenehme Dienstzugabe, denn es ist nicht jedermanns Sache, diese Klagen und dieses Jammern ruhig mit anzuhören, wenn einem armen Weibe oft ihre letzte Kuh genommen wird. Lt. Rh., ein Reserveoffizier, im gewöhnlichen Leben ein reicher Fabrikbesitzer, gestand mir neulich, daß er oft vor dem Hofe die Kuh genommen und dann hinter dem Hause in 20=Francstücken den Wert bezahlt hätte. Ob das wohl ein Franzose thäte? Neulich schrieb ich Euch doch, daß Louis von Wuthenau mit seiner Eskadron bei Vionville die Batterie genommen hätte, das hat sich nicht bestätigt, er war gar nicht bei der berühmten Attacke, sondern mit der Eskadron vorher abkommandiert. Zu dieser Abkommandierung hatte Graf Schm. vorher die Eskadrons losen lassen und W. war durch das Los das Kommando zugefallen. Eigentlich eine wunderbare Art der Kommandoauffassung. So hatte er allerdings keinen Mann verloren, aber die Ehre der Beteiligung an dieser „Seydlitz=Attacke", wie sie hier genannt wird, hat er auch nicht gehabt. Ernst Heister ist mit zwölf Wunden in französische Gefangenschaft geraten, hat sich aber aus dem Lazarett bei dem Erscheinen von Patrouillen des 17. Husarenregiments geflüchtet und diese haben ihn mitgenommen. Ihr werdet ihn bald sehen, da er zur Ersatzeskadron geschickt ist. Von meines armen Grafen Pl. Tode am Typhus schrieb ich Euch doch neulich; denkt Euch, derselbe hat ganz allein und verlassen sterben müssen, und hat bis zuletzt doch seinen Humor behalten. Als sein Bursche bei seinem letzten Leiden so geweint hat, sagte er: „Schröder, weine nicht so, sonst stirbst Du noch eher wie ich." Der liebe gute Meier, ich kann ihn gar nicht vergessen. von Neumann von den 9. Dragonern und von Tossow aus Halberstadt sind auch tot. Gestern Morgen, als wir die Pferde bewegten, habe ich mit Ro. einen Luft=ballon aus Metz gefangen. Es war die reine Luftjagd, einige Unteroffiziere wurden noch mitgenommen. Der Ballon, wohl 20 Ellen im Durchmesser, flog hoch über uns und doch barbarisch schnell, mußte aber doch nicht mehr ganz intakt sein, denn nach einer Jagd von circa $^{3}/_{4}$ Meilen fing er langsam an zu sinken; als er uns erreichbar wurde, schossen und stachen wir nach ihm und hatten ihn.

Es war ein großes Ding von gelber Seide und hatte in seiner Gondel ungefähr 1000 Briefe aus Metz. Das war einmal ein fideler Nachmittag, alle diese Episteln zu lesen. Die unwichtigen machten wir wieder zu und schickten sie zur Post, sie vermochten manches arme Mutter= und Frauenherz zu trösten; die uns wichtig erscheinenden wurden durch das Regiment an das Oberkommando eingeschickt. Aus allen Briefen ging aber die furchtbare Not hervor, die in der Festung herrsche. Die Kavalleriepferde fielen zu Dutzenden, sie hätten nichts mehr zu füttern, und hätten sich die Pferde schon gegenseitig vor Hunger die Mähnen= und Schwanzhaare abgefressen. Die Pferde würden schon von den Soldaten gegessen und der Wassermangel würde immer empfindlicher, Typhus und Ruhr decimierten die Menschen. Aber immer noch kein Gedanke an Uebergabe. — Hier bei uns sind die Preise jetzt auch furchtbar in die Höhe gegangen und der Küchenzettel unseres braven Kochs wird immer teuerer. Auf den Dörfern ist absolut für uns fast nichts mehr zu kaufen, Fleisch und wie heute Speck erhalten wir Offiziere zwar gleich den Leuten geliefert, aber man will doch auch einmal etwas anderes haben, und da sind wir denn ganz auf die Marketender angewiesen, die weither ihre Sachen von Pont à Mousson u. s. w. oft unter großen Gefahren einkaufen. **Aber die Preise!** Ein Pfund Butter kostet 1 Thaler, ein Pfund Zucker 25 Groschen, ein Ei 2 Groschen und so fort. Bisher haben wir aber immer noch dinerartig gegessen, was aus gemeinschaft= licher Offizierkasse bezahlt wird; stets wird ein Menu aufgesetzt wie z. B. heute:

Menu 23. 9. 70.

Consommé à la „Le Boeuf"
Jambon sans vin de Bourgogne et plus rien
Filet de boeuf et pommes de terres communs
    Sauce à la beurre
Riz en vin rouge et en prunes de l'hôpital
    Beurre. Fromage.
    Café. Chasse.

Ihr werdet die Ironie aus der Sache herausfinden. Dabei haben wir sogar Tischgeschirr, natürlich jeder einen anderen Teller, ein anderes Glas und ein anderes Besteck; mein mitgenommenes silbernes Besteck macht sich dabei sehr fein. Seit gestern haben wir sogar Servietten und Tischtücher, die wir auch in Pont à Mousson taufen ließen. Der dorthin gesandte Marketender hatte uns auch Handtücher mitgebracht, das Abtrocknen mit dem Taschentuch hatten wir satt. Aber wenn ich Dir, mein Mütterchen, die Interna unserer Lebensführung noch weiter beschreiben wollte, dann gebrauchte ich noch Bogen, deshalb gelegentlich mehr. Nun will ich Dir noch etwas von der Beschäftigung der vergangenen 4 Tage erzählen.

Seit dem letzten Briefe bin ich doch auch wieder 2 Tage auf Vorposten gewesen, und zwar bei Cuvry. Wir standen hier zur Disposition des durch seine Grobheit berüchtigten Generals von B., der Vorpostenkommandeur war. Wir lernten ihn am Morgen des 16. kennen, als er einen kleinen Alarm losließ, nur um die Division in der ordre de bataille zu sehen. Die Ulanen imponierten ihm sehr, weil sie vor einigen Infanterie-Bataillonen auf dem Alarmplatz standen. Bei dieser Gelegenheit habe ich einige Persönlichkeiten gesehen, die jetzt wieder in Uniform waren und über welche einst viel gesprochen wurde. Da war zuerst ein Herr v. L., Sohn des kommandierenden Generals, Garde-Kürassier, dann wegen Schulden alle geworden, der trug die Landwehr-Kavallerieoffizier-Uniform mit Gemeinenabzeichen, ein Lieutenant W., früher 3. Husar, dessen Namen man auf allen Rennplätzen hörte, gleichfalls pecuniär fertig geworden u. s. w., der trug die Gemeinen-Uniform der 8. Husaren und kochte den Offizieren die Suppe, dann ein v. S., früherer Garde-Husar, auch wegen Schulden und Wechselgeschichten seines Offiziercharakters verlustig gegangen, der war Gemeiner bei den 7. Ulanen. Diese alle wollten sich durch den Krieg rehabilitieren und wieder Offizier werden; einigen mag es ja auch gelingen, wer bezahlt aber die nach wie vor bestehenden Schulden? Nachher sind sie doch wieder eben so weit. Am Nachmittag ritt ich nach der Beobachtungsstation auf St. Blaise, von wo Tag und Nacht Metz beobachtet wird. Es war dort oben ein praktisch angelegter Aussichtsturm erbaut, worauf sehr gute Fernrohre waren; durch dieselben konnte man jede Bewegung der Franzosen in Metz ganz genau beobachten. Ich blieb wohl eine halbe Stunde dort oben und sah mir die Rothosen an. Der Fürst von Bückeburg war auch mit oben und erzählte interessante Geschichten aus dem Hauptquartier, leider aber noch nichts von der Uebergabe, da die Verhandlungen gescheitert wären.

Vom 17.—21. hatten wir vier recht amüsante Tage, nett schon deshalb, weil wir aus dem großen Haufen heraus kamen, da lebt es sich immer besser. Wir wurden mit der 3. Eskadron unter Major v. Str.'s Führung der Infanterie-Brigade Weltzien zugeteilt, und hatten den linken Flügel der Vorposten bis zur Mosel zu übernehmen. Meine Schwadron kam nach Tuilerie près de Fey, in Wirklichkeit in eine große Ziegelei. Wir verstanden es aber, uns einzurichten, im Fluge war eine lange Ulanenkette gebildet und die Tausende von Ziegeln flogen aus dem Gebäude heraus und die Pferde in die Gebäude hinein.

Auch sonst richteten wir uns sehr gemütlich ein, da wir dachten, einige Tage zu bleiben. Wir hatten den Major v. Str. mit bei uns, bauten eine Veranda vor dem Eßzimmer, spielten Pikét und amüsierten uns ganz gut auf unserer Höhe, von der aus wir eine wunderschöne Aussicht hatten.

Mit unserem Französischsprechen geht es jetzt von Tag zu Tage besser, wir nehmen jede Gelegenheit dazu wahr, uns zu üben. Die Bauern sprechen allerdings hier ein furchtbares patois, das mit vielen schwäbischen Ausdrücken vermischt ist und wobei das au wie „an" ausgesprochen wird. Hier und da habe ich aber Gelegenheit, einmal mit einem gebildeten Franzosen zu reden, so gestern mit Msr. de Chevigny, dem Besitzer des Gutes Cuvry, der schlauerweise hier geblieben war; er war ein liebenswürdiger Legitimist mit allen Formen des ancien regime. Gestern konnte ich auch Brittish Queen endlich einmal wieder reiten, die nicht mehr hustete, und besuchte Lützow bei den 9. Husaren, den alten lieben 7. Kürassier, der in der Nähe biwakierte, auch Franz Welter, den Sohn des Präsidenten aus H. traf ich, mit dem ich alte Jugenderinnerungen feierte. Heute mittag hatten wir Besuch von dem Lieutenant Graf Sch., Adjutanten der Generaletappeninspektion, der auf dem Ritt zum Oberkommando pferdemüde geworden war, er teilte unser Diner und machte sich abends wieder auf die Reise. Er erzählte viel Interessantes von Sedan und Bismarck's Unterredung mit Napoleon. Wer das hätte mit ansehen können! Tuilerie lag an der Straße Corny und hatten wir viel Besuch, so kam auch Graf Ibing G. von uns zum Frühstück, der vom Brief-Relais abgelöst war, und jeder kann was Interessantes erzählen. Am 20. sind wir dann wieder hierher gekommen, die 5. Ulanen lösten uns ab. Auch hier ist es ganz angenehm, ein ziemlich großes Dorf, und stehen die Pferde doch besser. Wir haben unser Offizierquartier in einer auberge aufgeschlagen, in der es aber nichts mehr zu aubergen giebt, im Gegenteil leben Wirt und Wirtin mit von unseren Vorräten; sie sind aber zu allen Diensten bereit, und da giebt man ihnen gern. Gewöhnlich wohne ich in dem Casino, das ich für die Offiziere meiner Schwadron einrichte. Dieses hat seine Vorteile, aber auch Mängel, z. B. schläft es sich mangelhaft in einem Raum, in dem 8 Menschen oft bis spät in der Nacht geraucht haben und was für Tabak! Heute früh habe ich die erste Vergnügungsfahrt gemacht, die aber auch praktische Zwecke verfolgte. Ich bin mit Str., Jbing G. und Wallenberg nach Pont à Mousson gefahren. Str. hatte uns als Erwiderung unserer Inviten zum Diner dahin eingeladen. Pont à Mousson an der Mosel ist eine hübsche Stadt von 20 000 Einwohnern, mit hübschem Marktplatz, der solche Bogen hat, wie der Prinzipalmarkt in Münster. Der zweite Mann auf der Straße war ein Soldat. Wir aßen ganz gut im Hôtel de cigne am Markt, und war es uns ein eigentümliches Gefühl, einmal wieder an einer gedeckten Table d'hôte zu essen. Nachher machten wir Einkäufe und fuhren mit den Krümpern in einem hübschen, annektirten offenen Omnibus vor Dunkelwerden zurück. Die Revolver hatten wir parat, da die Franktireurs sich auf der Strecke oft unnütz machen, und Lieutenant v. W. von den 8. Kürassieren vor einigen Tagen dort angeschossen wurde. Diese Bande wird aber aufgehängt, wo man davon einen erwischt.

Doch nun, mein liebes Mamachen, muß ich doch wohl schließen, den nächsten Brief erhältst Du voraussichtlich wieder aus einem anderen Ort, wir sind die reinen Hausierer, und dabei ist das ganze Terrain, in dem wir herumziehen, ungefähr 1½ Meilen breit. Hoffentlich läßt man uns für die Zukunft nun bis zur Uebergabe von Metz an demselben Ort, dann können wir uns besser einrichten und für die Sicherheit ist vorne ja bestens gesorgt. Viele Grüße an Mathilde und Herrmann, von diesem habe ich noch keine einzige direkte Nachricht. Lebt wohl und Gott beschütze Euch.

Euer M.

X.

Goin, den 9. Oktober 1870.

Meine liebe teuere Mama und Tante!

Wieder ein anderes Bild, ein anderer Ort, aus dem ich an Euch, Ihr meine Lieben, schreibe. Fast 8 Tage sind vergangen, daß ich Deinen lieben Brief bekam, meine teuere Mama, und sage ich Dir für den wärmenden Inhalt und Deine lieben Worte meinen besten Dank; der erstere ist zwar etwas kurz für meine lange Figur, aber er erfüllt doch seine Pflicht und ist mir zum Wechseln sehr angenehm. Man muß hier, namentlich bei dem seit vorgestern leider wieder eingetretenen schauderhaften Wetter, seinen Körper äußerlich und innerlich möglichst warm halten, damit er nicht wie der vieler anderer sich erkälte, woher dann Ruhr und dergleichen kommen. Etwas thut hierzu die jetzt eingetretene Obst-, namentlich Weinernte. Ich sage Euch, Weintrauben giebt es hier, wahrhaft prachtvoll, die Beeren von einer Größe und Süßigkeit, von der man bei uns gar keine Ahnung hat. Wenn ich Euch doch einmal ein Körbchen davon schicken könnte, da ich weiß, wie gern Ihr sie eßt, aber wie wäre das möglich zu machen? Wenn nun diese Menschen, meine Ulanen, nur wenigstens die reifen Trauben essen wollten, aber nein, da wird alles in den Mund gestopft, ob reif, ob nicht. Neulich traf ich einen solchen, der schon krank im Revier war, und trotzdem die Zeit dazu benutzte, einen Weinberg zu plündern. Als ich ihn mit einer halbreifen Traube in jeder Hand traf, da hörte die Gemütlichkeit einmal eine Weile zwischen uns auf und die Gartenecke diente zu einer sehr deutlichen Aussprache. Am 1. sind wir hier in Goin eingerückt, im Frieden war das große und auch wohlhabende Dorf gewiß ein sehr gutes Quartier, jetzt aber ist es durch das fortwährende mit Truppen Ueberfülltsein schrecklich ausgesogen und die Einwohner freuten sich, als sie von uns hörten, daß wir voraussichtlich lange hier blieben.

Die Leute fürchten mit Recht den Wechsel, denn jeder Ankommende fordert natürlich von neuem, und die Forderungen sind ohne Kenntnis der Verhältnisse und Persönlichkeiten dann oft ungerecht, was nicht der Fall ist, wenn man weiß, daß sie wirklich nicht im stande sind, noch etwas herzugeben. Körperlich aufgefallen ist uns das mehr und mehr Herunterkommen und Sinken der Verhältnisse hier so recht bei dem Besitzer eines Gasthauses an der Chaussee, die wir schon oft passierten. Als wir das erstemal hier durchkamen, stand der betreffende Wirt, natürlich mit der obligaten Zipfelmütze und den Händen in den Pluderhosentaschen als „dicker" Herr mit einem dicken Schmerbauch protzig in seiner Hausthür, mit der kurzen Pfeife im Munde. Das zweite Mal war die Protzigkeit ganz weg, der Quast der Zipfelmütze baumelte melancholisch über seiner Nase und das Bäuchlein war schon ziemlich dünn. Als er gestern zu mir herankam und flehentlich bat, ob ich ihm nicht etwas zu essen geben wollte, seine 12 schönen Kühe wären fort, kein Huhn mehr auf dem Hofe, pas du tout, du tout, da jammerte es mich doch des armen Menschen, und mitleidig sagte ich ihm, er möchte täglich kommen und für sich, Frau und Kinder aus dem großen Schwadronskessel Portionen zu Mittag schöpfen. — So wird nämlich jetzt für die Leute gekocht, und hat es sich viel praktischer erwiesen, als das Kochen in den einzelnen Häusern resp. eigenen Feldkesseln. Die Bouillon wird viel kräftiger, das Fleisch weicher, und außerdem ist die Beaufsichtigung viel leichter, daß auch wirklich jeder Mann zur rechten Zeit etwas zu essen bekommt, was bei manchem faulen Kerl schwer zu erreichen ist, der lieber schläft, als kocht. Ich erhielt hier ein verhältnismäßig großes Revier für die Schwadron angewiesen, in dessen Mitte auch eine ganz nette ferme für die Offiziere war. Dieselbe befand sich aber in einem so furchtbaren Zustande der Verunreinigung durch die Lazarette, Trains und Kolonnen, daß es unmöglich war, darin zu hausen. Sie wurde deshalb erst einer 8 tägigen Desinfizirung und Lüftung unterzogen. Bis dahin sind wir der Aufforderung einer netten, älteren Frau „femme Thomas", einer Tischlersgattin, gefolgt, die sich auch als frühere herrschaftliche Köchin erbot, mit zu kochen (resp. mit zu essen) und sind provisorisch in deren kleines Haus eingezogen. Die Sache macht sich auch ganz gut, namentlich da das Küchengeschäft wieder durch zwei prachtvolle Kisten aus Coburg erleichtert wird. In diese hatte die liebenswürdige Baronin

Adelheid sogar zwei ihrer berühmten Pasteten packen lassen, die uns prachtvoll schmeckten. Gisbert hatte wieder Wein geschickt. Genug, Goin zeigt sich von einer angenehmen Seite, möge es so weiter gehen, dann läßt es sich hier aushalten. Der Stab hat sich in das Château Goin einquartiert, das alte Stammschloß der Grafen Clairon d'Haussonville, von denen ja auch viele in unserer Armee stehen. Es ist ein alter feudaler Bau, flankiert von zwei mächtigen Türmen. Die alte Familie hat aber auch hier weichen müssen, und gehört das Schloß jetzt einem Msr. Boulanger, der aber auch nicht hier ist. Der Stab lebt sehr mangelhaft darin, und der Kommandeur, welcher sehr das Primitive liebt, läßt aus dem Kochkessel kochen, und ist es durchaus unstandesgemäß, wie sie essen. Major v. Str., welcher andere Sitten gewohnt ist, kann nicht genug darüber klagen und findet sich häufig bei uns ein. Weshalb man im Kriege auch seine Sitten verbauern lassen soll, sehe ich nicht ein. — Ich, welcher das Detachiertsein von H. her so gewohnt bin, empfinde desto schwerer die ewige Kontrolle, und wäre viel lieber allein in Les Menils geblieben, wo wir am 29. und 30. waren. Wir waren zwar auf Vorposten, aber sonst war es ein wahrhaft ideales Quartier. Hoch oben auf einer Höhe lag die fast schloßartige ferme, die noch ganz intakt war, wunderschön. Die Ställe und Scheunen waren noch ganz voll, die ferme muß wie durch ein Wunder bisher den Requisitionen entgangen sein. Pferde und Leute hatten es bei vernünftiger Aufnahme des propriétaires vorzüglich. Nachmittags zeichnete ich die Ruine Haut moussson, die deutlich gegenüber, oberhalb Pont à Moussons lag, und werdet Ihr die Skizze dereinst in meinem Skizzenbuch bewundern können. Ich habe die alte Kunst wieder hervorgesucht und bringt sie mich über manche sonst öde Stunde hinweg. Es ist sehr angenehm, einen Kunstgenossen hier zu haben, den Maler W., der als Schlachtenmaler bei der 2. Eskadron den Feldzug mitmacht und sogar, als Ulan verkleidet, die Eskadron begleitet. Er hat ein gutes Maleraugen und entdeckt oft die nettsten Marsch-, Bivaks- und Gefechtsbilder, die immer mir zur Anregung dienen. Am Abend des 20. hatten wir die Ueberraschung, noch um 11 Uhr den Grafen Jbing mit seinem Zuge aufnehmen zu müssen. Der Grund war ein tragischer. Die 3. Eskadron war auch auf Vorposten, und er war mit seinem Zuge in einer großen Scheune untergebracht. Da plötzlich Feuerruf und die Scheune brannte: vier Pferde und eine Menge Sattelzeug waren verbrannt. Wodurch das Feuer entstanden war, ist nicht zu ermitteln gewesen. Mit dem braven Jbing mußten wir aber den Abend noch lange zusammensitzen und ihn künstlich durch Fluten eines guten Glühweins von seinem Schreck kurieren. Es kommen übrigens jetzt alle Kisten an uns an, wenn man sie an den Freiherrn v. B., Johanniter-Verein in H. adressiert, das soll aber nicht etwa eine Anspielung sein.

Wir sehen uns jetzt immer schon mit dem Auge des Besitzers hier unsere Gegend an; denn soviel steht fest, herausgegeben wird Metz, wenn wir es erst haben, nie wieder.

Wo die Grenze gezogen werden soll, darüber sind die Ansichten verschieden, die Bescheidenen sagen bei Pont à Mousson, die Begehrlichen sagen bei Nancy. Die Bewohner dieser Gegend aber sind bei dem Gedanken des Deutschwerdens entrüstet, sie glauben an eine Jeanne d'Arc, an einen Volksaufstand, der wie 1792 die Deutschen hinausschwemmen würde, und was des Unsinns mehr ist. Nun, die Leute müssen wie die Kinder zu ihrem Vorteil gezwungen werden, und diese selben Menschen hier sind vielleicht in 10 Jahren die besten Deutschen, denn die alte Stammeszugehörigkeit zeigt sich noch jetzt nach zweihundertjähriger Französierung in vielen Gebräuchen des Landes, und die Sprache klingt viel mehr wie Schwäbisch, als wie Französisch. —

Jetzt wird hier täglich auf den Seillewiesen exerziert und in Abteilungen auf dem Viereck geritten, genug, die Leute und Pferde wieder in Haltung gebracht. Die Franzosen können sich nicht genug darüber wundern, daß das jetzt geschieht, wo vom Fort St. Quentin immer die dumpfen Schüsse herüberklingen. Aber gut ist es doch. Vorgestern habe ich mir in Port au Seille ein nettes, kleines Franzosenpferd für 150 Franks gekauft, das von einem französischen Offizier dort stehen gelassen war. Seine Vorgeschichte ist unklar, Schweif und Mähnenhaare hatte er nicht, ob sie ihm zur Unkenntlichmachung abgeschnitten oder von anderen Pferden abgefressen worden, läßt sich nicht feststellen. Ich kaufte ihn von dem Maire dort und ließ mir eine Quittung ausstellen, etwaiger Nachfragen wegen. Ich band ihn gleich vorn neben den Krümperpferden an, und da ich in der Nähe von Pont à Mousson war, fuhr ich dorthin. Hier traf ich ganz unerwartet Ernst v. H., schon wieder ganz wohl; die Wunden scheinen nicht sehr schlimm gewesen zu sein, nur die Zähne waren ihm auf einer Seite ausgeschlagen. Er befand sich in einer etwas wunderbaren Gesellschaft, zu der auch eine Ungarin, Frau von Rosée geb. Erdödy, gehörte; sie wollten nach Rheims zum dortigen Präfekten. Ernst wollte sich bei irgend einer Präfektur bis zur vollständigen Herstellung seiner Gesundheit anstellen lassen. Die übrigen waren aber scheinbar alle nur sogenannte „Schlachtenbummler", Leute, welche unter irgend einer Façon die Behörden belästigen und einen Passierschein suchen, um Interessantes zu erleben. Vor einigen Tagen war auch die Lucca hier gewesen, um ihren Mann Adolf Rhabe zu besuchen; derselbe ist bei seinem alten Regiment als Reserveoffizier wieder eingezogen, bei Gravelotte durch beide Backen geschossen. Der Arme, wenn der doch wieder Offizier bleiben könnte! Er würde gewiß, wenn es sein dürfte, vieles Geschehene rückgängig machen, und sein verfehltes Leben, das er als Mann seiner Frau führt, gern gegen das frühere vertauschen! Frau Lucca hätte ich gern einmal wiedergesehen, Ihr wißt, daß ich sie aus Quedlinburg kenne.

Doch nun, mein liebes Mutting, will ich Dir für heute Lebewohl sagen, ich denke, die nächsten Tage werden Historisches bringen, das uns gleichzeitig hier frei macht. Otto v. G.'s Verlobung hat uns hier sehr amüsiert, wer hätte das gedacht, daß des kleinen Düring's Witwe noch einmal seine Frau würde, und dann sagt man, die Ehen würden im Himmel geschlossen! Was mag das für ein Himmel gewesen sein? Armer Otto! Schmettow soll die 8. Kürassiere bekommen haben. Viele Grüße an die liebe Tante, so wie die Entscheidung über uns kommt, erhaltet Ihr Nachricht von

Euerem M.

XI.

Goin, den 22. Oktober 1870.

Meine liebe, teuere Mama!

Wieder sind fast 14 Tage vergangen seit meinem letzten Briefe an Euch Lieben zu Haus, wieder hoffte ich Euch in diesem Briefe berichten zu können von unserer endlichen Erlösung hier, und abermals ist leider alles beim alten. Die Anfänge zum Ende zwar mehren sich, aber das längst Ersehnte, es will und will immer noch nicht kommen. An diesen prachtvollen Herbsttagen, die wir in der letzten Woche hatten, glaubte man kaum noch mitten im Kriege zu sein. Die sich in gleichmäßigen Zeitentfernungen folgenden Schüsse vom Fort St. Quentin haben aufgehört, wir exerzieren täglich auf den Wiesen und Feldern um das Dorf herum, und leben beinahe wie in der Garnison. Die Nachrichten aus der Festung drängen mehr und mehr dem Ende zu, die Scharen der Kartoffelsucher werden größer und größer, der Mangel an Lebensmitteln in der Stadt wird immer bedenklicher und die Epidemieen dezimieren die Bevölkerung. Von unserem Oberkommando sollen schon an den verschiedenen Depotstellen ungeheure Vorräte aufgespeichert werden, welche zur Ernährung der Belagerten nach Metz hineingeschafft werden sollen, wenn die „pucelle" sich endlich ergeben hat. Weshalb die weiße Fahne der Kapitulation noch immer nicht auf den Wällen der Festung erscheint, versteht kein Mensch, da von Durchbruch oder Entsatz ja schon lange keine Rede mehr sein kann. Seit gestern ist das schöne Wetter auch umgeschlagen, kalte Herbstnebel, verbunden mit Regen, haben sich eingestellt, und unsere Wohnverhältnisse werden durch die schlechten, großen Kamine von Tage zu Tage ungemütlicher. Auch die Lebensmittel verschlechtern sich, der Milzbrand unter dem Rindvieh der ganzen Gegend ist auch in die Depots verschleppt und wir bekommen anstatt des frischen Fleisches fast nur gesalzenes und gepökeltes Büchsenfleisch, das uns gar nicht schmecken will und auch schlecht bekommt.

Ich persönlich habe mich in meiner Unterkunft zwar seit meinem letzten Schreiben zum Vorteil verändert, indem ich die Euch beschriebene kleine ferme, nachdem sie gründlich gereinigt war, bezogen habe, und ist in derselben wenigstens ein größeres Zimmer, das nun zum Kasino meiner Offiziere dient. Es ist ganz gemütlich. Den großen Kamin haben wir durch Einsetzen von Backsteinen zu einem kleineren gemacht, und heizt er jetzt das Zimmer etwas durch. Zu Anfang rauchte es sehr, was für die Nacht nicht sehr angenehm war. Das Möblieren des Zimmers hat uns nicht viel Schwierigkeiten gemacht, und ist es damit eine ganz einfache Sache, die auch nur im Kriege möglich. Es ist eben eine nur im Kriege denkbare Situation, fehlt ein Sofa, nun so wird es in dem Revier des Ortes gesucht, das der Eskadron

zugewiesen ist; ist ein Tisch nötig, so wird er in einem anderen Hause
gefunden. Zuerst machten die Besitzer Schwierigkeiten, jetzt haben sie
sich in die Sache gefunden. Verläßt die Besatzung den Ort, so holen
sich die Eigentümer ihre Sachen wieder. Von einer Einheitlichkeit des
Stils der Einrichtung kann da natürlich nicht die Rede sein. Ich habe
zwei ganz nette verschiedene Lehnstühle, zwölf andere Stühle, einen
großen Tisch, ein Bett und sogar ein „Klavier", welches der Küster
des Dorfes hergeben mußte. Der künstlerische Cousin v. W. spielt
darauf mit kunstverständiger Hand oft abends seine reizenden Phantasieen,
oder singt bereitwillig, aber mit nicht sehr lieblicher Stimme die alten
Weisen aus Max und Moritz ꝛc. Was braucht der Küster jetzt ein
Klavier? Die Trauer um das herrliche France hat ihm die Melodien
aus dem Kopf genommen. — Gestern kam der Nachersatz von der
Ersatzeskadron an Pferden und Sachen an, darunter befand sich auch
ein Fähnrich aus dem Kadettencorps, K. v. E., ein blutjunges
Bürschchen von kaum 17 Jahren, den ich zur Schwadron erhielt. Er
sah etwas bleich und angegriffen aus, macht aber sonst einen netten
Eindruck; ich werde ihn zu mir immer in das Quartier nehmen und
etwas päppeln, dann wird er reif und gut werden. Unser täglicher
Offizierstisch ist durch ihn auf die Höhe von sieben Mitgliedern
gestiegen und haben wir oft wahrhafte Hausfrauensorgen mit Entwerfung
des täglichen Menüs und Beschaffung der Vorräte, obgleich der brave
Koch Gebbert unermüdlich in der Erfindung neuer, den Verhältnissen
entsprechender Gerichte ist. — Ein Zusammenleben unter den Offizieren,
wie wir es nun seit drei Monaten kennen, dient recht sehr zur Er=
kenntnis der Charaktere, des Gemüts und der seelischen Eigenschaften
eines jeden. Da wird Einem erst der Ausdruck der griechischen Helden
„Kriegsfreund" klar. Wenn man so mit ihm Wochen, Monate lang
Freud und Leid, Entbehrungen, Lust und Sorge teilt, wenn man mit
ihm Monate lang seinen Kopf auf dasselbe Kissen oder Strohbund
legt, dann wird man mit ihm so bekannt, wie fast nur Eheleute es
mit einander werden. Dann fallen mehr und mehr die Hüllen und
Verschleierungen, welche Erziehung und Dressur um den einzelnen
gelegt und der wahre Mensch kommt zum Vorschein. Ich kann nicht
sagen, daß das gerade immer zum Vorteil des Betreffenden dient, oft
kommt der kalte, krasse Egoist unter der Maske hervor, oft aber auch
ein tiefes Gemüt zu Tage, wo man es am wenigsten vermutet. So

auch bei uns. Wenn wir uns einmal hoffentlich wiedersehen, kann ich Euch darüber interessante Beobachtungen erzählen, die mich hier zu weit führen würden. — Ein fernerer Feind dieses langen Lager- und Biwakslebens ist der „Cognak". Wer dagegen nicht ganz taktfest ist, für den wird dieses Trinken zur Gefahr und will ich schon des- halb wünschen, daß dieser Zustand hier bald ein Ende nimmt. Einer unserer Offiziere, aus einer alten Familie, in der das Trinken schon seit Jahrhunderten fast eine erbliche Eigenschaft war, ist dadurch besonders gefährdet. Im Frieden durch die Sitten der Gesellschaft mehr bewahrt, durch geistige Thätigkeit abgehalten, kam die Neigung nie zu Tage, zeigte sich nur im fröhlichen Kreise als ungefährlich. Hier aber, wo Kälte, Hunger und manche andere Gründe mehr zum Trinken Gelegenheit bieten, zeigt der sonst so intelligente Mensch häufig, daß er ihm kaum widerstehen kann. Es ist schwer dagegen etwas zu thun.

Vor einigen Wochen erhielten wir auch wieder einen Wagen voll prachtvoller Dinge aus dem Malteser-Depot, Chokolade, wollene Sachen, Konserven, Medizin, genug tausende Sachen; wenn solch eine Sendung ankommt, muß man unwillkürlich immer an Robinson und sein gestrandetes Schiff denken, man kann eben Alles brauchen und die einfachsten Sachen, wie z. B. Streichhölzer, Seife, Zahnpulver rc. fehlen fortwährend. Der Ueberbringer war wieder Freund Otto, der Pony, alte Mann, oder was er immer noch für Kosenamen hat. In seiner Civilstellung ist er so eine Art von Gerichtsassessor, jetzt Reserve- offizier bei den Kürassieren, aber als solcher zu dem Reservehusaren- regiment kommandiert. Die Schwadronen dieses Regiments sind verteilt, dienen zur Sicherstellung von Telegraphen- und Eisenbahn- linien, decken Kolonnen und haben mehr dergleichen angenehme Auf- träge. Otto deckt Kolonne und in diesem Falle eine Malteserkolonne; als solcher bringt er uns hier und da einen immer mit Wonne be- grüßten Transport und lehrt uns dabei jedesmal die Konsumierung, namentlich der flüssigen Liebesgaben. Als diesesmal der Transport sich Goin näherte, glaubten wir zuerst, derselbe sei leider gar nicht für uns bestimmt, da ein uns fremder Transportführer dabei war. Desto angenehmer wurden wir überrascht, als wir in der Husaren- uniform unseren Otto erkannten. Er hatte nämlich seine sogenannte Sonntagsuniform an. Das geht nämlich so zu. Als Kürassier mit seinem Helm und weißem Rock hatte er geglaubt, doch unter den dunklen Husaren den Franktireurs ein zu gutes Zielobjekt abzugeben, er hatte sich deshalb gleichfalls die Husarenuniform angeschafft. Da diese nun noch neu war, schonte er dieselbe bei Regentagen und ritt als Kürassier; heute zeigte er sich nun zum erstenmale als Husar und wollte uns wahrscheinlich einen besonders hervorragenden angenehmen Eindruck machen. Er war uns aber, weiß oder dunkel, immer gleich angenehm, namentlich da er stets in sehr schmackhafter Sauce (gutem Bordeaux) erschien.

Ein prachtvolles Kriegsbild brachte er von sich mit. Der gute Otto ist von der Natur mit sehr schönen Augen, aber nur mit sehr mangelhaftem Haupthaar ausgestattet. Vor 14 Tagen wurde die Eskadron, in der er steht, nächtlicherweise von Franktireurs überfallen, da sich die Husaren zu sorglos der Ruhe überlassen hatten. Auch Otto lag ausgezogen auf seinem Lager. Die Franktireurs dringen ein, Otto entwischt zum Fenster hinaus. In der Höhe des Fensterbretts versuchte ihn ein Franktireur bei dem Kopf zu fassen, hätte er einen dichten Haarwuchs gehabt, war er verloren, so sind aber die greifenden Hände immer an dem blanken Schädel Ottos abgeglitscht und — er entkam. Die Sache endete übrigens noch besser, als es die Nachlässigkeit verdient hätte, ein Zug der Eskadron hatte sich mit Karabinern am anderen Ende des Dorfes noch schnell gesammelt, vertrieb die Franktireurs, und Otto ließ wutschnaubend drei Anführer sofort aufhängen. Das Bild im Fenster hatte der Maler sehr humoristisch aufgefaßt und wird dasselbe wohl dereinst die Ahnengalerie in Heeßen schmücken. Die ersten eisernen Kreuze sind nun auch meiner Schwadron zu Teil geworden, v. R. und ein Sergeant erhielten dieselben für ihr Verhalten und ihre guten Meldungen auf dem Rekognoszierungsritt damals nach Thionville. Hoffentlich bekomme ich es auch bald; vorläufig beneide ich H., der es ja schon erhalten hat. Doch nun, meine Lieben, habe ich Euch wohl wieder genug erzählt, deshalb will ich Euch für heute Adieu sagen. Von unserem Wiedersehen will ich lieber noch nichts sagen, denn ich glaube, die Geschichte hier in Frankreich ist noch lange nicht aus. Der Fanatismus hat die junge Republik ergriffen, und sie will sich noch weiter ihrer Haut wehren, ob zu ihrem Glück, das werden die Thoren zu spät einsehen lernen. In treuester Liebe
Euer M.

XII.

Buzy, den 1. November 1870.

Mein liebes, teueres Mutting!

Endlich erlöst! Metz ist unser! Zehn Tage sind es gewiß her seit meinem letzten Schreiben, aber ich hatte mir auch fest vorgenommen, nichts wieder von mir hören zu lassen, ehe die grimme Festung gefallen sei, da die ewigen Belagerungs= und Biwaksbriefe Euch ja nachgerade langweilen mußten. Gott sei Dank, hat mein Schwur des Schweigens nicht so lange dauern brauchen, als damals dies bewußte chemise der Königin Isabella von Spanien, denn lange hätte ich Euch Lieben doch nicht mehr ohne Nachricht lassen können.

Nun sollt Ihr aber auch einen sehr ausführlichen Brief über dieses große historische Ereignis der Kapitulation erhalten.

Am 23. war ich nach St. Blaise abermals hinaufgeritten und hatte dort, um das Fernglas versammelt, eine ganze Schar von him= beerfarbenen Generalstabsoffizieren, darunter Westernhagen, gefunden, welche, natürlich klüger als gewöhnliche Sterbliche, ganz genau wußten, wie es in Metz aussähe und bestimmt sagten, daß die Festung sich morgen, als am 24. ergeben würde.

Sie ließen mich auch einmal an das Riesenfernrohr heran, und da konnte man deutlich sehen, daß etwas Besonderes im Lager der Fran= zosen vorginge. Die Rothosen trabbelten mehr herum als sonst, drängten sich in Haufen zusammen und schienen einzelnen Rednern zu lauschen, die über der Menge standen. — Und richtig, die Himbeer= farbenen hatten diesesmal recht. Am Morgen des 24. hatten wir im Regiment einen Uebungsmarsch nach Fleury gemacht, hatten eben etwas gefrühstückt, da — das Signal „Alarm." Unwillkürlich stumpft sich das Gefühl etwas ab, wenn man so oft alarmiert ist, wie wir in den letzten Monaten, und keiner ahnte etwas besonderes, keiner dachte an gänzlichen Aufbruch. Doch es ward Ernst, als das Regiment nach

15 Minuten bereit stand, wurde uns eröffnet, daß wir über die Mosel gehen sollten, Bazaine wolle wegen der scharfen Kapitulationsbedingungen noch einen letzten Versuch zum Durchbrechen unserer Linie machen. — Die Kunde hörten wir wohl, aber daran glaubten wir nicht, es hatte schon zu oft so geheißen. — Wenn es nur ein klein wenig besseres Wetter gewesen wäre, aber es war zu furchtbar; ein orkanartiger Sturm heulte, dabei goß es vom Himmel herab, einmal eiskalter Regen, dann richtige Schlossen schlugen uns ins Gesicht, ein Wetter wie ich es noch nicht oft erlebt. Und darin ging es los im beschleunigten Tempo nach Corny. Ein Zug blieb zurück, der die fourgons schleunigst beladen und nachführen sollte, denn die Küchenvorräte wollten wir nicht zurücklassen. Corny erreichten wir gegen 7 Uhr. Hier waren einige Malteser, darunter Carl von Rump, die uns und die Ulanen in unserer Halberfrorenheit durch warme Getränke etwas aufthauten. Bei Corny ist eine Schiffsbrücke über die Mosel geschlagen, an deren beiden Enden Pionier- und Ingenieur-Offiziere dafür sorgten, daß die Brücke nur abgesessen und im Schritt passiert würde. Nun denkt Euch die Situation, stockfinstere Nacht bereits, noch immer ein brausender Wind mit herabstürmenden eiskalten Regenmassen, und eine hin und her schwankende durch keine Laterne beleuchtete Schiffsbrücke. Die Schwadronen folgten sich auf dem Marsch nicht nach der Nummer, ich marschierte als 3., hatte vor der Brücke absitzen lassen und dieselbe mit der Schwadron zur Hälfte passiert. Ich befand mich an der Queue, da ein plötzlicher Ruck der Brücke, ein Aufschrei der Pioniere, und hinter mir her kam die 2. Eskadron, die in der Dunkelheit abgeblieben war und nicht sah, was vorn passierte, im Trabe angeritten und im Trabe auf die Brücke. Der Rittmeister bei dem Sturm selbst etwas im Sturm, hörte nicht das Schreien der Pioniere, die betend auf die Knie fielen, aber — das Glück war mit uns —, die die Pontons verbindenden Ketten hielten, obgleich die Brücke hin und her flog wie eine Schaukel, und viele Pferde zum Stürzen brachte, aber wir kamen herüber und die Mosel wollte uns nicht. Daß es glückte, daß nicht die 1½ Eskadrons hineinstürzten, daß kein Ponton sank, ist ein Wunder, das die Pioniere, welche wir in den nächsten Tagen darüber sprachen, nicht begreifen konnten. — Als wir auf dem anderen Ufer waren, mußten wir bei dem schrecklichen Wetter noch 2 Stunden marschieren,

und kam ich mit der Eskadron um 9 Uhr nach Villecay zur Mad. Ich teilte das Dorf mit der 1. Eskadron und quartierte mich bei dem Herrn Curé in seinem reizend, dem Montjoyeur gegenüber gelegenen, wunderhübsch eingerichteten Logierzimmer ein, wo ich die Wonne eines guten Himmelbetts seit Monaten zum erstenmal wieder kennen lernte. Noch abends spät erhielt ich die Nachricht von der Kapitulation, die am Nachmittag abgeschlossen war. Mit welchem Jubel die Nachricht von uns begrüßt wurde! Könnt Ihr es mit empfinden? Gewiß nach dem, was ich Euch seit Monaten über unsere Lage schrieb. Hier in dem schönen Thal der Mad, das von herrlich bewaldeten Höhenzügen eingeschlossen ist, sollen wir einige Zeit bis zu der anderweitigen Verfügung über uns verbleiben; Teile des 7. Armeecorps sollen als Besatzung von Metz hier bleiben. Wir gehörten in der letzten Zeit zum 8. Corps, weshalb Ihr die Division neulich in der Zeitung bei der Beschreibung der Schlacht bei Noisseville nicht mehr bei dem 7. Armeecorps angeführt fandet. — Es ist nun wieder ein neues welthistorisches Ereignis, wie es noch nie, so lange Kriege geführt worden sind, stattgefunden hat, an unseren Augen vorübergegangen, eine zweite große Armee von ca. 170 000 Mann mit 3 Marschällen, 30 Generälen und 6000 Offizieren ist in unsere Hände gefallen nebst einer Festung, welche bisher für uneinnehmbar galt. Ich aber wollte dieses berühmte Metz, das wir bisher nur von außen gesehen hatten, doch nun auch innerlich kennen lernen und den historischen Akt des Ausmarsches der französischen Armee in die deutsche Gefangenschaft mir mit ansehen. Deshalb nahm ich mir von dem Kommandeur, der am frühen Morgen des 25. schon da war, um einmal zu sehen, wie der Dienst nach dem schauderhaften Nachtmarsch bei uns gehandhabt würde, Urlaub. Der Kommandeur freute sich sehr, mich die Ställe schon um 7 Uhr revidieren zu sehen, wo er zwei andere Schwadronschefs noch schlafend gefunden hatte, und erteilte mir gern die Erlaubnis zur Fahrt in die Stadt. Und so fuhr ich denn mit den Krümperpferden um 9 Uhr dahin. Mein Weg führte mich über die jetzt bei schönem Morgenwetter ganz anders aussehende Brücke bei Corny über Jouy in 2 Stunden nach Metz hinein. Je näher ich der Festung kam, desto größer wurden die Zeichen der Not, welche dieselbe während dreier Monate durchgemacht hatte. Schon bei Montigny fingen die Lager der Franzosen an, durch den Regen der letzten Zeit ein Schmutz, ein Graus. Doch diese ganzen Details, meine Lieben, habt Ihr gewiß bereits in der Zeitung gelesen. Ebenso will ich Euch nicht noch einmal den weltgeschichtlichen Akt erzählen, als die gefangene Armee mit ihren Generälen bei dem Prinzen Friedrich Karl vorbei in die Gefangenschaft zog. Ich habe es aus unmittelbarer Nähe mit angesehen, indem ich mir hinter dem Prinzen einen Beobachtungspunkt suchte, aber ich muß sagen, mir hat diese letzte Parade nicht den erhabenen Eindruck gemacht, wie er so in den Zeitungsberichten geschildert war.

Es mag ja in vielen Herzen der Generäle und Offiziere der französischen Armee ein tieftrauriges, wehes Gefühl von Schmerz und Leid über all den Ruhm, der hier zu Grunde ging, geherrscht haben, aber zu sehen war davon im allgemeinen wenig genug. Als die lange Kolonne der ehemaligen Armee sich dem Prinzen näherte, ritt ein alter Herr, ich glaube, es war der Marschall Changarnier, salutierend heraus und überreichte den letzten Rapport. Eine traurige Pflicht für diesen alten 77 jährigen Mann, welcher sich, wenn auch gegen schlechtbewaffnete Araber, einst viel Ruhm erworben hatte, hier die letzte französische Armee in die Gefangenschaft zu führen, und als er sein rot=goldenes Käppi vom Haupte zog und die weißen Haare darunter zum Vorschein kamen, da fühlte man mit ihm die Thräne, welche von seinen Wimpern herabfiel. Die Garde hatte nach den Kapitulationsverhandlungen die Berechtigung erhalten, mit Wehr und Waffen bis vor die Thore zu marschieren, sie wurden erst später entwaffnet. Sie marschierten an der Tête; hinter ihr folgten die Regimenter mit ihren Generälen und Offizieren, die drei Marschälle waren gegen Ehrenschein entlassen worden. Am wehmütigsten war für mich der Anblick der zu Fuß marschierenden Kavalleristen, so manches alte, martiale Gesicht war von Schmerz über die Situation zerrissen, und wie ich höre, sollen in den Kasernen viele Pferde von ihren Reitern erschossen sein, um sie nicht in die Gefangenschaft geraten zu lassen; auch Waffen sind zerbrochen oder in die Mosel geworfen worden. Doch wie schon eben gesagt, diese schmerzlichen Aeußerungen, diese Trauer in den Gesichtszügen, sie waren nur vereinzelt. Der Gesamtausdruck war der des Erlöstseins aus wochenlangen physischen Leiden, und wenn man die vor Mattigkeit fast umfallenden Leute ansah mit ihren bleichen, hungerigen Gesichtern, diese

Leute, die sich bei dem Vorbeimarsch nur noch einmal militärisch zu=
sammennahmen, dann aber gleich in ihren schleichenden, saloppen Gang
zurückfielen, dann erst empfand man es, was diese Menschen gelitten
hatten; aber von seelischen Leiden über den Niedergang des Vater=
landes, über die Schmach der Gefangennahme war nicht viel zu sehen.
Die Bande der Disziplin waren vollständig gelockert, der Erfolg,
der bei den Franzosen ja das erste und letzte ist, er war dahin, mit
ihm aber auch jegliche Autorität der Vorgesetzten, und es sollen in den
letzten Wochen Fälle der krassesten Insubordination vorgefallen sein.
„Wir sind von unseren Vorgesetzten verraten", das bildete sich voll=
ständig zur Mythe bei den Soldaten und überhaupt bei der ganzen
Bevölkerung aus, „und Bazaine ist der von Bismarck bestochene Ober=
verräter."

Nachdem der Ausmarsch vollendet, suchte ich in die innere Stadt
selbst einzudringen, und da erst wurde es mir klar, was wir mit der
Festung alles für Kriegsmaterial erbeutet hatten. 600 Feldgeschütze,
wobei 66 Mitrailleusen, 800 Festungsgeschütze, 300 000 Gewehre, eine
Unmasse Säbel, Pistolen ꝛc., 2000 Kriegsfuhrwerke, das Material zu
85 Feldbatterien, Holz, Blei, Bronze in gewaltigen Massen, eine wert=
volle Pulver= und Geschützfabrik sind in unsere Hände gefallen. Diese
ganze Anhäufung eines Kriegsmaterials für die Armee Frankreichs in
einer Grenzfestung, was doch Metz immerhin war, kennzeichnet so
recht den Größenwahnsinn und die leichtfertige Ueberhebung der Fran=
zosen. Sie hatten dieses ganze, ungeheure Kriegsmaterial hier ange=
häuft, um eine in Deutschland selbst operierende Armee damit aus=
zurüsten und zu unterhalten. Denn der Gedanke, daß das Kriegsglück
sich einmal gegen sie wenden, oder daß der Feind in das eigene
Land eindringen könne, ist ihnen sicher nie gekommen. Ein fernerer
Beweis hierfür ist auch die Karte des Kriegsschauplatzes, welche ich
Euch anbei sende. Sie wurde in vielen französischen Offizierstornistern
gefunden. Ihr werdet daraus ersehen, daß dieselbe am Rhein beginnt
und bis Memel hinaufgeht; das linke Rheinufer, glaubten sie, gleich
bei dem ersten Vorstoß zu haben, um von hier aus erst ihre Ope=
rationen zu beginnen. Aber es kam anders. Jetzt nun, wo all dieses
ungeheure Kriegsmaterial Frankreichs verloren ist, wird die repu=
blikanische Regierung, die uns den Krieg bis zum letzten Mann an=
gesagt hat, schwer damit zu kämpfen haben, erst neues Material,

neue Fabriken ꝛc. zu beschaffen resp. zu gründen. — Und wieviel Material war wissentlich und durch die Witterungsverhältnisse verdorben, verschleudert und verwüstet! Haufen von Arbeitern waren beschäftigt, aus dem knietiefen Schmutz des Lagers noch Berge von Gewehren und allem möglichen Kriegsmaterial wahrhaft auszugraben, und ordentliche Massen davon häuften sie bei der Arbeit davon auf. — Lange blieb ich nicht in der Stadt; nachdem ich mir die schöne Kathedrale, deren Türme wir so oft im Sonnenschein hatten glänzen sehen, in der Nähe angeschaut, und in dem ersten Hôtel de la paix für vieles Geld ein Stückchen Fleisch und schauerliches Brot gegessen hatte, machte ich, daß ich wieder hinaus kam, der Geruch der Verwesung lag zu sehr über den Straßen der Stadt, und der Gedanke, daß an 20000 Typhuskranke in den Lazaretten liegen sollten, machte den Aufenthalt darin zu einem unheimlichen. Aber der Gedanke: „Wir haben es," ließ alles andere in den Hintergrund treten. 200000 Mann Deutsche sind dadurch frei geworden und sind zu anderen Thaten disponibel. Die Reserve-Division Kummer bleibt als Besatzung in Metz zurück, mir aber wurde gesagt, daß unsere Kavallerie-Division zur 1. Armee unter den Befehl des Generals von Manteuffel käme, und daß dieser auf Amiens marschieren solle, um gegen eine dort gebildete Armee unter einem General Faidherbe zu operieren.

Als ich am Tage darauf mit meinem Curé an einem wohlbesetzten Frühstückstische saß, ihm von dem erzählte, was ich gestern alles gesehen, und wie ich hoffe, daß nach der Vernichtung der französischen Armee wir wohl bald wieder die Segnungen des Friedens zwischen den Völkern haben würden, da entwickelte sich zwischen uns das folgende charakteristische Gespräch, das ich Euch zur Kenntnis der Verhältnisse ziemlich wortgetreu mitteilen will. Der Curé: „O glauben Sie nur nicht, daß Sie mit dem nun entstehenden Heere Frankreichs, welches bald Ihnen in furchtbaren Massen gegenüberstehen wird, so leichtes Spiel haben werden, wie mit den Soldaten Napoleons."

„Aber wer sagt Ihnen denn, Herr Curé, daß unsere bisherigen Erfolge uns wie reife Früchte in den Schoß fielen? Ich versichere Sie, unser Heer und unsere Führer haben heiß darum gerungen, sie haben gekämpft mit dem Kopfe, mit dem Herzen, mit dem Aufgebote aller Kraft. Sie haben den Schlachtendonner nicht gehört, Sie haben das Ringen des Kampfes nicht gesehen, in dem um uns her von den Pferden die Reiter sanken, nicht den verzweifelten Kampf, mit dem Ihre Truppen den unseren den Sieg streitig machen wollten. Sie saßen hier in Ihrer Laube, lasen die telegraphischen Berichte, ließen Ihrem cholerischen Temperament freien Lauf und riefen am Sonntag in der Kirche von der Kanzel das Strafgericht Gottes auf uns herab, und begehen jetzt das Unrecht, pardon que je le dis, Ihr eigenes Volk herabzusetzen, denn was sind die Soldaten Napoleons anders, als Ihres Landes Kinder, so gut wie es jetzt diese Scharen im Norden und an der Loire sind?"

„Scharen, Monsieur? Nein, das ist eine disciplinierte Armee."

„Pardon, mon curé, man schafft in sechs Wochen keine disciplinierte Armee, ja, man bringt Leute zusammen, man steckt sie in Uniform, giebt ihnen ein Gewehr in die Hand und spricht zu ihnen: Ihr seid die Hoffnung Frankreichs, Ihr seid die Säulen des Vaterlandes, en avant. Ich sage Ihnen, bei dem ersten Kanonenschuß wird vielen dieser Vaterlandssäulen das Herz bedenklich in die Hosen fallen, und man wird ein großes Laufen erleben; doch ich will nicht Ihr Unglücksprophet sein; bitte, geben Sie mir gefälligst ein Stück Ihres vortrefflichen Bratens. (Er reichte ihn mir.) Und nun noch eine Bitte, Sie waren als mein Wirt bisher so liebenswürdig gegen mich, daß es mir peinlich ist, Ihnen die Wahrheit sagen zu müssen. Sie werden heftig, ich werde empfindlich, ich vergesse, daß ich Ihr Gastfreund sein will, und nicht durch des Krieges Macht Ihr Herr, der befiehlt. Lassen wir diese Gespräche in den Tagen, in denen ich noch bei Ihnen bin und sprechen wir über andere Sachen. Es giebt zwischen uns so viele, welche uns gemeinschaftlich interessieren. Sie studierten in Metz? 2c." Und wir wendeten uns unserer Coserie zu, die wir schon vorher geführt. Es war ein wahrhaft liebenswürdiger Mann, dieser Curé, von viel esprit, wie viele der hiesigen Geistlichen, die nicht gerade aus dem Bauernstande hervorgegangen sind.

Als wir am 29. von einander schieden, da schenkte er mir sein Bild zur Erinnerung mit den Worten: „Nous étions quelquefois des adversaires, mais jamais plus des ennemis." Es waren nette ansprechende Tage, die ich bei dem Manne verlebt habe, und wir haben manchmal bis spät in die Nacht mit einander geplaudert, da es ein lang entbehrter Genuß für mich war, einmal über anderes als militärische Dinge mit jemand zu reden, und einen interessanten

Kampf zu führen, wenn auch nicht mit Waffen, so doch mit Argumenten.

Am 30. sind wir dann von Villecay ausgerückt, vorläufig in die Gegend von Verdun, hierher nach Buzy. Eine Festung haben wir genommen hinter uns, eine zweite, zwar kleinere, aber doch für die Nachschübe sehr wichtige, Verdun, liegt vor uns. Aber wir genießen mehr die Vorzüge der eroberten Festung, marschieren und leben fast wie im Frieden und werden mit der Cernierung Verduns nichts zu thun haben. Wir bereiten uns zu der Expedition nach dem Norden vor und erwarten stündlich unsere Befehle zum Aufbruch dahin.

So lebt denn wohl für heute einmal wieder, der Vorhang eines Aktes unseres Kriegslebens ist hinabgesunken, der Vorhang eines neuen Aktes beginnt sich aufzurollen. Hoffentlich kann ich Euch aus dem neuen Akt ebenso oft Nachricht von mir geben, hoffentlich aber auch von persönlichem Eingriff in die Thaten des Krieges.

Adieu meine Lieben, ich schließe mit dem Verse, den wir als Schlußvers eines Metzer Einnahmegedichts neulich verfaßten:

> Und Du, mein Preußisch Heer, magst vorwärts gehen,
> Da hier Dein blutig Tagewerk vollendet,
> Daß von Paris, des Trotz von Dir gebändigt,
> Auch bald des Friedens weiße Fahnen wehen.

In treuer Liebe für immerdar

Euer M.

II. Abschnitt.

Von der Kapitulation von Metz bis zum Waffenstillstand.

I.

Buzy, den 2. November 1870.

Mein liebes, teueres Mamachen!

Seit meinem letzten Briefe sind wir noch nicht viel weiter vorwärts gekommen und ist es immer noch nicht ganz klar, was das Schicksal und die Verwendung der Kavalleriedivision, zu der wir gehören, demnächst sein wird. Weshalb wir hier unthätig liegen und nicht unserer Bestimmung zur Niederwerfung der feindlichen Nord=armee entgegengehen, wer kann es wissen? Wie beneide ich oft die Adjutanten und Generalstabsoffiziere der höheren Stäbe, die doch mehr in die Intentionen der Heeresleitung eingeweiht sind. Sie wissen oder ahnen doch manchmal das „Warum", während wir uns doch zu sehr als stumme Teile einer großen Maschine vorkommen. Nach den Ge=rüchten rüstet und rüstet dort oben, nördlich Amiens, ein General Bourbaki oder Faidherbe an einer Armee zum Entsatz von Paris, aber weshalb wir denselben nicht schon während der Rüstung an=greifen und erst die fertige Armee vor uns sehen müssen, wer kann es wissen? Dieses Liegen in den Kantonnements der Unthätigkeit ist so wenig kavalleristisch, wo all unser Sehnen nach Vorwärts drängt, so gräßlich, daß man seinem Unmut durch heimliches Schimpfen Luft machen muß. Morgen soll es nun wenigstens vorwärts gehen, nach einem Gerüchte auf Clermont, um dort angehäufte Franktireurbanden zu vertreiben. Gut wäre es, wenn diesem Gezücht einmal ernstlich entgegen getreten würde, denn man ist ihm gegenüber fast verteidigungs=los. Im Kleide eines Bauern ziehen sie einzeln daher, um plötzlich mit einem unter der Blouse hervorgezogenen Stockgewehr aus dem Hinterhalt auf einzelne Reiter oder Patrouillen zu schießen.

Und wie schwer ist es, ihnen beizukommen. Da nähert man sich einem Dorfe, das nach den Meldungen bestimmt von Franktireurs besetzt sein soll, und kommt man hinein, ist kein ähnliches Geschöpf in demselben zu finden. Jetzt sind wir aber schon hinter eine Benachrichtigungsart der Menschen gekommen. Da sitzt auf einer Windmühle fortwährend ein paysan, nähert sich nun eine Patrouille dem Ort, so läßt der Mann auf der Mühle die Windmühlenflügel sich drehen und auf dieses Zeichen hin verläßt sofort ein jeder waffenfähige Mann das Dorf und flüchtet in die Wälder. Deshalb ist es stets das erste, daß schon eine Meile vorher die Windmühlen besetzt und die Müller verhaftet werden.

Seit dem 28. sind wir hier in Buzy, drei Meilen von Verdun, das nun auch schon so lange cerniert ist und auch eine große Widerstandsfähigkeit besitzt. Wir sind hier recht gut untergebracht in einem großem Dorfe, das noch wenig von des Krieges Last zu leiden gehabt hat. Vorläufig ist unsere Kasinowirtschaft daher beendet und wir essen bei unseren Wirten. Mein Quartier bildet aber nach wie vor den Vereinigungsort der Offiziere und auch gewissermaßen ein Klublokal der näher stehenden Kameraden. Es ist eine nette Bauernfamilie, bei der ich hier in Quartier bin, die Familie Joly. Wunderbare Menschen sind und bleiben die Franzosen eben doch. Am Morgen, wenn sie ihren ländlichen Arbeiten nachgehen, dann sind sie im Aeußeren nicht von unseren Bauern zu unterscheiden. Abends aber nach ihrem Mittagessen, das nicht mittags, sondern um 5 Uhr gehalten wird, wenn sie sich umgezogen haben und wir dann mit ihnen zusammenkommen, dann sind sie vollständig verändert, namentlich die Frauen. Ich versichere Dich, liebes Mamachen, wenn ich Dir da diese junge Frau Pauline Joly oder deren alte Mutter mit den weißen Scheiteln abends in Deinen Salon setzen und sie Dir als marquise de so und so vorstellen würde, ich glaube, Du erkenntest beide in der Maske nicht, so gewandt in ihren Manieren, so liebenswürdig in ihrer Redeweise sind sie. Dabei haben sie im Vergleich zu unseren Frauen vom Lande fast alle eine wahrhaft vorzügliche Schulbildung und einen Horizont, der dem unserer Bäuerinnen weit überlegen ist. Die Bildung der Männer steht der ihrigen bei weitem nach, obgleich unser Monsieur Joly eine rühmenswerte Ausnahme macht. Die meisten sind schwerfällig im Denken, langsam in ihrer Auffassung, und wenn sie so dastehen mit den Händen in den Hosentaschen, der ewigen Zipfelmütze auf dem Kopf und der stets glimmenden Holzpfeife im Munde, täppisch und dämlig in ihren Manieren, so wundert man sich mehr und mehr über den Kontrast. Das geht so weit, daß wenn man irgend eine Auskunft von einem solchen paysan haben will, man stets vergebens nach Verständnis in den dumm glotzenden Zügen sucht; dann drängt sich die Frau an dem Gatten vorbei und mit einem: pardon monsieur giebt sie in verständigster und dabei graziösester Weise eine klare, ausgiebige Antwort, die unwillkürlich an den Salon erinnert. Woher kommt das nun? Einmal von der schon erwähnten, bedeutend besseren Erziehung der Mädchen in den meistens Klosterschulen, dann aber auch von der Degeneration der Männer in Frankreich überhaupt. Das bekannte „cherchez la femme" hat daher auch in kulturhistorischem Sinne hier seine Bedeutung. Die Abende mit der Familie Joly sind für uns immer ganz anregend und nett und dienen uns nebenbei dazu, uns in der Sprache zu üben. Gestern fand in Gegenwart der Familie eine große musikalische, mimische Vorstellung statt, in der v. L. und Sch. zusammen teils als Künstler auf der Harmonika und Flöte, teils als Zaubermimiker wirkten. Die Vielseitigkeit der Ulanen wurde bei den einzelnen recht gelungenen Kunststücken seitens der Franzosen sehr anerkannt. Heute um 5 Uhr abends war eine Totenmesse in der kleinen netten Kirche, die der Curé recht würdig zelebrierte; ich ging auch hinein und dachte wehmütig an unseren lieben verstorbenen Vater und der vielen in dem heiligen Kriege bereits gefallenen Freunde und Verwandten. Am Nachmittag war ich nach Lassauville geritten, wo die Offiziere der zweiten Eskadron in einem reizenden château lagen. Dasselbe war mit wundervollen boule-Möbeln und recht guten englischen Kupferstichen ausgerüstet und gehörte — einem Monsieur Tailleur aus Paris, der dasselbe aus dem Konkurs eines Comte Lagrange gekauft hatte. Das ist das Los des Irdischen, erst ein Graf, dessen Ahnen schon unter dem heiligen Ludwig gefochten und nun — ein Schneider!

Soeben kommt der Befehl für morgen zum Ausmarsch nach den Argonnen, wo denn richtig die Jagd auf die Franktireurs beginnen soll. Pauline Joly's Vetter ist auch ein solcher Wegelagerer und flehte sie, als neulich die Rede auf dieses Volk kam, innigst, den Betreffenden eventuell zu schonen. Ihre hinreißende Beredsamkeit und die Gewalt der schönen Augen werden aber den Monsieur nicht vor dem Strange bewahren, wenn wir ihn nämlich erst haben. Du schreibst, mein liebes Mamachen, ob ich Euch nicht einmal so rotes Tuch von den Franzosen schicken könnte, wie sie es zu den culottes tragen, es wäre bei Euch Mode, davon Fußkissen zu machen. Erstlich ist es doch eine recht komische Idee und dann, wo sollte ich solch Zeug herbekommen? Gesehen habe ich ja die Rothosen zu vielen Tausenden, aber sie saßen meist noch immer auf den Franzosenbeinen und da kann ich sie doch nicht herunterziehen. Deshalb nichts für ungut.

Schreibe recht bald wieder unter 3. Kavalleriedivision, dann werden die Briefe schon ankommen. In treuer Liebe

Euer M.

II.

Bazancourt, den 16. November 1870.

Mein liebes, gutes Mütterchen!

Gewiß hast Du schon lange auf ein Lebenszeichen von mir gewartet und Deine Träume haben sich am Ende mit ängstlichen Franktireurgedanken beschäftigt, deshalb will ich Dir nun gleich Nachricht geben, daß bisher noch ein gütiges Geschick mich beschirmt hat und daß ich ganz gesund bin. Die Beschäftigung der letzten 14 Tage war eigentümlicher Art. Hast Du Dir schon einmal ein Kesseltreiben angesehen? So ungefähr war unser Dienst in den Argonnen. Als ich das letztemal bei Dir war, da lasen wir von einer Wolfsjagd in den argonnischen Bergen, ich las es Euch noch vor, wie die Wölfe eingestellt wurden von den Treibern, und wenn der Kreis kleiner und kleiner wurde, so fielen sie unter den Schüssen der Jäger. Gerade so war es hier bei uns, nur daß die Franktireurs die Wölfe, die Treiber die Jäger, wir Ulanen aber die Schützen waren. Der Jagdherr war unser Divisions-Kommandeur Graf Gröben, dem zu dem Zweck der Vernichtung dieser Banden ein Detachement, bestehend aus der Kavalleriedivision inkl. der reitenden Abteilung Artillerie, zwei Infanterie=

Regimentern und dem 8. Jäger-Bataillon gegeben war. Da haben
wir denn bei schönstem, kaltem Jagdwetter die Argonnen abzutreiben
angefangen. Die ganzen Wälder wurden in Abschnitte eingeteilt, die
Jäger trieben einen solchen, der vorher von uns umstellt war, ab und
wir fingen dann auf, was heraus wollte. Es war aber doch ein
eigentümliches Gefühl für uns, wenn so die Treiberkette sich näherte,
hier und da ein Schuß fiel, ein knackendes Stück Ast das Näher=
kommen von Wild verriet und man dachte, daß auch Menschenwild
dabei sei, auf das wir warteten und das neben den Tieren des Waldes
zu uns herauswechseln würde. Angenehmer wurde der Moment auch
nicht durch den Gedanken, daß dieses Menschenwild mit Büchsen
bewaffnet sei und jeden Augenblick ein Schuß aus dem Dickicht auf
uns fallen könnte. Ob ich nun schlechtes Jagdglück hatte, oder ob
die Franktireurs im großen ganzen doch vorher Wind bekommen hatten,
genug, mein Erfolg war mangelhaft, ich habe im ganzen nur 40 Mann
lebendig zur Strecke gebracht, von den Treibern erschossen wurden zwei.
Ob es nun alle Franktireurs waren, ist mir auch zweifelhaft geblieben.
Die ganze Gesellschaft wurde geschlossen in das Divisionsstabsquartier
an jedem Abend abgeführt, wo dann der Auditeur ihre Verhältnisse
feststellte; ich glaube, die meisten hat man nachher laufen lassen. Sehr
komisch war es, als ich am ersten Tage mein Häuflein abgeschickt
hatte, ließ mir Graf Groeben durch den Ueberbringer zurücksagen:
Er danke mir sehr, daß ich ihm seinen Fourgonkutscher wiedergeschickt
hätte; derselbe wäre vor acht Tagen wegen Unterschlagungen desertiert
und wurde nun als Franktireur wieder ergriffen. So wird es wohl
mit manchem der Gefangenen ähnlich gewesen sein. Die Dummen
fängt man und die Schlauen entkommen. Einen aber haben wir doch,
wie Du liebes Mamachen immer zu sagen pflegst, stante pede er=
schossen, das war ein infamer Kerl, der meinen kleinen Fähnrich,
K. v. E., auf Patrouille im forêt de Hesse bei Auxérville beinahe
erschossen hätte: die Kugel war E. durch den Czapka gegangen. So
hatte der junge Herr denn seine Feuertaufe empfangen, der Schütze
aber mußte daran glauben. Es war ein gnädiges Geschick, das unseren
kleinen Fähnrich behütet hatte und wäre es scheußlich gewesen, wenn
sein hoffnungsvolles Leben durch solche Kugel aus dem Hinterhalt sein
Ende hätte finden sollen. — In den ersten Tagen nach Buzy zogen
wir der Division weit voraus, meine und die 3. Eskadron unter

Major v. Str.'s Führung gewissermaßen als Avantgarde durch die Argonnen, und wurden uns die wirklich wundervollen Waldbilder in denselben leider etwas durch das fortwährende Aufpassen auf feindliches Treiben verdorben. — Am 8. erhielt ich einen sehr interessanten Auftrag von Neuvilly aus. Bei Varennes war wieder auf Patrouillen geschossen worden und nach dem Grundsatz: „Faßt man den Sünder nicht, so muß der Verantwortliche heran", mußte mir die Stadt Varennes für diese Unthat bezahlen. Ich erhielt also den Auftrag, dorthin zu gehen und von der Stadt 2000 Francs als Kaution zu erheben. Trotz allen Lamentierens der Stadtväter war die Summe auch bald herbeigeschafft. Die Stimmung in der Stadt war auch eine ganz ruhige trotz einer Arbeitermenge, die uns zuerst schimpfend und johlend empfing und die erst durch einen Zugtrab durch die Straßen verjagt werden mußte, und ich hätte nun mit meiner fast nur in Zehnfrancsstücken gezahlten Summe, wofür ich mit einem Bon quittiert hatte, wieder abziehen können, als ich dachte, nun sind wir einmal in dieser hübschen, historischen Stadt, nun wollen wir erst einmal frühstücken. Der große place in der Mitte der Stadt eignete sich sehr gut dazu, ich ließ daher die Zugänge zu demselben durch Wachen absperren und ersuchte die geehrten Stadtväter für den Anfangskrawall der Arbeiter den Beutel zu ziehen und den Offizieren und den Ulanen ein Frühstück zu besorgen. Dieses geschah denn auch, und in verhältnismäßig kurzer Zeit wurden unglaublich große Massen von Wurst, Schinken und Weißbrot nebst ca. 50 Flaschen recht guten Rotweins von der Eskadron in Empfang genommen und verfrühstückt — „c'est la guerre". — Ich aber erinnerte mich, daß Varennes ja der Ort sei, in dem Louis XVI. damals auf seiner Flucht von den Aufrührern gefangen genommen und dem Tode in Paris zugeführt worden sei, ich beschloß daher nach den Spuren dieser Unthat zu forschen. Und wirklich, sie fanden sich. Ein alter weißhaariger Ratsdiener führte mich in ein verwittertes altes Haus, das frühere Postgasthaus, und zeigte mir in demselben ein Zimmer, in welchem die Gefangennahme stattgefunden hätte. Das Mobilar war noch vollständig erhalten, und es befand sich in dem Zimmer eine Inschrift, worauf die Gefangennahme beschrieben war. Dieses interessierte mich so, daß ich mir den Ueberzug eines Stuhles abtrennen ließ, auf dem der arme Ludwig gesessen haben sollte, und mir diesen Ueberzug zur Erinnerung mit=

nahm. Er ist von einem eigentümlichen alten Seidenzeug und werde ich Dir, mein teueres Mamachen, eine Decke für Deinen kleinen Näh= tisch daraus machen lassen, wenn wir zurückkommen. Du hast dann eine Tischdecke, wie sie wohl einzig in der Welt existiert. Die Gesichter der anwesenden Varenner zu sehen, als ich das Zeug abtrennen ließ, war gottvoll, sie begriffen gewiß nicht, was ich mit dem alten Fetzen machen wollte. Für Dich, mein Mütterchen, wird die Erinnerung aber sehr geeignet sein, die Decke paßt dann ganz zu dem kleinen Wandschirm um Deinen Nähtisch, welcher mit der Stickerei der Prin= zessin von Lamballe überzogen ist. Du hast ihn ja wohl noch aus dem Nachlaß Deiner Großeltern von Alvensleben, bei denen so lange die Mademoiselle de Cissey, die Hofdame der Prinzessin nach ihrer Flucht lebte, von der sie herrührt.

Nachdem die Ulanen ihr Frühstück beendet hatten, trabten wir unbehelligt aus der Stadt und kamen nach zwei Stunden nach Clermont en Argonne, wo ich die Summe der Kaution bei dem Divisionsstab abgab und dann nach Neuvilly zurückkehrte. Es war eine recht interessante Expedition.

Mein kleiner Brauner, den ich mir bei Metz gekauft hatte und welcher den Namen „le petit Français" erhalten hat, wurde von mir bei diesem Expeditionszuge geritten und machte sich vorzüglich. Schwanz= und Mähnenhaare sind ihm wieder gewachsen und das Haar ist spiegelblank geworden, woran wohl der viele Hafer, den unsere Pferde jetzt fressen, Schuld sein mag. Wir fouragieren und requirieren nämlich jetzt immer an zwei Stellen für die ganze Stärke der Eskadron und bekommen die Pferde deshalb stets die doppelte Ration. Da sieht man erst, was man mit solchen Pferden leisten kann.

Ein Trab von einer Meile in einer halben Stunde macht ihnen kein nasses Haar, und Drücken, dieses Friedensleiden des gequälten Schwadronvaters, giebt es nicht mehr. Hoffentlich fallen die für die Schwadron doppelt ausgestellten Fouragebons dereinst bei der Ab= rechnung mit in die allgemeinen Kriegskosten; es ist ja nur zum Besten des Pferdematerials, dem wir unser gefürchtetes Ulanenrenommé mit verdanken. Das preußische Pferd ist als Campagnepferd doch allen anderen Pferderacen über. — Ein sehr nettes Ulanengedicht wurde mir gestern von G. v. R. aus Westfalen zugeschickt, ich weiß nicht, ob Ihr, meine Lieben, es schon kennt, deshalb füge ich es hierbei.

Wohl über die Mosel und über die Maas,
Durch das Elsaß und die Vogesen,
Ein Ritt von zehn Meilen ist ihm nur Spaß,
Sie führen langstielige Besen.
Wer sind sie, die blauen Gesellen, sagt an:
Der Schrecken von Frankreich, „der Preuß'sche Ulan."

Sprengt immer die Brücken, er schwimmt durch den Fluß
Und setzt über Gräben und Hecken,
Dem Heere voraus mit spöttischem Gruß,
Den gallischen Gaukler zu necken.
Wie summende Bienen auf blumigem Plan,
So jagt durch die Felder „der Preuß'sche Ulan".

Er reitet durch Dörfer und Städte keck
Und klopft an des Rathauses Thore,
Heraus mit dem Gelde, mit Brot und mit Speck,
Sonst faßt man euch Herren beim Ohre.
Die bieten die Schlüssel der Städte ihm an,
Und es nimmt sie mit Lachen „der Preuß'sche Ulan."

All, überall ist er, im Herrenschloß
Verjagt er vom glänzenden Feste
Der Gäste Schaar und der Diener Troß
Und nimmt sich von allem das beste.
Und trotzt wo der Mutter ein junger Kumpan,
Dann droht sie: „Da kommt er, der Preuß'sche Ulan".

Drum frisch nur geritten in Frankreich hinein,
Zur Loire, zur Rhone, zum Meere.
Und zurück zum gesegneten deutschen Rhein
Als Sieger voll Wunden und Ehre.
Und fragt man: „Wer hat das alles gethan?"
„Der Schrecken von Frankreich, der Preuß'sche Ulan."

Ihr glaubt gar nicht, meine Lieben, wie groß die Angst der Bevölkerung vor unserer Waffe bereits gediehen ist! Als ich vor einigen Tagen in Clermont auf dem Durchmarsch in einen Laden trat und mir ein harmloses Stück Seife kaufen wollte, entwickelte sich zwischen dem Verkäufer, einem echten épicier von 50 Jahren und mir ein Gespräch. Derselbe wunderte sich über die vielen, vielen Truppengattungen, welche täglich an seinem Laden vorüberzogen, deren Gattung er nicht einmal ahne und fragte dann, was wir denn eigentlich seien. Als ich ihm nun sagte: „nous sommes des Ulans", da ließ er vor Schreck seine Brille fallen, und Leichenblässe überzog seine dicken Gesichtszüge. „Des Ulans?" — stammelte er und dachte gewiß,

nun ginge gleich das Halsabschneiden los. Nun konnte ich den
Braven nur unter der Versicherung beruhigen, daß wir ja gar nicht
so schlimm wären, namentlich gegen friedliche Bürger, wie er zu denken
schien, und als ich ihm schließlich das Geld für seine Seife gab, da
erst kam er wieder etwas zu sich. Aber die Fragen, die nun kamen:
Wo denn der Volksstamm der Ulanen wohnte? Es wäre ja wohl ein
wildes Volk am Fuße des Riesengebirges, bei dem sämtliche Knaben
von Jugend an zum wilden Kriegsdienst besonders erzogen würden? 2c.
Genug, der Unsinn war großartig. Da half auch kein Zureden und
Belehren. „Es hätte ja in der Zeitung so gestanden und da müßte
es ja natürlich wahr sein." Mit einem Worte, es ist die reine
Ulanophobie, die besonders in dem kleinen Bürgerkreise gegen uns
herrscht und das Bild im „Kladderadatsch", das Ihr vielleicht gesehen
habt, ist ganz richtig. Da sitzt ein behäbiger Bürger in seinem Lehn=
stuhl und liest die Zeitung und bei den Schilderungen in derselben
über Gefechte und Patrouillen, da erscheinen ihm plötzlich die Visionen
der Ulanen. Zwei sehen durch das Fenster, einer balanziert lanze=
schwingend auf dem Rande seiner Zeitung, ein dritter kitzelt ihn von
hinten mit der Lanze am Halse, aus dem Tintenfaß sogar sieht ihm
einer entgegen und einer sitzt lächelnd zu seinen Füßen. Das Bild
seines Gesichtes ist wahrhaft prachtvoll, wie er so dasitzt mit offenem
Munde und gesträubtem Haar und seine Visionen anstarrt. Diese
kleinen Bürger und Rentiers sind überhaupt ein ganz eigener Schlag
von Menschen. Da lebt nun solch ein kleiner Kaufmann mit seiner
Frau und höchstens ein bis zwei Kindern, auch wohl gar keinem, in
seinem oft winzigen Geschäft in seinen jungen Jahren ziemlich jämmer=
lich dahin, freut sich kaum seiner Jugendjahre, sondern spart und spart.
Sein ganzes Ideal ist eben „der Rentier", den er mit dem fünfzigsten
Jahre zu erreichen strebt. Hat er dann sein Vermögen so ungefähr
auf die Höhe von 20—30000 Francs gebracht, dann zieht er sich
von seinem Geschäft zurück und lebt von seiner Rente beschaulich
dahin, pflegt sein Gärtchen, komponiert sein kleines Diner und ist
eigentlich vielmehr das, was wir immer den deutschen Spießbürger
nennen, als dieser selbst bei uns. Es gilt dieses besonders von den
kleineren Städten, in denen man eine ganze Menge dieser Art Menschen
antrifft. Man erkennt sie schon von weitem an ihrer Tracht mit dem
etwas altfränkischen Rock, dem hohen Hut und dem fast immer roten

Regenschirm, wenn sie so, die ähnlich gekleidete Frau am Arme, durch die in der Abenddämmerung glühenden Wiesen daherkommen. Aber gute Leute sind es, mit wenig Lebensanforderungen, bescheidenem Sinn und unglaublich kleinem Horizont der Denkfähigkeit. — Doch wo gerate ich wieder hin, mein liebes Mamachen? Meine Erlebnisse will ich Dir beschreiben und verliere mich in der Schilderung von Land und Leuten; doch diese gehören eben jetzt mit in mein Leben hinein und wird es Euch deshalb interessieren. — In Neuvilly haben wir uns vier Tage aufgehalten, da hier die Wälder der Argonnen am dichtesten und deshalb am schwersten durchzutreiben waren. Die Einwohner waren sehr zufrieden über unsere Anwesenheit, sie hatten von den Franctireurbanden sehr viel zu leiden gehabt, da dieses Gesindel sie selbst terrorisiert und die Einwohner wie Feinde behandelt hatte. Außerdem schwebten sie in permanenter Angst, daß in der Gegend der kleinen Stadt ein Ueberfall preußischer Truppen stattfinden würde, für den sie dann hätten büßen müssen. Am 11. marschierten wir weiter nach Servon, wobei wir die Argonnen kreuzten. Dieselben erschienen uns dabei in recht mangelhafter Beleuchtung; ein Schneesturm bog die stolzen Häupter der Riesentannen und wehte uns schneidend um die kalten Ohren. Auch in meiner kleinen ferme in Servon, wo ich einen kalten Gartensalon bewohnte, bin ich in den beiden Tagen, an denen wir dort waren, auch nicht einmal warm geworden. Es wird eben Winter und hier ist es kälter, als bei uns zu Haus. Ueber Montbois und La Neufville sind wir am 13. und 14. denn gestern hierher nach Bazancourt gekommen. Es sind von hier nur zwei Meilen bis Rheims und will ich nachher mit Jbing, G. Wallenberg und Fritz Tw. mit den Krümpern dorthin fahren, um mir die alte Krönungsstadt anzusehen. Wie ich höre, sollen wir nun endlich unseren Marsch auf Amiens antreten, wo starke feindliche Kräfte sich angesammelt haben. Unsere Säbel zittern schon in den Scheiden und die Lanzenspitzen haben Lust sich zu senken. In einer alten französischen Zeitung fand ich ein Telegramm Napoleons an den Kriegsminister vom 19. August, worin stand: „Das weiße Bismarck'sche Kürassierregiment ist vollständig vernichtet." Das soll mein liebes altes Regiment sein, nun ich dächte, es hat sich aus der Vernichtung wieder leidlich erholt. v. Tr. ist Major mit der Schwadron geworden. Orleans soll aufgegeben sein.

Doch nun, geliebtes Mütterchen, lebe wohl, viele Grüße an die liebe Tante. Meine Adresse bleibt dieselbe. Nummeriert Eure Briefe, wie ich es thue. Immer

Dein M.

III

Fresnuges, den 22. November 1870.

Mein liebes, teueres Mütterchen!

Es sind erst 8 Tage kaum seit meinem letzten Schreiben vergangen, und doch benutze ich eine freie Stunde, um Euch Nachricht über mein Ergehen zu geben. Man weiß nicht, wie es kommen kann, wir stehen so dicht am Feinde, daß ich die Stunden, in welchen es mir noch möglich ist, gern zum Plaudern mit Euch benütze. Nun will ich Dir aber erst davon erzählen, wie mir die alte Krönungsstadt Rheims neulich gefallen hat, welche ich an dem Tage meines letzten Briefes besucht habe. Die Entfernung betrug doch fast 3 Meilen, welche wir von Bazancourt mit unseren flotten Krümpern zu fahren hatten, ehe wir die Türme der stolzen Kathedrale in Sicht bekamen. Es war ein zwar kalter, aber prachtvoller Tag, und meine Braunen legten die Entfernung auf der schönen Chaussee bequem in $1^{1}/_{2}$ Stunden zurück. Der brave Louis Napoleon mag sonst für La France gesündigt haben, wie er will, für eins kann seiner Regierung das Land nur immer dankbar bleiben, das sind die meisterhaften Kommunikationen; Chausseen, Brücken, Kanäle, alles ist in einer vorzüglichen Verfassung, viel, viel besser, als bei uns. Bei den Chausseen erleichtert die gute Haltung derselben ein ausgezeichneter schwarzer Granit, der sehr lange hält. Die Stadt Rheims hat mir doch sehr imponiert; bis auf Metz hatte ich lange keine Stadt dieser Größe gesehen, und mit der ist es gar nicht zu vergleichen. Die Gegend ist entzückend und die weißen Schlößchen der Champagnerfürsten leuchten von den grünen Weinbergen auf die schöne Stadt hinab. Die Stadt zählt 60000 Einwohner ungefähr, die alle wohlhabend sind, ich glaube es giebt hier keinen Armen. Die

Kathedrale ist imposant, besonders das Schiff der Kirche; der älteste Teil ist romanisch, das übrige rein gotisch, die Spannung des Kirchenschiffs ist die weiteste, die ich je gesehen. Als wir in die Kathedrale gingen, fand grade eine Messe statt, und war es ein das Gemüt besonders bewegendes Bild, diese Säulen mit ihren Kapitälen durch ein Sonnenlicht beleuchtet zu sehen, welches durch die meisterhaft gemalten alten Kirchenfenster sich in hundert Farben brach. Dazu erklangen die feierlichen Töne der prachtvollen Orgel und die tiefen Baßstimmen der zehn celebrirenden Domherren mischten sich hinein, die feierlichen Ernstes eine Kantate sangen. Es ist doch etwas eigenes um den Kultus der katholischen Religion, er wirkt ganz eigentümlich auf die Sinne des Menschen ein, und muß ich sagen, Du wirst mir deshalb nicht böse sein, mein liebes Mamachen, ich bereute es fast, der erste Protestant, oder wie mir neulich ein Curé sagte, der Renegat unserer alten katholischen Familie zu sein. — Nach dem Besuch der Kathedrale sahen wir uns noch die Statue Ludwig's des XV. an, die, wie alle Bilder von ihm, einen weichlich weibischen Charakter hatte. Zu Mittag aßen wir in der Restauration au pêcheur ganz gut an der Table d'hôte, wurden aber mit den Preisen ebenso gründlich über das Ohr gehauen. Der deutsche Michel ist eben ein gutes, dummes Geschöpf, ich möchte wohl einen französischen Offizier 1806 in Deutschland gesehen haben, wenn ihm ein deutscher Kellner mit solch suffisanter Miene die unverschämte Rechnung präsentiert hätte, wie dieser impertinente Garçon es uns that! Die Gesellschaft bei Tisch war recht interessant, und amüsierten wir uns sehr über die Geschichte des bekannten Major v. H. u. d. L., die er auf unser Bitten aus seiner Jugendzeit erzählte. Die Geschichte von Graf L. mit dem großen Sarg, womit der einst seine Rechnung bezahlt und den kleinen Sarg als Trinkgeld gab, ist wirklich richtig, H. wäre selbst dabei gewesen. Ebenso die, wie H.'s Vater damals nach Berlin gekommen, wo H. bei den Garde-Kürassieren stand, und geglaubt, sein Sohn habe Schulden, und ihm dieser bei seinen einleitenden Klagen über seine schlechten Verhältnisse gefragt, ob er ihm nicht mit 20000 Thalern zu Hülfe kommen könnte. Die Geschichten sind ja alle bekannt; H. spielte damals mit fabelhaftem Glück und quinze mit großer Verstellungskunst. Ich erzählte Euch ja einmal die Geschichte mit der Sektflasche, die er in den kostbaren Spiegel warf, um seine Karte zu verschleiern. Bald nachher wurde er aber in die Provinz versetzt, weil er einigen

Prinzen zuviel Geld abgenommen hatte. Jetzt hat er recht abgewirtschaftet und hat hier eine Stellung als Gendarmerie-Offizier im Stabe General Manteuffel's. Der General gab oben im Hotel zu gleicher Zeit den Stabsoffizieren seines 1. Corps ein Diner, von dem sich H. etwas zu uns herunter gedrückt hatte, um seinen Bekannten W. v. T. bei uns aufzusuchen.

Auf der Straße traf ich nachher zufälligerweise drei alte Halberstädter Gymnasialbekannte, alle in Uniform, Bock Wenzel, Hennecke und Ferdinand Heine, letzteren in der Uniform als 7. schwerer Reiter; wer hätte geglaubt, daß wir uns noch einmal in Rheims zusammen finden würden? Von Paris hörten wir, daß vor einigen Tagen ein großer Ausfall stattgefunden habe, der bis in die Nähe von Versailles gedrungen sei. Die Franzosen erzählten hierbei natürlich, unsere Armee sei schon auf dem Rückzuge; in Wirklichkeit sind die tapferen Ausbrecher aber mit blutigen Köpfen in ihr, jetzt gewiß sehr wenig schönes Paris zurückgeworfen worden. Nachts um 12 kamen wir nach unserem Bazancourt zurück, und war es einmal ein geistiger Erholungstag, diese kleine Vergnügungstour nach Rheims.

Am 17. marschierten wir weiter nach Pontavert und kamen den Tag darauf nach Filain. Hier lag ich in dem schönen Schlößchen eines Msr. de Rocceau, der natürlich wieder ausgerückt war. Sein Administrateur nahm uns aber ganz leidlich auf und hatte ich namentlich zwei reizende Zimmer, die Madame bisher bewohnt hatte. Leider lag ich mit dem Stabe zusammen, was nicht zu den angenehmsten Dingen gehört. Auch Dein Herr Vetter, liebes Mamachen, lag mit da und konnte ich ihm einmal eine gute Erwiderung geben. Als er mich mit meiner Vorliebe für châteaux ꝛc. neckte, und selbst seine Neigung für geringere Quartiere betonte, sagte ich ihm: das ist eben Geschmackssache, ich verkehre lieber mit meinen Standesgenossen, ein anderer lieber mit den Bauern. Str.'s Gesicht hierbei zu sehen, war prachtvoll. Daß wir nicht wie gewöhnlich aus dem Kochkessel aßen, wie es des Herrn Vetters Gewohnheit war, hatten wir nur Str. zu verdanken. — Wir sind jetzt schon in der Nähe von Compiègne angekommen und erwarten täglich auf den Feind zu stoßen, v. R. ging am 18. mit einem Zuge dorthin und von Rappard auf Noyon.

Am 19. koncentrierte sich die Kavallerie-Division in Couzy le château, und erhielt dieselbe das 8. Jäger-Bataillon vorläufig bleibend zugeteilt. Der Zweck des Detachements ist als Schleier vor den Operationen des 8. Armeecorps auf Amiens — Rouen zu gehen, dem Feinde möglichst Schaden zu thun und festzustellen, wo die feindlichen Hauptkräfte sich befinden. Es war ein malerisches Kriegsbild, als die gesamte Division am Morgen des 19. Couzy verließ und die steilen Serpentinen des Châteauberges hinabzog, wir Ulanen mit meiner Eskadron als Avantgarde voran.

Couzy le château selbst ist ein freundliches Städtchen aus dem 7. Jahrhundert; auf hoher Felswarte liegend, beherrscht es die Gegend meilenweit. Riesige Türme und Burgruinen aus den Zeiten der Römer und Normannen, ein hoher grauer Mauergurt mit mittelalterlichen Schießscharten, bildet die alte Burg der Couzy's, deren stolzer Wahlspruch an den der Rohan's: Roi ne puis, Rohan suis erinnert. Er stand eingemeißelt auf einer Platte über der Einfahrt durch den Hauptturm und lautet:

„Je suis ni roi, ni prince, ni comte,
Je suis baron de Couzy."

Das alte stolze Normannengeschlecht ist längst ausgestorben, und konnte ich nicht feststellen, wem das Schloß jetzt gehörte. Als wir die Serpentinen hinabzogen, erinnerte ich mich keiner Situation, in welcher Landschaft und Staffage so miteinander harmonierten zu einem malerischen Bilde der Kriegspoesie. Von hier aus zog die Division in zwei Brigaden auseinander, die eine, die unsrige, ging nach Guiscard, die andere nach Chamey; jeder Brigade waren zwei Jägercompagnien beigegeben, welche meist auf Wagen befördert wurden. Das war so etwas für die schneidigen Jäger und für uns, nun konnten sie unseren Bewegungen folgen, und wir hatten etwas von ihnen in den Stunden der Ruhe. Gestern nachmittag machten wir eine Rekognoscierung auf Ham an der Somme (wie uns der Name anheimelte), die Jäger wieder auf Wagen an der Quene. Eine Patrouille von uns unter Waldemar v. T., welche sich bis in die Vorstadt der kleinen Festung herangewagt hatte, wurde aus den Häusern mit einer Salve empfangen, das war die erste Begrüßung mit unseren Feinden. Keiner der Patrouille wurde verwundet. Nun haben wir also den Feind wirklich vor uns, und wir wollen ihn nicht wieder loslassen, bis er verendet. Major v. St., der Kommandeur der Rekognoscierung, ließ die reitende

Batterie auffahren und Feuer auf die Stadt geben. Natürlich konnten die Feldgeschütze nicht viel Schaden anrichten, es sollte auch nur ein Gegengruß sein auf das Schießen aus den Häusern. Es sollen etwa 1000 Mann Mobilgarden und Franctireurs in Ham gewesen sein. Festzustellen war es nicht, denn als die Rekognoscierung heute früh 8 Uhr erneuert wurde, fanden wir die Besatzung in Ham nicht mehr vor, sie hatte sich schon während der Nacht und teilweise am frühesten Morgen aus dem Staube gemacht und war mit der Bahn nach Amiens zu abgedampft. Graf Gröben rückte mit dem Stabe und zwei Schwadronen in die Stadt ein. Vor der Citadelle überreichte Msr. le Maire dem Grafen die Schlüssel der durch Napoleons Gefangenschaft bekannten Festung. In dem Zimmer Napoleons hatten die Franctireurs mit Tag und Datum ihre Namen als Zeichen ihrer Anwesenheit auf die Wände geschrieben. Viel Munition und tausend Gewehre meist englischen Fabrikats fielen in unsere Hände. Wir kamen heute mittag nach Fresnuges in das Quartier. Der arme Waldemar, der tags vorher seine schneidige Patrouille geritten, hatte hier das große Unglück, in meiner Gegenwart ganz schrecklich vom Pferde geschlagen zu werden. Sein Fuchs wurde beschlagen, wir gingen vorbei, und Waldemar hieb ihm, halb zärtlich, dabei mit dem Reitstock eins über. Der Fuchs verstand das falsch, feuerte aus und schlug ihn mit dem scharfen Eisen in das Gesicht auf die linke Backe, so daß die ganze Seite zerschmettert wurde. Der Arme litt furchtbar und mußte genäht werden. Morgen wird er, nachdem wir ihn die ganze Nacht mit Eis gekühlt haben, mit Hülfe seines Bruders nach Hause geschickt werden. Da wird es in diesem Kriege für ihn wohl vorbei sein mit dem weiteren erträumten Kriegsruhm. Sein Verlust ist für mich schrecklich, da er einer meiner besten Freunde ist. Ein wunderschönes Packet erhielt ich hier von meinem Freunde Gisbert v. R. Der fortwährende Quartierwechsel hatte den Postverkehr ganz unterbrochen, und war es das erste seit Wochen. Da mag man nun sagen, was man will, gegen mich ist G. stets der liebenswürdigste, aufmerksamste und in allen Verhältnissen treueste Freund gewesen. Ich weiß ja wohl, daß es in seiner Lebensweise große Schatten giebt, und von diesen hat mein Mütterchen eben gehört und daher ihre Abneigung. Diese Schattenseiten werden aber durch ebenso viel Lichtseiten aufgewogen. Es ist ja schade, daß G. bei seiner wirklich seltenen Liebenswürdigkeit, seinem vorteilhaften Aeußeren und seinen sonst tadellosen Manieren, diesen Hang hat, so wie er nach der Stadt kommt, stets die großen Gelage anzufangen und dabei mit Musik und sonstigem Unsinn einen Riesenskandal zu machen, aber auf der anderen Seite M. ist M. und Westfalen eben Westfalen. Du kennst vielleicht die Antwort des Oberburgemeisters an einen neu dort hin= versetzten Ostpreußen, der sich über die nächtlichen Ständchen 2c. be= schwerte: „Ja, da müssen Sie nicht hierherziehen, wenn Ihnen das lästig ist, das war hier schon seit Jahrhunderten so." Ich will ja diesen Spektakel, welchen G. in M., K. 2c. treibt, in keiner Weise ent= schuldigen, er hat ihm ja bei seinen Standesgenossen schon sehr geschadet und man kann ordentlich böse darüber sein, daß so viel Originalität und Begabung, denn beides hat er entschieden, oft so in den Schmutz gezogen wird, aber Du solltest ihn sehen draußen in B., wo ich oft wochenlang bei ihnen war, wie anders er da ist, wie galant gegen seine Frau, wie nett gegen die Kinder, wie gastfrei und aufmerksam gegen seine Gäste. Sein Fehler ist eben das Millionenvermögen und das Gefühl des Sich=alles=erlauben=könnens. Ich müßte ihn einmal ein Jahr unter meiner Obhut haben können, ich glaube, er folgte mir, schon aus Freundschaft für mich. Ein Beweis, daß sein Fond doch gut sein muß, ist auch der, daß S., seine Frau, treu bei ihm ausharrt und immer auf seiner Seite steht. Einen allerliebsten Brief bekam ich auch gestern von F. v. T. nebst Schilderungen des Lebens in M. seit unserer Abreise. Auch dort, wo ein großes Franzosenlager ist, haben diese läppischen Verherrlichungen der französischen Offiziere seitens der Damen stattgefunden, von denen Du, mein Mütterchen, schreibst. Die Damen der Gesellschaft haben sich natürlich nicht daran beteiligt und das den Bürgermädchen überlassen, nur Frau C. hat es nicht unterlassen können, ihnen einige Aufmerksamkeiten zu erweisen, vielleicht ist ihre halbfran= zösische Abkunft daran schuld. Es ist eine solche Freude für mich, mein liebes Mütterchen, mit Dir zu plaudern, zu denken, daß dieser Brief in Deine lieben Hände, daß er in die Heimat kommt, während ich wohl noch so lange Zeit hier draußen im fernen Frankreich bin, ich vergesse immer die Zeit darüber, aber wer weiß, was die nächste Zu= kunft bietet und wann ich wieder schreiben kann. Grüße die liebe Tante vielmals und schreibe bald wieder Deinem

Dich innig liebenden

M.

IV.

Schloß Beaucourt, den 26. November 1870.

Meine liebste, teuerste Mama!

Nur wenige Tage sind seit meinem letzten Brief an Dich verflossen, mir kommt es aber vor, als wäre es mindestens die doppelte Zeit, soviel habe ich in den paar Tagen erlebt. Es ist wieder nur die Besorgnis, Du könntest vielleicht aus der Zeitung Nachricht über unsere Gefechte hier geschöpft und Dich meinetwegen geängstigt haben, was mir zu dem baldigen Schreiben Veranlassung giebt. Während ich an Dich schreibe, sitze ich mit angezogenem Paletot, Bandelier, Säbel und Revolver um, genug ganz apporté, um sofort in den Sattel zu steigen, denn der Feind ist vor der Thür, nur wenige tausend Schritt trennen uns von seinen Vorposten, und oben auf dem Turm des Schlosses sitzt mit dem Feldstecher Lieutenant v. R. und revidiert die Waldlisière, hinter welcher der Feind steht.

Nun aber in aller Eile zu der Beschreibung der letzten Tage, es ist ein komisches Schreiben, wenn man nicht weiß, was der nächste Augenblick bringt. Am 22. morgens expedierten wir erst unseren armen Waldemar, er war eigentlich gar nicht transportfähig, aber zurücklassen konnten wir ihn auch nicht in der unsicheren Lage, und da wurde er denn in solch kleines cab gesetzt, das unfreiwillig entlehnt wurde, und unter dem Schutz einer Patrouille nach Noyon geschickt. Er ist auch glücklich angekommen, die Patrouille kam abends zurück, und hatte sein Bruder dank seiner reichen Mittel Waldemar wirklich in das Lazarett nach Köln dirigiert. Mit vielem Gelde geht eben alles, selbst im Kriege. Wir rückten mittags nach der kleinen Stadt Roye vor, schon sehr vorsichtig, da es hieß, dieselbe sei besetzt. Es erwies sich aber unrichtig, die Gegend war aber so unsicher, daß v. L., der mit seinem Zuge Seitendeckung war, doch vier Mann von den Pferden geschossen wurden, zwei fanden sich nachher wieder ein, die nur leicht verwundet waren. Als wir durch Guiscard marschierten,

benutzte ich die Gelegenheit, mir eine silberne Uhr für 30 Francs zu
kaufen, da die meine seit Wochen nicht mehr ging, und im Felde ohne
Uhr, bei dem nötigen minutiösen Eintreffen bei den Rendezvous, ist
eine Unmöglichkeit. Gegen Abend kamen wir in Roye an. Die
Stimmung der Bewohner war eine sehr aufgeregte und teilweise
impertinente, ein Beweis, daß sie von der Nähe ihrer Truppen
wußten. Ich selbst fand aber ein nettes Quartier bei einem echten
Rentierbourgeois, wie ich sie Dir neulich schilderte, die beiden biederen
Eheleute nahmen mich freundlich auf, und unterhielt ich mich gut mit
ihnen, nachdem ihre Seufzer und Wehklagen und das grand malheur
pour nous et pour vous erst überstanden waren.

Am anderen Morgen um 5 Uhr nahm ich mir eine Patrouille
mit und rekognoszierte die Uebergänge über den Avrefluß, denn man
konnte nicht wissen, ob wir sie nicht gebrauchen könnten. Eben zurück,
hatte ich kaum etwas gefrühstückt, als alarmiert wurde. Wir sollten
gegen Amiens vorgehen und zwar unter L.'s Kommando ein Detachement, bestehend aus dem Regiment, vier Geschützen und zwei Jäger-
kompanieen. Als wir halbwegs Amiens vor Le Quesnel, meine
Schwadron als Avantgarde, ankamen, R. war mit seinem Zuge Vor-
trupp, bekamen wir aus Quesnel eine Salve, die R.'s Zug aus-
einandersprizte, und im Karriere ging derselbe westlich der Chaussee in
eine Deckung, wohin ich mit der Schwadron folgte. Es waren ungefähr
1000 Gardes mobiles, die das Dorf besetzt hielten. Darauf wurde
unsere Batterie vorgenommen, diese schoß Quesnel teilweise in Brand
und die Besatzung ging mit vielen Verlusten auf Caix zurück. Unsere
dicht auffolgenden flinken Jäger machten aber noch in Quesnel einige
hundert Gefangene; die ersten von der feindlichen Nordarmee. Wir
folgten darauf den sich zurückziehenden Franzosen in der Richtung auf
Caix, und als sie sich hier festsetzten und uns wieder mit einem heftigen
Feuer empfingen, wurde durch unsere Artillerie auch dieses Dorf in
Brand geschossen und die Feinde abermals verjagt, sie zogen sich auf
Amiens zurück und gewannen den Wald. Die Dunkelheit des November-
abends trat ein und konnten sie infolgedessen abziehen. Wäre es nach
mir gegangen, so wäre die Sache anders verlaufen, schon ehe der
Feind Caix erreichte, hätte ich die Schwadronen um Quesnel herum-
geschickt und hätte sich hier eine schöne Gelegenheit zur Attacke
geboten, aber die Neuheit der Feldherrenstellung, vielleicht auch das

durch verschiedene Waldparzellen bedeckte Terrain und die Unsicherheit,
was dahinter stecken mochte, verhinderten unseren Leitenden an der
Ausführung dieser Idee. Was die beiden feindlichen Bataillone da
in Quesnel ohne Kavallerie und Artillerie so exponiert zu thun hatten,
ist nicht klar geworden. Genug, das Gefecht hatte allerdings mit
Zurückwerfung des Feindes geendet, war aber bis auf die 180 Ge=
fangenen resultatlos geblieben. Wir gingen mit Zurücklassung von
Vorposten auf Quesnel zurück, wo wir die Einwohner in arger Auf=
regung fanden und so verängstigt, daß sie nicht einmal ihre noch
brennenden Häuser löschten, wir mußten ihnen noch dabei behilflich
sein. 18 Bauern im Dorfe waren durch unsere Granaten getötet
worden und fanden sich ungefähr 50 Tote und verwundete Mobilgarden
noch vor. Unser Verlust war gering, ich hatte einen Toten und sechs
Verwundete. Am Abend gewöhnte ich mir eine reizende Bulldogge
an, die uns zugelaufen war, und nannte sie nach dem Gefecht
„Quesnel". Am 24. wurde früh 7 Uhr alarmiert, und wir setzten
unseren Marsch auf Amiens fort, kamen aber nicht weit. Aus
Mezières erhielten wir Feuer, das mir gleich zwei Mann und drei
Pferde tötete. Der Feind entwickelte sich, mit dem Dorfe als rechte
Flügeldeckung, zum Gefecht, und zeigte ein Infanterieregiment, eine
Batterie und eine Eskadron, scheinbar Dragoner. Letztere zeigten sich
aber nur am Horizont, so wie wir versuchten, dagegen anzureiten,
verschwanden sie. Auch wir entwickelten uns, so viel wir konnten, und
nahm unsere Batterie das feindliche Geschützfeuer auf, das uns, speziell
meiner Schwadron schon Verluste beigebracht hatte. Es lag vorläufig
die Absicht vor, unsere Stellung zu halten, bis von rückwärts Ver=
stärkung eingetroffen sei. Eine Infanterie=Brigade unseres achten
Corps war schon östlich Roye eingetroffen. Da der Feind aber nicht
vorging, so fingen unsere Jäger mit großer Verve an zu avancieren
und besetzten Mezières. Das Regiment nahm mit zwei Eskadrons
eine Stellung westlich, mit zwei Eskadrons östlich von Mezières, welche
den feindlichen Rückzug bedrohte. Es war über diese Operationen
3 Uhr geworden und traf um diese Zeit die erwartete Infanterie von
uns ein, worauf sich der Feind zurückzuziehen anfing.

Weshalb wir abermals nicht zur Attacke losgelassen wurden?
Wer kann es wissen? Die Infanterie und die zwei Kompagnieen
Jäger besetzten mit einer Eskadron (Tr.) die Linie Moreuil=Cayenne.

Die übrigen Truppen gingen zurück, ich kam nach Bouchoir. Wenn wir doch endlich einmal wirklich zu einer eingreifenden Aktion kämen! Dieses ewige Stehen im Feuer, dieses fortwährende Bedrohen, ohne einzugreifen, ist wahrhaft furchtbar. Und dabei giebt es natürlich immer Verluste. Mein armer Trompeter hatte heute wieder einmal seinen schlechten Tag, und ich mußte ihm immer wieder als Deckung dienen. Einige Momente waren auch recht verlustreich und die Kugeln von einem lächerlich großen Kaliber prasselten tüchtig in die Schwadron hinein. Es war eigentümlich, wie die Lanzenstangen wie reife Kornähren knickten, wenn sie von den Kugeln getroffen wurden. Mancher Lanzenträger sank aber auch mit vom Pferde; das einemal mein guter Gefreiter Stock, er hatte einen Schuß in den Kopf so groß wie ein Thalerstück.

Unsere 8. Jäger waren wieder vorzüglich, und war es ein wahrer Genuß, die kleinen flinken Kerle avancieren zu sehen. Ein Gehöft in Mezières wurde von ihnen mit glänzender Bravour gehalten. Ja, die Nerven, die Nerven! Es giebt kein besseres Beispiel für die Untergebenen, wenn die Nerven gut sind. Sind sie aber schlecht, dann ist es weniger schön. Einen der Leitenden habe ich heute wieder sehen müssen, der mit seinem Adjutanten blassen Angesichts gedeckt hinter dem Chausseedamm im Graben einherritt. Nun, es wird hoffentlich mit der Zeit besser werden!

Am nächsten Morgen ging ich mit der Eskadron wieder vor bis in unsere Stellung östlich Mezières; wir blieben hier rechte Flügeldeckung, während die Division nach Moreuil abzog. Vom Feinde waren nur noch einige Patrouillen bei Ignaucourt zu sehen. Ich habe Euch, meine Lieben, anbei eine kleine Zeichnung gemacht, die Euch annähernd über die Gegend aufklären wird.*) Amiens ist ungefähr eine Meile entfernt. Es wurden mir gestern auf Patrouille in den Wäldern wieder drei Mann verwundet, davon einer durch einen Franctireur in blauer Blouse. Thörichter Weise brachte die Patrouille den Menschen gefesselt mit, anstatt ihn gleich zu erschießen. Ich war wütend, als er ankam, und zog schon den Revolver, aber den Henker an diesem gebundenen Menschen zu spielen, widerstrebte mir doch, und habe ich ihn zur Verurteilung mit den Gefangenen von gestern an die Division geschickt. Um 4 Uhr ging ich zurück nach Beaucourt, zwei Züge auf Vorposten bei Mezières zurücklassend. Hierher kam auch abends noch

---

*) Befindet sich am Schlusse des Werkes.

die 3. Estadron unter meinen Befehl. Wir quartierten uns hier in dem schönen Schloß des Grafen Rieucourt ein, der vernünftigerweise nicht geflohen war. Er, ein liebenswürdiger Herr in den dreißiger Jahren, hat seine junge Frau, geb. Komtesse d'Assas, erst kürzlich geheiratet, und muß das junge Ehepaar nun diesen ganzen Kriegsgraus zu Anfang der Ehe mit durchleben. Von den Mobilgarden und Franktireurs haben sie schon schrecklich zu leiden gehabt, und haben sie z. B. in ihrem schönen, prachtvoll eingerichteten Schloß absolut nichts zu essen. Ich habe gestern abend der Gräfin von meiner Chokolade servieren lassen und habe den Grafen vorhin gebeten, mit der Gräfin nachher an unserm Diner Teil zu nehmen. Ich kann in diesen liebenswürdigen Leuten wirklich nicht die Feinde, sondern nur die Standesgenossen erblicken und kann sie nicht brutal und roh behandeln. Diese Auffassung wird aber leider nicht allgemein geteilt. Der Graf steht als Legitimist viel mehr auf unserem Standpunkt, wie er auf dem Napoleons gestanden hat und ist ein wütender Gegner der Republik, so daß er das Land lieber unter preußischem Szepter, als unter der Regierung der Republik sehen möchte. Weshalb ich ihn da schlecht behandeln soll, weil er Franzose ist, begreife ich nicht. Und wie dankbar die armen Menschen für meinen Schutz sind, Ihr glaubt es nicht. Die Mobilgarden haben sie geradezu scheußlich behandelt, so daß die arme Gräfin ganz elend ist. Wenn der Feind nur nicht so nahe wäre, ließe sich hier ganz nett leben; vielleicht wird es heute abend gemütlicher, da ich von der Division der unveränderten feindlichen Stellung wegen, die noch dieselbe von gestern ist, um eine Kompagnie Jäger gebeten habe. Vorhin sprach ich eine halbe Stunde mit dem Grafen und ihr in der gut ausgestatteten Bibliothek. Die Gräfin trägt wirklich die Situation mit heldenhafter Standhaftigkeit, von ihren Leiden seit Wochen sprach sie gar nicht, freute sich nur, daß ihr alter Vater, der Marquis d'Assas mit ihren Schwestern, die ihr nach dem Bilde frappant ähnlich sehen und zum Besuch bei ihnen gewesen waren, noch rechtzeitig nach ihrem Schlosse bei Marseille hätten abreisen können.

Doch nun, mein Mütterchen, lebe wohl, ich muß zu den Vorposten hinausreiten. Gott behüte Euch und ängstigt Euch nicht um mich, Gott verläßt einen braven Ulanen nicht. Schreibt bald, ich schreibe, so wie ich kann.

Euer M.

V.

Amiens, den 4. Dezember 1870.

Meine liebe, teuere Mama!

Weißt Du noch, als ich Dir damals aus Buzy schrieb, da glaubte ich, daß ich in dem bewegten Leben, welches damals für uns beginnen sollte, kaum Zeit zum Schreiben an Euch Lieben finden würde? Und nun vergehen kaum acht Tage, daß Ihr nicht einen Brief von mir erhaltet. Aber die Ereignisse häufen sich, und wollte ich Euch alle die Eindrücke beschreiben, welche ich jetzt täglich erhalte, dann würden Bogen nicht ausreichen, um Euch alle meine Erlebnisse in dieser so hochinteressanten Zeit zu schildern. Der Krieg ist eben der Krieg, und ein Tag in demselben wiegt Monate des Friedens= lebens auf.

Ihr seht auf dem heutigen Briefbogen noch das Wort château Beaucourt eingeprägt, wir sind aber schon längst weiter, am 27. v. Mts. haben wir dasselbe verlassen. Da aber mein Briefpapier zu Ende war, und ich nicht wußte, woher ich anderes nehmen sollte, so war Graf Riencourt so liebenswürdig, mir ein Buch von dem seinigen zu verehren. Heute sollen meine Zeilen Dir, meine teuerste Mama, be= sonders gelten und sollen Dir meine herzlichsten Glückwünsche zu Deinem lieben Geburtstag bringen. Möge Dir und uns allen dieser Tag noch oft wiederkehren, und mögen wir Dich an demselben noch viele Jahre in gewohnter, bisheriger Rüstigkeit und Frische erblicken. Ich habe in der letzten Woche so ohne Berechnung des Datums der Tage und der Nächte durchlebt, daß ich zu meinem Schrecken, als ich heute zum erstenmal wieder in etwas geordnetere Verhältnisse zurück= kehrte, entdeckte, daß schon der 4. Dezember sei. Es hätte mir ein früheres Schreiben allerdings auch nichts genützt, da wir so weit vor waren und keine Post uns erreichte. Heute habe ich daher seit Tagen zum ersten= male wieder ein großes Packet Briefe und Zeitungen aus Westfalen erhalten, die ich nachher erst lesen werde. Kommen meine Wünsche nun zu übermorgen vielleicht etwas zu spät, denn drei Tage gehen meine Briefe jetzt wohl mindestens bis zu Euch, so glaube, daß ich nicht weniger innig, als sonst, Deines teueren Geburtstages gedenke. Ich kaufte vorhin in einem Antiquitätenladen in der rue de la cathédrale einige hübsche italienische Mosaiken, eine lege ich davon in den Brief, vielleicht kommt sie unzerbrochen bis zu Dir, und kannst Du Dir eine Geburtstagsbroche davon machen lassen, ein Geschenk so weit her hast Du wohl noch nicht erhalten?

Die letzten acht Tage boten an Strapazen, Aufregung und Interessantem wieder hinreichend Genügendes. Wir' haben, d. h. meine Eskadron, permanent die Avantgarde gehabt und haben vielerlei Vorpostengefechte und auch eine Schlacht mitgemacht, so daß wir jetzt die alte Stadt Peter von Amiens, bis auf die Citadelle inne haben. Tag und Nacht gesattelt, des Morgens bei Dunkeln hinaus, des Abends im Dunkeln herein, wenig im Magen, da man abends zu müde zum Kochen war und die Bauern nichts mehr hatten; das war so unser tägliches Leben. Mit dem Schlaf war es auch nicht berühmt, da die Nähe des Feindes permanente Angriffe erwarten ließ, genug, es war eine strapazenreiche Zeit. Unseren militärisch-strategischen Auftrag, mit unserem Detachement die feindliche Armee aufzuhalten und den Anmarsch unseres Gros der Armee zu verschleiern, haben wir aber gut gelöst, und der leitende Herr Feldherr hat sich dadurch die Anerkennung erworben, welche uns wohl in diesem Falle mit gebührt. Als nun General v. X. mit der I. Armee heran war, hatten wir die blutige Schlacht von Villers Bretonneux, in welcher die Franzosen in wilder Flucht zurückgeschlagen wurden. Durch einen sehr geschickten Flankenangriff des Generals v. Goeben fiel uns Amiens wie eine reife Frucht in den Schooß und die Franzosen sind bis weit nach dem Norden hin verfolgt worden. Vielleicht aber nicht so gründlich, wie es eigentlich hätte geschehen sollen. Doch ich will Euch wieder tageweis meine Erlebnisse schildern, dann könnt Ihr Euch besser in das Ganze hineinfinden.

Am 27. marschierten wir nach fast zärtlichem Abschiede von der Familie Riencourt, die mir Beide ihre Bilder gaben, aus Beaucourt ab gegen Villers Bretonneux, wo der Feind eine gute Aufstellung mit Anlehnung seines linken Flügels an die Somme genommen hatte.

Es kam zu einer vollständig entwickelten Schlacht. Für uns war sie aber ganz eigener Art: von einer einheitlichen Leitung derselben war auf unserer Seite wenig zu merken, es war, als ob lauter einzelne Detachements für sich kämpften. Das eine mit Glück, das andere mit dem Gegenteil, so daß einzelne französische Abteilungen so weit vordrangen, daß wir die Schlacht für verloren hielten. Dabei war die Zusammensetzung des Feindes doch eine andere, wie wir geglaubt, es waren viel Marineinfanterie, Jäger von Vincenne, Chasseurs dabei und namentlich eine sehr gute Artillerie, deren Geschütze uns viel Schaden thaten. Als abends sich die Nachricht verbreitete, Amiens sei genommen, war wohl keiner erstaunter, als wir selbst, wir hätten eher alles andere vermutet. Die Verwendung unserer Kavallerie war leider wieder die gewohnte; wenn die Brigade zusammen ist, kennen wir die Sache schon. Bei dem Feinde war von Kavallerie überhaupt fast nichts zu sehen, weshalb wir da nicht zur Verwendung kamen? Das wird nur der Führer der Brigade allein wissen, dem wir jetzt den Namen „cunctator" gegeben haben. Dabei aber natürlich wieder Verluste über Verluste, namentlich in einem Gefechtsmoment, wo wir ganz unnütz Artilleriebedeckung waren und dabei so ungünstig aufgestellt, daß wir geradezu als Fang für die Granaten dienten, welche auf unsere Artillerie geworfen wurden. Nachher mußte die Brigade eine ganz unnütze linke Flügeldeckung einnehmen, wo gar kein Feind mehr war und abends — wurde sie zurückgenommen und einquartiert, wo wir doch vorn zur Verfolgung so nötig waren und Lorbeeren hätten erwerben können. So etwas macht mißmutig, namentlich da der gesunde Menschenverstand des gemeinen Mannes selbst die gemachten Fehler einsieht. Für uns ist nur etwas zu erreichen, wenn man heraus ist aus dem großen Haufen, und so Gott will, kommen wir da auch noch einmal zu etwas. Wir kamen abends zurück nach Caix, wo wir tüchtig hungern mußten, da keine Lebensmittel mehr darin waren. Am anderen Tage wieder nichts, nur ein Quartierwechsel nach Aubrécourt. Persönlich war der Wechsel mir sehr angenehm, da wir dort auf ein wunderschönes Château eines Mjr. Lavallade kamen. Die Leute mit ihrer reizenden Tochter Chantal waren dort geblieben und nahmen uns sehr liebenswürdig auf. Endlich, am nächsten Morgen, ging es doch wenigstens vorwärts. Die Kavallerie gehört vornhin an den Feind, wir zockelten aber immer hinter der Infanterie her, die vorne war. Wir kamen über das Schlachtfeld von Villers Bretonneux, wo noch immer viele Tote lagen. Am eigentümlichsten war der Anblick derselben auf dem Kirchhof von Villers selbst, dort hatte man die toten Franzosen in langen Reihen neben einander gelegt. Der starke Frost in der Nacht hatte sie gefrieren lassen, nun sahen sie aus, wie die Figuren in einem Wachsfigurenkabinett, teilweise hatten sie sogar rote Backen behalten. Die Verluste des Feindes müssen sehr bedeutende gewesen sein, man sprach von über 2000 Toten, aber nach einer Schlacht muß man das nie so genau nehmen; es waren in Wirklichkeit nur 1400 Tote und 1000 Vermißte. Nachmittags kam das ganze Regiment nach Longeau, eine halbe Stunde von Amiens, wo wir uns mit der ersten Schwadron zusammen einen alten Kasten von Château als Unterkunft suchten. Wir froren darin wie die Schneider, da die Kamine rauchten und die alten Meubels, die wir hineinsteckten, feucht waren.

Am anderen Morgen, als es Tag wurde, setzte ich mich auf den Fuchs Haltaus und galoppierte nach Amiens hinein. Die Citadelle war noch immer in den Händen von einem Regiment Mobilgarden der Franzosen. Amiens ist eine hübsche Stadt von ungefähr 60000 Einwohnern. Um die berühmte Kathedrale ritt ich herum und sah sie mir an. Sie ist wunderbar schön, namentlich sind die in Stein gemeißelten Figuren an derselben ganz prachtvoll. Der brave Pierre, der Kreuzzugsapostel, ist natürlich auch darunter. Ueber dem wundervollen Portal befand sich ein Engel in einer Größe von vier Fuß, der berühmte l'ange pleurant. Derselbe war schon einmal von einem sammelwütigen Engländer von dort entführt, nachher demselben aber wieder abgenommen worden. Die Bevölkerung Amiens' war noch sehr renitent, sie pochte immer noch auf die französische Besatzung in der hochgelegenen Citadelle. Diese dominierte allerdings die Stadt, und wenn der Kommandant gewollt hätte, wäre es ein leichtes, uns durch die Granaten hinaus zu treiben, die Stadt würde allerdings dadurch mit eingeäschert werden.

Als ich mir bei einem Friseur das Haar schneiden ließ, bramarbasierte derselbe mir alles Mögliche vor, wie das ganze Volk sich noch gegen uns erheben würde und wir über kurz oder lang aus dem Lande hinaus müßten. Auch er würde sich zu einer Anführerstelle melden. Auf meine Bemerkung, daß dann der Führer der Armee und diese des Führers würdig sein möchte, fing er so mit der Scheere um mich herumzufuchteln an, daß ich beinahe Besorgniß um meinen Hals bekam.

Was zwei Tage vorher hätte geschehen müssen, dazu raffte man sich am 1. Dezember endlich auf, die Verfolgung des Feindes wurde in Angriff genommen. Morgens acht Uhr mußte ich mit der Eskadron auf der Esplanade in Amiens stehen, um in Verbindung mit einem Infanterie-Bataillon den Feind auf Abbeville zu verfolgen und die Bevölkerung der Dörfer durch Zerstörung sämtlicher Gewehre zu entwaffnen. Vor dem Ausmarsch defilierten wir vor unserem Oberfeldherrn, dem General v. X. Es war mir interessant, den Herrn bei dieser Gelegenheit zu sehen, der nicht gerade die Sympathieen der ihm unterstellten Armee hat. Namentlich wird ihm von uns zum Vorwurf gemacht, daß er sein bisheriges Armeecorps bei jeder Gelegenheit bevorzuge und dessen Thaten in den Berichten stets in das hellste Licht stelle auf Kosten von uns anderen Truppen, die mindestens dasselbe geleistet. Das Vertrauen der Armee hat er jedenfalls nicht. Da stand er denn und ließ uns vorbei marschieren, ohne Säbel, den Krückstock in der Hand, in seinem ganzen Wesen eine Imitation Friedrich's des Großen. „Denn wie er sich räuspert und wie er spuckt" ec., von übrigen Aehnlichkeiten haben wir hier eben bis jetzt noch nichts kennen gelernt. Unsere Expedition war recht interessant, den Feind fanden wir nicht mehr vor, derselbe war bis Abbeville zurückgegangen, aus welchem Ort v. R. und v. L., die am nächsten Morgen mit ihren Zügen bis fast an die Wälle der kleinen Festung als Patrouille vordrangen, beschossen wurden. In jedem der Dörfer und Flecken, die wir passierten, wurden eine Unmenge von Gewehren aus den Häusern hervorgeholt, in großen Haufen zusammengestellt und verbrannt. Oft waren prachtvolle Lefaucheurjagdgewehre in Etuis dabei, und that es Einem leid, diese zu vernichten, aber es half nichts und sie mußten brennen. Am ersten Tage machte ich von Picquigny, ungefähr drei Meilen von Amiens, aus selbst eine interessante Rekognoscierung nach vorwärts. Da wenige Reiter natürlich weniger leicht gesehen werden und auch leichter durchkommen, es uns aber besonders darauf ankam, zu wissen, ob vor Abbeville überhaupt noch feindliche Truppen wären, so machte ich mit dem Adjutanten des Bataillons und zwei meiner bestberittensten Unteroffiziere von Picquigny einen Dauergalopp nach Longpré, einem Eisenbahnkreuzpunkt. Das war einmal so etwas für meine Brittish Queen.

Auf dem guten Sommerweg zogen wir dahin, der kleine Adjutant mit seinem Berber immer munter nebenher. Die Dörfer meist umreitend, kamen wir nach Longpré in ³/₄ Stunden an und ritten direkt vor das Telegraphenbureau, während die beiden Unteroffiziere den Maire heranholten. Wir hatten die Telegraphenmaschinen schnell zerstört (eine bringe ich mit), der Beamte, der 15 Jahre dieselben bedient, weinte dabei seine schönsten Thränen, als unsere Anwesenheit doch bemerkt worden war und Haufen von Fabrikarbeitern sich auf dem Platz vor dem Telegraphenbureau anzusammeln begannen. Der Anblick auf die hundertköpfige Menge wirkte nicht grade sehr angenehm auf uns, namentlich als dieselben bei dem Anblick der den Maire heranschleppenden Unteroffiziere laut zu lärmen und auf die Unteroffiziere einzuschlagen begannen. Glücklicherweise war der Maire verständig genug, die Situation richtig zu erfassen, als ich ihm sagte, in einer halben Stunde würde eine Brigade eintreffen, und das Schicksal des Ortes sei besiegelt, wenn das geringste gegen uns vorfiele. Auf seine Ermahnung an die Menge und auf meine Drohung mit erhobenem Revolver, den Maire sofort zu erschießen, löste sich denn auch die Bande auf und zog schimpfend ab. Ich zog mich nach gründlicher Zerstörung der Telegraphen bis an die letzten Häuser, nach Amiens zu zurück, war aber doch recht froh, als ich nach einer Stunde ungefähr das schmunzelnde Gesicht meines Lt's. v. R. auf seinem Schimmel, genannt „der Höllenhund", erblickte, der mit der Avantgarde aus Besorgnis um unser Wohl doch schnell weiter vorgegangen und uns gefolgt war. Als die Infanterie heran kam, bezogen wir Quartiere, ich wieder bei einem sehr verständigen Rentier, der mich sehr gut pflegte.

Nachdem am anderen Morgen, wie bereits gesagt, R. und L. ihre Rekognoscierungen und die beiden Fähnriche mit Patrouillen in den Dörfern der Umgegend die Waffenzerstörungen vorgenommen hatten, gingen wir wieder nach Picquigny zurück und kamen heute hierher nach Amiens. Es ist doch schon furchtbar kalt, und es ist in dem sonnigen Frankreich kälter als bei uns, Fr. v. Iw.'s schöne Pelzjacke, die sie mir vor acht Tagen schickte, leistet mir die besten Dienste. Als Erwiderung schickte ich ihr auch eine ähnliche Mosaitbrosche, wie Dir, mein liebes Mamachen, und geht sie heute ab. Eine dritte wird noch nachfolgen für den „Zauber von M.," H. v. L., in deren elterlichem Hause ich so viel nette Stunden verlebt, und der ich ein Andenken aus dem Kriege versprochen hatte. Hier bin ich recht gut untergekommen bei einem Fabrikbesitzer auf dem Boulevard Longueville, und sitze im schön erwärmten, mit bemalten Wänden verzierten, boisirten Zimmer und schreibe an Euch. Hoffentlich bleiben wir nun einige Tage hier, und übernehmen andere Schwadronen einmal die Sicherung; die ganze Brigade ist hier einquartiert. Die Stadt macht noch immer einen toten Eindruck, die meisten Läden sind zu und fast alle Persiennes geschlossen. Die Citadelle hat sich inzwischen bereits am 30. ergeben. General v. X. hatte dem Kommandanten bis zum 29. Bedenkzeit gegeben. Der Tapfere hatte aber jede Uebergabe abgelehnt, mit den Worten: „J'y suis, j'y reste." Darauf war am 30. früh von fünf Kompagnien von uns Schnellfeuer gegen die Festung gegeben, wobei der tapfere Kommandant erschossen wurde. Hierauf fand die Uebergabe statt. Es ist ein wechselvolles Leben jetzt, mein teueres Mamachen, heute ist mir aber recht wohl zu Mute, ich habe mich doch heute einmal wieder waschen und umziehen können, in den vergangenen acht Tagen bin ich wenig aus den Stiefeln herausgekommen. Nun lebt wohl, Ihr meine Lieben, und nochmals die besten Glückwünsche zum Geburtstag. Von Herrmann und E. v. H. hatte ich neulich Briefe, grüßt Beide vielmals.

In treuer Liebe Dein

M.

VI.

Flup, den 10. Dezember 1870.

Meine liebe Mama!

Es sind kaum acht Tage vergangen und du erhältst schon wieder einen Brief, aber ich muß Dir doch meine Freude ausdrücken über Dein liebes Schreiben, das ich heute früh durch die Ordonnanz vom Regiment erhielt. Es war sehr liebenswürdig von dem Adjutanten, es mir mit dem Befehl mitzuschicken, sonst hätte ich es erst bei dem

Wiederzusammenkommen mit dem Stabe erhalten und wer weiß, wann das geschieht? Eigentlich kann ich sagen, es ist unsere Freude, nichts von demselben zu sehen, denn trotz der Strapazen, trotz der Nerven=aufregungen wegen unserer Situation immer dicht am Feinde, trotz des ewigen qui vive=seins in der Besorgnis, überfallen zu werden, trotz alledem ist es hier viel besser, als in dem großen Haufen mit seinen Nörgeleien, wo man sich doch nur ärgert, daß so vieles anders gemacht wird, als man es für richtig hält. Der neuliche eine Tag in Amiens, denn einer war es nur, den zweiten hieß es für mich schon wieder „hinaus," hat uns wieder tüchtig den Geschmack verleidet, mit der großen Menge zusammen zu sein. In Amiens liegt doch die ganze Brigade. Da war denn erst am Morgen gemeinschaftlicher Kirch=gang (die protestantische Predigt in der katholischen église de St. Denis hatte auch etwas Eigentümliches), nachher war vollständige Wachtparade und dann sogar noch gemeinschaftliches Essen aller Offiziere im Hotel du Rhin. Wenn Du dazu Dir denkst, daß die Unterbringung von Leuten und Pferden in den Straßen der großen Stadt schon seine großen Unbequemlichkeiten hatte und eine große Mühe der Kontrole verursachte, so wirst Du mir zugeben, daß unser Wunsch wohl ein gerechtfertigter sein dürfte, mit diesen Friedensplackereien, wie Offizier=tisch 2c., verschont zu werden. Bei diesem gemeinschaftlichen Diner kam es übrigens zwischen dem Herrn Vetter und dem Major v. P. von den 7. Ulanen zu einer Scene, die beinahe sehr ernste Folgen gehabt hätte. Der Herr Vetter, quängelich und penible in allen Kleinigkeiten, hatte die Stunde des Essens um zwei angesetzt. Bei der Schwierigkeit der lokaldienstlichen Verhältnisse, wo noch der Kirch=gang gewesen war, konnte für viele Offiziere, die bis dahin Quartiere und Ställe revidiert hatten, diese Zeit nicht pünktlich eingehalten werden und kamen viele zu spät, was doch im Kriege bei diesem Essen neben=sächlich war. Darüber schon nörgelnde Redensarten und steigende Empörung. Als nun aber als allerletzter der Major v. P. eintrat, da fing der Herr Vetter gradezu an zu schimpfen. Das war an und für sich in Gegenwart der jüngeren Offiziere schon ganz unpassend, gegen einen Stabsoffizier des anderen Regiments aber unverzeihlich. Der diente ihm aber auch nicht schlecht, sprach von „Genauigkeit eines Zahlmeisters" 2c., genug, es war eine tolle Scene. Wir haben den Austrag der Geschichte nicht mehr erlebt, da wir am Tage darauf wieder nach Förrieres mußten, um Schleier gegen den Feind zu bilden, aber W. schrieb mir, daß es beinah zwischen beiden Herren zum Duell gekommen wäre. Das wäre ein Hauptspaß geworden, die Sache wurde aber „wegen des Krieges" von oben beigelegt. Genug, also am 5. verließ ich mit der Eskadron und einer Kompagnie Infanterie Amiens. Ich war diesesmal Detachementsführer, da der Kompagniechef jünger war als ich, und gefiel mir deshalb mein Auftrag um so besser. Ich hatte den Befehl, mit dem Detachement durch täglich wechselnde Quartiere, natürlich mit der nötigen Vorpostenstellung, die Sicherheit gegen Abbeville zu übernehmen, mit meinem rechten Flügel an der Somme (auf dem rechten Ufer derselben hatte ein zweites Detachement den gleichen Auftrag). Da die Meldungen ergeben hatten, daß bei und in Abbeville wieder größere feindliche Konzentrationen stattfänden, so hatte dieser Auftrag zwar etwas Ehrenvolles, aber bei der Kleinheit des Detachements auch etwas sehr Verantwortliches an sich. Von dem alten Friedenszopf der permanent aufgestellten Vedetten wurde hier angefangen, ganz abzusehen, da die Sicherheit durch fortwährend weit vorgeschickte Patrouillen, die sich ablösten, viel besser herzustellen ist. Nur in der Dorflisière wurde jedesmal eine starke Infanteriefeldwache mit einer Kavallerievedette aufgestellt. In unserem Förrieres war die Aufstellung eine geradezu mustergültige, so daß wir uns der Ruhe verhältnismäßig mehr hingeben konnten. Es war dort ein sehr hübsches Chàteau einer Madame de Herth, welche es aber vorgezogen hatte, sich nach Amiens zurückzuziehen. Das Schloß war sehr hübsch eingerichtet, aber nach französischem Geschmack. Das mußte anders werden, und da ein großer Salon parterre sich befand, so richteten wir denselben ganz à l'allemand ein. Aus dem ganzen Schloß wurden die passendsten Meubles zusammengetragen und der große Saal damit nach unserer Weise mit verschiedenen Gruppen ꝛc. möbliert, so daß er bei dem wahrhaft riesigen Kaminfeuer einen recht feudalen und dabei gemütlichen Eindruck machte. Was wird die Madame sagen, wenn sie ihren Saal so wieder findet? Auf solche Ideen und Scherze verfällt man in dem Ernst der kriegerischen Situation. Aber es erhalten dieselben den Humor wach und außerdem, womit soll man sich beschäftigen in den Zwischenpausen der Actionen? Geistige Nahrung fehlt ja sonst gänzlich. Zu einem Diner, an welchem die disponibelen Herren der Infanterie natürlich teilnahmen, hatte ein Mjr. du Bosne in Bovelles den Wein hergeben müssen, den wir freundlich darum ersucht hatten. Den nächsten Tag blieben wir auch noch in Ferrières, da die Aufstellung so vorzüglich war, und benutzte ich diese Art von Ruhetag zu einer Pferdebesichtigung, (wie sich von selbst versteht, waren die Pferde gesattelt ꝛc. und die Leute fertig angezogen) und erfreute ich mich des Anblicks der trotz Kälte und weiter Märsche vorzüglich in Kondition sich befindenden Pferde. Es wurde immer noch doppelt gefüttert, was in der haferreichen Gegend auf gar keine Schwierigkeiten stieß. Wir brauchten nicht einmal Requisitionen auszuschicken, in dem Dorfe war hinreichendes Futter vorhanden.

Am Tage darauf wechselten wir denn nach dem Befehl wieder unsere Aufstellung und gingen nach Bovelles. Der am grünen Tisch entstandene Gedanke, wonach der Eindruck bei einer eventuellen feindlichen Spionage gemacht werden sollte, als seien alle die Orte von uns besetzt, scheiterte bald, denn unser neuer Wirt, derselbe der gestern um Wein ersucht war, Mr. du Bosne, empfing uns gleich mit den Worten, er hätte uns seit 8 Tagen in so verschiedenen Orten gesehen, ob wir denn Amiens' Sicherung allein hätten? Er war wieder ein enragierter Legitimist und seine Aeußerung deshalb ungefährlich. Wenn auch nun diese Idee der Vorspiegelei nicht durchzuführen ist, so hat der häufige Ortswechsel doch das Gute, daß der Feind nie genau weiß, wo wir sind, und das ist schon angenehm genug für uns. In Bovelles wurden wir recht gut aufgenommen; Madame du Bosne war mit ihrer allerliebsten 16jährigen Tochter am ersten Tage zum Besuch ihres Mannes aus Amiens da, wohin sie der Sicherheit wegen gegangen war, und versuchten wir vergebens, sie zum Bleiben zu bewegen. Bei dem Diner ging es wieder ganz salonmäßig zu, vorn der Gesellschafter, hinten sieht aber bei uns immer der Revolver aus der Tasche heraus, und der Säbel wird nie abgelegt. Das sind einmal so die gesellschaftlichen Formen des Krieges. Als wir am nächsten Tage grade bei dem Nachtischkaffee waren, kam die Meldung, daß aus Revelles, eine Stunde von uns, auf eine meiner Patrouillen geschossen sei. Da wurde die Kaffeetasse denn hingestellt, ich ging mit zwei Zügen nach Revelles und forderte tausend Francs für diese Frechheit. Erst wurden Schwierigkeiten gemacht, als ich aber das Haus anstecken ließ, aus dem geschossen war, erschien die Kaution sofort, die ich abends nach Amiens schickte. Das war solch Nachmittagsdivertissement.

Bei dem Quartierwechsel des nächsten Tages gingen wir nach Pissy und komme ich mit der halben Eskadron auf das Schloß des Grafen Chassepot de Pissy. (Der Name hat übrigens nichts mit dem Gewehr Chassepot zu thun, sondern ist der einer alten Adelsfamilie). Msr. le comte mit seiner Schwester, einer älteren Dame, duchesse de Mahon=Crijon, und deren Schwiegertochter geb. Clermont Tonnère war anwesend und überhäufte uns mit Liebenswürdigkeit. Er war ein streng legitimistischer älterer Herr, wütender Antiregierungsmann, war lange in Berlin bei der Gesandtschaft gewesen und hatten wir eine Menge gemeinsamer Bekannte. Man fühlte sich bei den Leuten ganz heimisch, und verlebten wir bis zum anderen Mittag einen an= genehmen Tag mit ihnen; ich führte immer die duchesse zu Tisch und wenn eben nicht der Revolver gewesen wäre, hätte ich glauben können, bei einem Hoffest zu sein, mit der Czapka unter dem Stuhl. Gestern mittag kamen wir nach herzlichem Abschied von den netten, vornehmen Leuten, bei einer grimmigen Kälte, Schnee und Glätte hierher nach Fluy, einer Art von Flecken, wo die Sicherheit wieder mangelhafter ist, sodaß ich einigemale mit der Patrouille selbst nach vorn reiten mußte. Trotz= dem ich in den zwei vorhandenen Schmieden Tag und Nacht arbeiten ließ, um Eisnägel für die Pferde herzustellen, konnten doch kaum ein Drittel scharf gemacht werden, ich mußte deshalb den anderen beschlagenen Pferden die Eisen abreißen lassen. Bei dem Hermarsch mit den glatten Eisen waren wir bei den spiegelblanken Wegen fast wehrlos gewesen und hatten meistenteils geführt, die Sicherung der vorausmarschierenden Infanterie überlassend. Mein Quartier bei einem Roßarzt ist auch sehr mäßig und kein Zimmer ist warm zu machen. Genug, ein Winter= feldzug hat seine großen Schwächen, namentlich die Glätte hindert die Operationen doch ganz bedeutend. Wenn wir nur irgend wo einmal einige Tage bleiben, dann lasse ich die ganzen Pferde mit scharfen Stollen beschlagen. — Nun, lieb Mutting, habe ich Dir aber wohl wieder genug erzählt. Meine Brosche an Fr. v. Tw. ist, wie ich soeben durch einen Brief von ihr höre, gut angekommen, hoffentlich die Deinige auch. Mir geht es noch immer, Gott sei Dank, sehr gut und das Frieren muß ertragen werden.

Viele Grüße der lieben Tante Mile, in der Hoffnung auf gute Nachrichten von Euch, Ihr Lieben, stets

Euer M.

VII.

Chaulnes, den 21. Dezember 1870.

Meine liebe Mama!

Heute muß ich Dir wohl wieder einen ausführlichen Brief schreiben, denn verhältnismäßig lange hast Du nichts von mir gehört, es müssen fast 14 Tage seit meinem letzten Schreiben an Dich vergangen sein. Aber ich hatte Dich mit meinen letzten Briefen etwas verwöhnt, und da bist Du gewiß mir beinah böse gewesen, daß ich einige Tage länger habe vergehen lassen, ohne Dir Nachricht zu geben. Aber es ging eben wirklich nicht, ich hatte in den letzten Tagen absolut keine Zeit zum Schreiben; Du wirst es selbst aus der Schilderung der Tage ersehen. Auch heute ist es mit Zeit und Gelegenheit wieder eigentümlich, ich weiß nie, was die nächste Minute bringen wird, und unsere Lage hier ist wieder so exponiert, daß ich nur ganz feldmarschmäßig ajustiert hier sitze, um mit Dir zu plaudern.

Ich bin hier in einem herzoglichen Schlosse der alten Herzoge von Chaulnes, aber sie sind ausgestorben und der jetzige Besitzer ist ein comte Beaumont, der natürliche Sohn des letzten Herzogs; sein ganzes schönes Schloß hat er à discretion des Feindes gelassen und ist nach Paris geflohen, da sitzt er nun eingeschlossen und wir sitzen hier. Ich will Dir beschreiben, wie wir hierher kamen. Am 11. verließen wir Flur, den Ort meines letzten Schreibens, und schlidderten nach Molliens Vidame, es war nur eine Meile, wir haben aber des Glatteises wegen beinah 2 Stunden zu dem Marsch gebraucht, meist führend und immer einen Schritt vor und zurück. Gut, daß wir die Infanterie bei uns hatten, sonst wäre ich wirklich wegen eines Angriffes von irgend welchem feindlichen Fußvolk besorgt gewesen. v. R. mußte ich an dem Tage mit seinem Zuge vorläufig dort bleibend nach Achy sur Noy schicken, wo er als Beobachtung in unserer linken Flanke stehen bleiben soll. Ich quartierte mich bei einem liebenswürdigen

Mfr. Magnier aus Paris ein, der mit Frau und netter Tochter, deren Zimmer ich erhielt, von dort hierher in seine Villegiatur gereist war, um hier im Norden Ruhe zu finden. Er war sehr überrascht, auch hier auf den Feind zu treffen. Ich freundete mich aber sehr mit den Leuten an, namentlich als ich sie und uns alle durch meinen Hund Quesnel vor großer Gefahr bewahrte. Als wir am Abend noch lange am Kamin gesessen und uns sehr interessant über französische und deutsche Kulturverhältnisse unterhalten hatten, ging ich ziemlich spät in mein Zimmer hinauf, und warf mich, natürlich angezogen, wie immer, auf mein Bett. Bald schlief ich ein. Ich mochte ungefähr 2 Stunden geschlafen haben, als ich plötzlich erwachte, weil Quesnel, der immer bei mir im Zimmer blieb, auf mein Bett sprang und heulte. — Ich konnte mich kaum ermuntern und war halb betäubt vor dickem Rauch, der mein ganzes Zimmer füllte. Aufspringen und Feuer, du feu und wieder Feuer schreien, war eins. Erst glaubte ich an einen feindlichen Ueberfall, als ich nun aber schleunigst Licht machte, sah ich, daß aus dem Kamin und durch den Boden vor demselben dichte Rauchwolken drangen. Meine Leute, Monsieur, selbst Madame in ihrer Nervosität laut schreiend, dabei in sehr oberflächlicher Toilette, erschienen gleich und bald wurden wir durch Aufreißen der Dielen des Feuers Herr, das wir schnell durch Wasser und nasse Laken dämpften. Der Kamin, an dem wir in dem Zimmer gerade unter meinem Zimmer so lange gesessen hatten, war der grimmigen Kälte wegen überheizt worden und hatte die Balkenlage entzündet. So kamen wir mit dem Schrecken davon. Was wäre aber aus uns geworden ohne den Hund Quesnel? Das auszudenken ist nicht schön.

Quesnel's Wachsamkeit hatte mir aber die ganzen Sympathien der liebenswürdigen Familie erworben, was mir in den 3 Tagen, die wir noch da blieben, nicht zum Schaden gereichte. An dem nächsten Morgen kam der Befehl zu einer demonstrativen Rekognoscierung im Verein mit v. D.'s Detachement auf dem anderen Somme-Ufer gegen Abbeville, die Kompagnien sollten auf Wagen gesetzt werden. Das wurde am Morgen ins Werk gesetzt, bis 9 Uhr waren sämtliche nötige Einspänner zur Stelle, und auf 25 Wagen ging es vorwärts. Ich glaube, die Infanteristen wären lieber marschiert, denn es war grimmig kalt. Die braven normännischen Pferde, darunter viele Hengste, mußten tüchtig laufen, so daß wir bald in Longpres waren. Hier ließen wir die Wagen unter Bedeckung zurück, und trat die Infanterie von hier den Fußmarsch an; unser anderes Detachement war auf dem andern Ufer in gleicher Höhe. Als wir bei Mareuil, ¹/₄ Stunde vor Abbeville ankamen, erhielten wir von dort Feuer. Es mußten aber nur feindliche schwache Vorposten gewesen sein, denn als unsere Infanterie tirailierend vorging, zogen die feindlichen Schützen ab. Doch kaum waren wir über das Dorf hinaus, da ging es — Bum! und eine Granate ging über uns hinweg, welcher noch mehrere folgten. Darauf Halt. Abbeville konnte man deutlich mit dem Feldstecher sehen, es ist keine Festung, hat aber einen hohen Stadtwall und einige Feldbefestigungen, so daß es einen befestigten Waffenplatz bildet. Diesen Platz konnten wir natürlich nicht nehmen, aber leid that es uns, daß wir nicht einige Geschütze bei uns hatten, um ihren Gruß zu erwidern. Ein Versuch, die Stadt zur Uebergabe zu veranlassen, wurde aber gemacht. Ein Offizier mit blasendem Trompeter wurde als Parlamentär abgeschickt und der französische Befehlshaber brieflich aufgefordert, den Platz vor der „Division", die gegen die Stadt im Anmarsch sei, zu über= geben. Der Parlamentär kam unverrichteter Sache zurück, die Ueber= gabe war abgelehnt. Lieutenant Sch. konnte aber nicht genug er= zählen, wie liebenswürdig die französischen Offiziere gegen ihn ge= wesen, nur „geglaubt hätten sie ihm nichts." Verlust hatte ich 3 Mann. Da blieb denn nichts übrig, als zurückzugehen, und abends waren wir wieder in Molliens. Von paysans hatte Sch. gehört, daß ungefähr 3 Regimenter Mobilgarden und etwas Artillerie in Abbeville sei, was gemeldet wurde.

Nachdem wir tags darauf noch unser Quartier nach Buzainville verlegt hatten, wurden wir am 15. von den 5. Ulanen abgelöst, und kamen nachmittags 3 Uhr in Amiens an. — Dort hatte sich die ganze Situation seit unserer letzten Anwesenheit sehr geändert, und das ging so zu. Der Kommandierende der 1. Armee hatte nach der Schlacht bei Villers Bretonneur und der Einnahme von Amiens seinen ihm von der Heeresleitung gegebenen Auftrag, die feindlichen Streitkräfte, welche sich bei Rouen, Lille und Amiens sammelten, von Paris abzu= halten und möglichst zu vernichten, so aufgefaßt, daß er nach der Einnahme von Amiens mit der Armee auf Rouen marschieren müsse. Es geschah dieses auf eine Meldung hin, daß sich bei Rouen eine Armee von 40000 Mann sammele. Wäre die Kavallerie ihrer Bestimmung gemäß nach der Schlacht bei Villers dazu verwandt, am Feinde zu bleiben, so wären richtige Meldungen darüber gebracht worden, nämlich die, daß die feindliche Hauptarmee über Bapaume nach dem Norden, nicht aber nach Rouen gegangen sei. Gestern erfuhren wir hier, daß die Meldung über die sogenannte Armee bei Rouen unter einem General Briand ganz falsch gewesen sei, und diese „Armee" nicht 40000, sondern nur 4000 Mann gezählt habe. — Auf Grund dieser Meldung hin, vielleicht aber auch in der Idee, Rouen und das Meer zu erreichen, war von General X. am 1. Dezember der Vormarsch auf Rouen begonnen worden. Unser Divisionskommandeur aber hatte den ehrenwerten, wenn auch sehr bedenklichen Auftrag erhalten, mit einer Kavalleriebrigade, die andere hatte er auch zu dem Vormarsch auf Rouen abgeben müssen, einer Infanterie-Brigade und im ganzen 6 Batterien, Amiens besetzt zu halten und Flanke und Rücken von X.'s Armee zu decken. — Denkt Euch, meine Lieben, diese Situation für unseren Grafen Gr., eine Stadt von 60000 Einwohnern, widersetzlich im höchsten Grade, aufgeregt durch die permanenten Nachrichten der Faidherbe'schen Armee in ziemlicher Nähe, und diese Armee selbst durch die Meldungen der letzten Tage wieder auf dem Vormarsch begriffen, denkt Euch, ob die Lage für unseren Chevalier sans peur, wie er voll Schwärmerei von uns allen genannt wurde, nicht eine furchtbar verantwortliche und gefährliche war.

Diese Lage, welche aber zugleich durch den Gedanken verstimmt wurde, daß General X. mit mehr wie unnütz starken Kräften seinen phantastisch-utopischen Plänen auf Rouen folge, von denen er nicht abzubringen gewesen war, trotz einiger Meldungen, welche besagten, daß General Faidherbe bestimmt bei Bapaume stünde. Ich erzähle Euch die Sache so genau, weil vor einigen Tagen in der Zeitung ein Artikel darüber stand, der ganz unrichtig war, und unser Chevalier, wie gesagt, der Bravste der Braven, was seine Person anbelangt, in ein ganz falsches Licht gestellt wurde. Wie ich gestern aus der nächsten Nähe des Grafen hörte, wird die ganze Angelegenheit, wenn nicht jetzt, so doch später noch ein Nachspiel haben.

Am 14. hatte mein Graf Gr. von dem General v. X. den Befehl erhalten, das inzwischen von dem Feinde wieder besetzte Ham wiederzunehmen, und 1 Regiment, 2 Eskadrons und 2 Batterien als

Besatzung in Amiens zu lassen. Dieses schien dem Grafen Gr. unter den Verhältnissen unthunlich, und er beschloß, am 16. unter Zurücklassung von nur 2 Kompagnien in der Citadelle, die Stadt Amiens als für ihn unhaltbar aufzugeben und mit den übrigen Truppen gegen Roye resp. Ham vorzugehen. Von dem Oberkommando hatte er noch die Benachrichtigung erhalten, daß von Montdidier die 15. Division auch gegen Roye dirigiert sei, mit ihr vereint solle er ein feindliches Ueberschreiten der Somme verhindern. — Am 15. war ich, wie ich Dir oben geschrieben, also wieder in Amiens eingetroffen und am 16. hieß es für uns, anstatt der ersehnten Ruhe dort, wieder „hinaus."

Unsere Stimmung dabei war, wie Du Dir denken kannst, eine sehr mißmutige, und zwar aus doppeltem Grunde. Amiens jetzt wieder aufgeben, erschien uns als eine erhaltene Schlappe, die die Bevölkerung und den Feind moralisch wieder heben würde, außerdem behauptete v. R., welcher mit seinem Zuge wieder eingetroffen war, daß die ganzen Meldungen vom Erscheinen feindlicher Abteilungen südlich der Somme auf starken Uebertreibungen beruhe. Das einzige Wahre sei, daß eine schwache feindliche Kavallerieabteilung herübergekommen sei, einige Feldlazarette in Roye und Moreuil aufgehoben habe, dann aber wieder über die Somme zurückgegangen wäre. Tant de bruit pour une omelette.

R.'s Ansicht über die Lage bestätigte sich in den nächsten Tagen in vollster Weise. Wir bekamen keinen Feind zu sehen, und die Beschäftigung der beiden Tage war mit ihren Quälereien von Vorposten, scheußlich kaltem Schneewetter und vor allem den ewigen Ordres und Kontreordres, wovon der Befehl an die Unterabteilungen natürlich immer erst nachts ankam, um dann nochmals geändert zu werden, der reine militärische Spaziergang.

Und deshalb war Amiens aufgegeben worden!

Aber nicht den Grafen Gr. traf die Schuld, und der Vorwurf, wie nachher gesagt wurde, der „Nervenschwäche," sondern den, welcher ihm mit einer handvoll Truppen einen Auftrag gegeben, wozu eine Infanterie-Division nicht hingereicht hätte. Für den Grafen Gr. war es da richtiger, wie er es uns auch aussprach, lieber den großen Zweck im Auge zu halten, den Feind nicht auf Paris vordringen zu lassen, und das konnte er, wenn er den Meldungen Glauben

schenkte, nur, indem er Amiens aufgab. Am 17. kam denn auch der sehr
unangenehm ausgedrückte Befehl des Ober=Kommandeurs, Amiens
sofort wieder zu besetzen, und wurde dieses von unserer Infanterie
auch denselben Abend noch ausgeführt. Glücklicherweise war kein
feindlicher Soldat in den Tagen dort drin gewesen, und unsere beiden
Kompagniechefs auf der Citadelle hatten umsonst da oben gezittert.
Nur einmal hatten sie auf den sich unterhalb der Citadelle ansammelnden
und aufschreienden Amienser Pöbel Feuer gegeben, das ihn zerstreute. —
Wir, das heißt leider das ganze Regiment, blieben außerhalb der
Stadt und stellten Vorposten gegen Ham und die Somme aus. Wie
das geschah und wie wir und das arme Pferdematerial dabei ge=
schunden wurden, das wäre eines größeren Zwecks würdig gewesen.
Eine Eskadron hätte vollständig dazu ausgereicht.

Am 18. hatte ich ein recht originelles Quartier in Warzy bei
einem Marquis de Rune; einen so komischen alten Herrn habe ich
selten gesehen. Er war aus einer alten Familie, aber eigentlich Mehl=
und Getreidehändler. In meinem Zimmer fand ich Preiskurante seiner
Fabrikate mit dem großen Marquiswappen darüber. Dabei war er
ein weitgereister Mann, und der Eßsaal bildete ein zoologisches Rari=
tätenkabinett von Sachen, die er von seinen Reisen mitgebracht. Ueber
dem Eßtisch hing ein großes ausgestopftes Krokodil; zum Andenken
für uns brach er demselben die Zähne aus und schenkte jedem einen;
ich habe mir daraus eine Signalpfeife machen lassen. Aeußerlich sah
der Herr Marquis aus wie ein Bauer, er war aber ein interessanter
Mann mit guten Manieren. Den nächsten Tag in Jolly mußte ich
wieder noch in dem großen Haufen zubringen, und wurde die
Schwadron trotz der grimmigen Kälte den ganzen Tag auf Vorposten
gehalten, ohne daß vom Feinde das geringste zu sehen war. Endlich
aber gestern früh erhielt ich den Befehl, mit der 3. Eskadron unter
meinem Befehl, aber leider ohne Infanterie, hierher nach Chaulnes
zu gehen, um hier auf dem äußersten rechten Flügel eine beobachtende
Stellung gegen die noch in den Händen des Feindes sich befindende
Festung Péronne zu nehmen. So sind wir denn nun seit gestern hier
eingetroffen, und habe mich mit v. Sch. hier im Schlosse eingerichtet.
Die Situation ist ja wieder sehr brenzlich, da die Vorposten des Feindes
bis Villers—Carbonnel eine halbe Stunde von uns stehen, aber wir
sind hier unsere eigenen Herren und das ist das Beste.

Soeben kommt nun allerdings unser lieber Major v. Str. hier an, um das Kommando über beide Eskadrons zu übernehmen, da man geglaubt hat, ein Stabsoffizier müsse die Leitung dieser wichtigen Aufgabe übernehmen, aber ich trete gern mein Kommando an denselben ab, wissen wir doch, daß unter ihm es keine unnützen Schcrereien giebt und alles sachgemäß und richtig angeordnet wird.

Aufpassen müssen wir hier, und von dem Gefühl des nur einen Moment sich der Ruhe Hingebens kann keine Rede sein, denn, wie Str. sagt, sind wir hier ganz allein auf uns und unsere Wachsamkeit angewiesen, und stehen allein hier, die ganzen Truppen hinter uns sind auf Corbie und Amiens abgezogen. Ich glaube auch nicht, daß wir lange hier bleiben werden, da die Lage des Dorfes zur Beobachtung ungünstig ist und vielerlei Gehölz eine Annäherung des Feindes erleichtert. — Hätten wir nur eine bessere Schußwaffe, als diese jämmerliche Pistole, dann wäre uns geholfen, aber so müssen wir vor einer kleinen Infanterieabteilung, die gedeckt herankommt und uns die Posten und Patrouillen wegschießt, das Dorf räumen.

In wenigen Tagen ist das liebe Weihnachtsfest, wir hatten daran gedacht, uns einen kleinen Weihnachtsbaum auszuschmücken, eine Sitte, die man hier in Frankreich gar nicht kennt, aber wo soll in dieser Situation dazu die Zeit herkommen? Wehmütig werde ich an dem Abend an Euch, Ihr Lieben, und an Fr. mit den lieben Kindern denken. Diesen habe ich aus Amiens reizende Bilderbücher geschickt, wie chaperon rouge, les enfants dans la forêt etc., alle unsere Kindermärchen, aber viel hübscher mit Bildern ausgeführt wie bei uns; hoffentlich kommen sie richtig an. Euch, meine Lieben, wünsche ich ein frohes Fest und uns Allen ein frohes Wiedersehen. Wie werde ich am 24., abends 6 Uhr, an unser schönes Kinderfest denken, wenn bei Euch die Klingel uns zur frohen Bescherung rief! Es wird mir ganz weh dabei im Herzen.

In treuer Liebe

Euer M.

VIII.

Serre, den 31. Dezember 1870.

Mein liebes Mamachen!

Es ist der Sylvestertag des ereignisreichen Jahres, an welchem ich an Euch, Ihr Lieben, schreibe, ich kann denselben nicht vorübergehen lassen, ohne Euch meine innigsten Wünsche für das neue Jahr zu senden. Welch ein Unterschied zwischen heute und vor einem Jahr, als ich bei Euch in friedlicher Ruhe war und meiner lieben Hedwig Hochzeitsfest mitmachte; wer hätte damals daran gedacht, daß wir heute hier oben im nördlichen Frankreich bei einer Kälte von 20 Grad gegen die Franzosen im Feuer stehen würden?

Es waren seit meinem letzten Brief aus Chaulnes wieder Tage und Nächte der Strapazen, der Aufregung und des Frostes, welche wir durchzumachen hatten.

Wie Ihr wißt, waren meine und die 3. Estadron unter Major v. Str.'s Führung von dem Grafen Gr. zur Beobachtung von Péronne auf dem linken Somme-Ufer zurückgelassen worden, während der Oberbefehlshaber seinem Befehl gemäß, unverzüglich gegen den sich etwa im freien Felde wieder zeigenden Feind vorzugehen, mit dem 8. Corps und fast allen verfügbaren Truppen den Vormarsch auf Albert und Corbie angetreten hatte. — Unsere Aufgabe war keine leichte, besonders aber eine recht gefahrvolle, denn unser Bestreben, der Besatzung von Péronne weiß zu machen, hinter uns stände noch das ursprüngliche Detachement, wurde sehr bald von dem Feinde eingesehen, da wir sofort vor jeder gegen uns vorgehenden Infanterieabteilung uns zurückziehen mußten, ein Beweis, daß wir ohne Infanterie waren. — Wie haben wir in diesen Tagen es wieder besonders schwer empfunden, ohne eine gute Schußwaffe zu sein. Hätten wir eine solche gehabt, dann hätten wir uns wohl der gedeckt uns anschleichenden Mobilgarden erwehren wollen, aber so ging es nicht.

Ich glaube, daß die Erfahrungen dieses Krieges gewiß dazu dienen werden, auch den Ulanen einen Karabiner zu geben, denn nur mit ihm können sie den an sie gestellten Anforderungen gerecht werden.

So mußten wir denn bereits am Tage nach meinem letzten Briefe Chaulnes verlassen. Am 22. gingen wir eine halbe Stunde weit nach Lihons zurück, da unsere Patrouillen, darunter eine des Fähnrichs v. E. in unmittelbarer Nähe von Chaulnes beschossen worden waren. Was wir in diesen Tagen und Nächten gelitten haben, das ist gar nicht zu beschreiben. Die Nächte bei dieser strengen Kälte stets abwechselnd im Sattel, die Posten revidieren, den Patrouillengang beaufsichtigen und jeden Augenblick bereit sein, angegriffen zu werden, das ist eine aufregende Situation.

Am Tage darauf wieder dieselbe Geschichte, wieder angeschossene Patrouillen, wieder eine halbe Stunde zurück nach Méharicourt. Hier erreichte uns eine Ordonnanz mit der Meldung vom Regiment, daß wahrscheinlich morgen eine Schlacht bei Omerrieux bevorstände, wir hätten auf unserem Posten auszuharren. Gleichzeitig brachte dieselbe die Ernennung unserer Fähnriche v. E., v. St. und v. Tw. zu Offizieren mit, die junge Gesellschaft v. W., Fritz v. Tw. und W. v. B. waren Fähnriche geworden. Wohl selten ist ein Avancement unter eigentümlicheren Verhältnissen eingetroffen. Méharicourt bot uns einen sehr geeigneten Ort für unsere Beobachtung, ein übersichtliches Vorterrain von ungefähr einer halben Meile und ohne Büsche und Gräben, da konnten wir uns etwas sicherer fühlen.

Wir blieben also auch noch den 24. hier und beschlossen, den Weihnachtsabend und die Beförderung der Junker zusammen zu feiern, wenn auch nicht durch einen Weihnachtsbaum, doch aber durch einen warmen Punsch, den wir so viel wie möglich zusammen trinken wollten. Und so kam es dann auch. Major v. Str. und ich, wir hatten uns zusammen ein recht nettes Quartier ausgesucht bei dem Herrn Maire, der uns mit seiner reizenden Tochter sehr freundlich aufnahm. In dem großen Zimmer, das wir gemeinschaftlich bewohnten, wurde denn also der Punsch bereitet, und während die Pferde gesattelt vor der Thür standen, wurde sogar eine Art von Bescherung ins Werk gesetzt.

Zuerst wurde unseren beiden jungen Lieutenants beschert. Um sie annähernd kenntlich in ihrer neuen Würde zu machen, gab ein jeder, was er allenfalls entbehren konnte, der ein Paar Epaulettes, der andere eine Schärpentroddel (eine thut es auch), der eine Mantia, genug es wurde so viel zusammengestapelt, daß doch wenigstens eine gewisse Art von Lieutenant äußerlich daraus wurde. Aber auch sonst

schenkten wir uns einander allerlei. Es war eine berühmte Wollen=
weberei am Ort, die ruhig im Betrieb blieb, in ihr kauften wir
wunderschöne wollene Strümpfe und Unterziehwesten und freuten uns
außerordentlich darüber, da die Kälte wirklich grimmig war. Mein
lieber Major schenkte mir eine solche Weste, die mir sehr wohl thut.
Wenn die Franzosen auch keine rechte Weihnachtsbescherung kennen
und keinen Weihnachtsbaum, sondern sich nur des étrennes schenken
und in die Messe gehen, so hatten sie doch die Liebenswürdigkeit, uns
an dem Abend mit ihren Angriffen zu verschonen. So verlief der
Abend noch gemütlich genug, und es kamen sogar noch ein Paar junge
Damen, Freundinnen von Marie Dumont, der Tochter des Maires,
denen die jungen Lieutenants allen möglichen Unsinn mit Karten= und
anderen Kunststücken vormachten.

Am Tage darauf war die Ruhe wieder vorbei; wieder wurden
unsere Patrouillen beschossen, darunter ein Ulan Schwarz von mir,
der einen Schuß durch die Hand erhielt und dabei eine Widerstands=
fähigkeit gegen Schmerz zeigte, die bewunderungswert war. Als ich
mittags herumritt und die Posten revidierte, erhielt ich bei der linken
Flügelvedette Feuer, und richtig kam wieder eine Abteilung, mit
Tirailleurs voran, gegen das Dorf angerückt. Ich ließ gleich
alarmieren und gingen wir wieder eine viertel Meile nach Warvillers
zurück, wo wir uns in einem alten leer stehenden Schloß niederließen,
das aber wieder einmal trotz dreier in den Kamin gesteckter Schränke
nicht warm werden wollte.

Am 26. kam Lieutenant v. B. von den 5. Ulanen mit dem
Befehl, daß wir zum Regiment zurückkehren sollten. Seitens des
Oberbefehlshabers sei nach der siegreichen Schlacht an der Hallue,
welche am 24. und 25. geschlagen sei, der General v. Mirus nebst
dem General v. Senden mit ihren Detachements abgesandt, die Festung
Péronne zu nehmen. Die Vortruppen seien in unseren beiden Flanken
schon über unsere Linie hinaus. Das war keine unangenehme Nach=
richt, und mit wahrer Wonne gaben wir uns nach achttägiger Auf=
regung dem Gefühl der Sicherheit hin. Wir rückten deshalb sofort
wieder nach Méharicourt vor, da unser Rückmarsch erst am 27. an=
getreten werden sollte, und unser altes Schloß im Vergleich zu der
lieben Mairefamilie doch zu wenig Angenehmes bot. Lieutenant v. B.
erzählte viel von der Schlacht, unsere Brigade hatte natürlich wieder

nichts gemacht. Sonst wäre die Schlacht sehr blutig gewesen, da der Feind eine sehr starke Stellung an dem Hallueabschnitt gehabt habe. Bei der grimmigen Kälte sei am 23. bis in die Dunkelheit hinein gekämpft worden, und hätten wir starke Verluste gehabt, noch mehr aber General Faidherbe's Armee. In der kalten Winternacht wäre ziemliche Ruhe zwischen den Armeen gewesen, mit Tagesanbruch hätte der Feind sein Feuer von dem steilen Höhenrand wieder eröffnet, und sei den Tag über unter wechselndem Glück gegen diese Höhe gekämpft worden. Als am Nachmittag der Befehl gegeben sei, daß eine starke Abteilung am nächsten Tage den Feind in Flanken und Rücken an= greifen und dadurch aus seiner Stellung vertreiben sollte, hätten sich plötzlich zurückweichende Bewegungen des Feindes gezeigt, das Feuer sei schwächer geworden, und als unsere nachdrängenden Truppen nun avanciert seien und den Höhenrand erreicht hätten, wäre der Feind schon vollständig aus dem Gesichtskreise verschwunden gewesen. Er hatte den Rückzug scheinbar in den Bereich der schützenden Festungen an= getreten. — Dieser General Faidherbe muß doch ein tüchtiger General sein, wenn man bedenkt, daß seine Armee zum großen Teil wenigstens aus Mobilgarden besteht, eine Truppengattung, welche unserer Landwehr ungefähr gleicht, die aber sonst wenig diszipliniert ist, wenn er damit eine solche Schlacht im freien Felde annehmen kann. Wenn man diese verbummelten, verlodderten Gefangenen sieht, die kaum dem Kommando entzogen, wieder ganz in ihren Nichtmilitarismus zurückfallen, so ist es zu verwundern, wodurch er dieselben zum Gehorsam gezwungen hat. Und dabei diese Kälte und die armen Menschen ohne genügende Uniform, mit schlechten Stiefeln und mangelhafter Verpflegung, man versteht nicht, was der Kitt ist, der sie zusammenhält, denn Patriotis= mus ist zwar eine schöne Phrase der Franzosen, aber diese Menschen wissen sicher kaum, was das Wort bedeuten soll.

Ob wir nun wohl einige Zeit Ruhe haben werden vor der feindlichen Nordarmee? Sie bekommt eine Schlappe nach der anderen, und trotzdem ist sie immer von neuem wieder auf dem Platz und versucht ihren Plan, Paris zu entsetzen, durchzuführen. Wie lange wird die Widerstandsfähigkeit der großen Stadt, wie lange diese Ver= suche unseres Gegners noch dauern?

Zwischen dem General X. und unserem Grafen Gr. soll es bei dem neulichen ersten Rencontre zu einer sehr heftigen Scene wegen der Aufgabe Amiens' gekommen sein. Die Adjutanten erzählen von ganz wunderbaren Worten, die dabei gefallen sein sollen. Ich bin neugierig, was daraus dereinst noch werden mag.

Am 28. haben wir dann Méharicourt verlassen und haben uns auf die Suche nach unserer vielgeliebten Brigade begeben, über welche uns bei dem Stabe des Generals Mirus keine genaue Auskunft gegeben werden konnte; das Oberkommando solle in Bapaume sein. Ueber Boves kamen wir am 29. nach Francvillers und von hier wurde Graf Ibing G. nach Albert geschickt, um zu hören, wohin wir marschieren sollten. Es war in den Tagen grimmig kalt, so daß wir alle Steigbügel mit Stroh umwickelten, aber auch die Hände waren so erfroren, daß sie kaum die Zügel halten konnten.

Abends kam Ibing zurück, er hatte das Regiment gefunden und wir sollten tags darauf nach Pusieux gehen.

Als wir heute diesseits Pusieux ankamen, wurden wir hierher nach Serre dirigiert. Heute waren 24 Grad Kälte, und als wir auf unserer Ferme hier ankamen, mußten wieder viele Schränke das Brennen lernen. Heute abend wollen wir aber sehen, daß wir einen tüchtigen Sylvesterpunsch zu trinken bekommen. So geht nun heute das ereignisreiche Jahr 1870 zu Ende. Wer hätte nach Sedan geglaubt, daß wir das Ende des Jahres noch immer im Kriege mit den damals doch unterschätzten, aus dem Boden gestampften feindlichen Armeen sein würden? Und dabei ist noch gar kein Ende abzusehen. Ich muß sagen, allmählich bekommt man die Sache etwas satt und wünscht wohl ein jeder, daß der Krieg bald zu Ende wäre, natürlich mit glorreichem Friedensschluß.

Nur einmal Ruhe möchten wir gern haben, wenn auch nur ein paar Tage, um einmal zu sich zu kommen; keine Wäsche hat man mehr, keinen reinen Strumpf, kein reines Taschentuch, es ist gar nicht mehr zu beschreiben, wie man äußerlich verwildert.

Seit 8 Tagen habe ich keinen Brief von Euch Lieben mehr erhalten, meine Briefe gehen stets durch Lazarettverbindungen und wird auch dieser auf diese Weise hoffentlich in Eure Hände geraten.

Doch nun, meine teure Mama und Tante, lebt wohl, Gott beschütze Euch im neuen Jahr und beschere uns in ihm ein frohes Wiedersehen.

Stets Euer, Euch innig liebender M.

IX.

Bapaume, den 7. Januar 1871.

Meine liebe, teuere Mama!

Nun, das neue Jahr fängt gut an; wenn das so weiter geht, dann bitte ich zu grüßen. Wenn ich Dir schon in den letzten Briefen von Strapazen schrieb, so waren dieselben doch im Vergleich zu denen, welche wir in den letzten 8 Tagen durchmachten, ein Kinderspiel zu nennen. Heute erhältst Du diesen Brief aus dem halb zusammengeschossenen Bapaume, wo am 3. Januar wieder eine größere Schlacht stattgefunden hat. Doch laß Dir erzählen.

Am 1. Januar, dem Neujahrstage, einem Sonntag, wurden wir um 10 Uhr alarmiert und standen den ganzen Tag in der Brigade in einer Rendezvousstellung bei Pusieux. Was der Grund zu dieser bei 18 Grad Kälte nicht gerade angenehmen Geschichte war, haben wir nicht feststellen können. Die Adjutanten meinten, unser Brigadekommando sei durch eine Meldung der anderen Ulanen, die sich nachher als ganz falsch erwies, so aufgeregt worden. Vor Frost klappernd gingen wir furchtbar hungrig bei Eintritt der Dunkelheit wieder nach Serre zurück.

Am Tage darauf erließ das Divisionskommando folgenden Befehl. Divisionsbefehl:

B., den 1. Januar 1871.

„Es ist gestern vorgekommen, daß ein Detachement ohne einen „Schuß zu thun, ein zur Sicherung der Truppen in Bapaume „bezogenes Kantonnement geräumt hat. Ich mache die Detachements„führer dafür verantwortlich, daß sie erst, wenn sie sich über„zeugt haben, daß bedeutend überlegene feindliche Kräfte gegen „sie im Anmarsch sind, sich fechtend zurückzuziehen haben, daß aber „geringe feindliche Abteilungen durch lebhafte Vorstöße abzuhalten sind.

gez. Graf Gr.

Man sieht, die Nerven eines Einzelnen hatten einmal wieder nicht ausgehalten und — deshalb hatten wir alle mit unseren armen Pferden den langen, kalten Wintertag im Freien ohne Essen und Futter durchfrieren müssen. So ruiniert oft eines Menschen Schwäche das Material an Menschen und Vieh.

Am 2. früh 6 Uhr erhielt ich den folgenden Befehl:

„Die 4. Eskadron marschiert früh 7 Uhr nach Haunescamp „und hat ihren Marsch so einzurichten, daß sie um 9 Uhr die in „Haunescamp stehende Eskadron des Ulanenregiments Nr. 5 „abgelöst hat."

Danach brach ich denn um 7 Uhr auf, natürlich war es, als die Eskadron rangiert wurde, noch stockdunkel, und machte es einen komischen Eindruck, den Wachtmeister bei dem Zählen der Rotten mit brennender Laterne die Front der Schwadron herunter reiten zu sehen.

Zur befohlenen Zeit kamen wir denn in Haunescamp an, und schien der Rittmeister der abgelösten Eskadron, v. R., sehr erfreut zu sein, daß er aus der ängstlichen Situation herauskam. v. R. schilderte mir, daß die ganze feindliche Armee im Anmarsch zu sein schiene, die Patrouillen hätten nur noch $1/2$ Meile weit gelangen können. Kaum hatten wir die Posten aufgestellt und die Patrouillen abgesandt und wollten gerade die Alarmquartiere beziehen, da ging auch schon die Schießerei los. In meinem Hofe waren die paysans besonders frech, sie wußten schon von dem feindlichen Anmarsch, und als ich aus dem Hofe ritt, machte mir die nette paysane eine lange Nase und rief mir ein allons, pacholl zu. Die Posten kamen in der Karriere in das Dorf zurück und meldeten, feindliche Dragoner schössen in das Dorf und dahinter käme Infanterie. Sofort ließ ich alarmieren, und geordnet und in schönster Ruhe zog ich mit der Eskadron auf Foncquevillers ab.

Wir zogen ab, aber einer blieb, das war mein Lieutenant Sch., welcher mit zwei Schreiben des Generals v. Goeben an Faidherbe als Parlamentär abgehen sollte. Es war doch eine kitzelige Situation für den jungen Menschen. Zwar wurde ein großer, weißer Kopfkissenüberzug an einer Lanzenstange befestigt, und ein Trompeter blieb bei ihm, der fortwährend blasen mußte, aber wer wußte, ob die Feinde ihn erkennen und nicht auf ihn schießen würden? — Ich will hier sogleich voraussagen, daß er glücklich durchkam, daß er sehr höflich behandelt wurde und die ganze Schlacht bei Bapaume am nächsten Tage in der Suite des Generals Faidherbe mitgemacht hat. Nicht wahr, eine eigentümliche Situation? Am übernächsten Tage kam er morgens mit einem Briefe an Göben zurück und erzählte, daß der Stab Faidherbe's einige Male in der Schlacht von uns beschossen sei. Es wäre sonst sehr interessant gewesen, und nur in der ersten halben Stunde hätte er mit verbundenen Augen reiten müssen.

Als wir auf einer Höhe hinter Hannescamp ankamen, sahen wir den ganzen feindlichen Anmarsch auf dem gegenüberliegenden Höhenrande mit an. Es war eine ganz eigentümliche Art von Vormarsch. Die ganze Armee marschierte nicht in mehreren Kolonnen, sondern ging ohne Avantgarde, zum Gefecht entwickelt, gegen Bucquoy vor. Wir konnten jedes einzelne Bataillon zählen, und konnte ich eine sehr detaillierte Meldung abschicken. Abends vorher hatte ich mir ein Chassepotgewehr mit Munition angeeignet, und schoß ich einigemale auf eine Riesenentfernung auf einzelne Bataillone, was diese durch ein Schnellfeuer auf uns erwiderten, wir thaten uns aber gegenseitig nichts.

So stets in der rechten Flanke des Feindes bleibend (von den feindlichen Dragonern war natürlich wieder nichts zu sehen), gingen wir über Gomiécourt nach Miraumont, von wo ich nachmittags melden konnte, daß die feindlichen Kolonnen bei Bucquoy zum Stehen gekommen wären.

Hier in Miraumont stand ich bis 7 Uhr, von wo ich nach Poziéres zum Regiment zurückgenommen wurde. Dort standen wir bis 9 Uhr und wurden dann dort einquartiert. — Ihr könnt Euch, meine Lieben, denken, in welcher Verfassung wir da waren, den ganzen Tag nichts gegessen und **die Kälte!**

In meinem Quartier war absolut nichts zu essen, nur etwas Lapin=Ragout, das ein Infanterist mittags übrig gelassen hatte, eigentlich war es nur ein Kopf. Aber in der Not frißt der Teufel Fliegen, und mein Lapinkopf wurde verzehrt. Den Tag darauf, am 3., war dann die Schlacht bei Bapaume. General Faidherbe hatte am 2. also seine Truppen bis an u n s e r e Stellung, welche zum Schutz der Belagerung von Péronne diente, hinangeführt. (Auf der Euch das vorige Mal geschickten französischen Karte könnt Ihr die Stellungen genau verfolgen.) Er schien die Absicht gehabt zu haben, was am andern Morgen Lieutenant Sch. bei seiner Rückkunft bestätigte, die Festung Péronne zu entsetzen, als er bei Bapaume auf unsre starke Stellung stieß. Graf Gr. befahl unserem Brigadekommandeur, um 7 Uhr mit den beiden Ulanen-Regimentern und 2 Batterien gegen die rechte feindliche Flanke vorzugehen. Welche Lorbeeren hätten wir da wieder gewinnen können! Aber wir thaten es leider nicht. Achiet le grand, bis wohin wir kamen, hatte eine schwache feindliche Infanteriebesatzung, anstatt nun um dieses Dorf herumzugehen, oder es mit seinen Batterien in Brand zu schießen, stockte hier die ganze Expedition. Schließlich ließ der Graf D. vielleicht 20 Schüsse von den Batterien abgeben, wenn die Ziele nicht einige feindliche Marketenderwagen waren, andere sah man nicht und — trotzdem entschied dieses Geschützfeuer beinah im Rücken des Feindes mit die Schlacht von Bapaume. Faidherbe glaubte sich umgangen und gab seinen Angriff auf Bapaume auf und ging zurück. Der Kampf um die Stadt selbst soll ein sehr heißer gewesen sein, zweimal ist es uns genommen und zweimal wiedergewonnen worden, die Stadt sieht furchtbar zerschossen aus. Seitens der Brigadekommandeure der Infanterie herrschte eine große Erbitterung über die mangelhafte Ausführung dieses Auftrages durch unseren Brigadekommandeur. General v. Str. sagte nachher, wozu ist die Kavallerie da, wenn sie nicht benutzt wird? Und er hatte vollkommen Recht.

Wir kamen abends um 9 Uhr im Dunkeln nach Hebuterne zurück, abermals ganz ausgehungert, und in Quartiere, in denen es nichts mehr zu essen gab. — Die Schlacht bei Bapaume war zwar für uns siegreich gewesen, aber die Truppen waren doch in den kalten Tagen so überanstrengt worden, daß eine Ruhe für dieselben dringend notwendig war. Da auch eine Erneuerung der Munition stattfinden mußte, die Artillerie hatte sogar ihre Munitionskolonnen vollständig aufgebracht, so beschloß die Heeresleitung, mit der Infanterie wieder hinter die Somme zurückzugehen und nur die Kavallerie-Division bei Bapaume und Umgegend zu lassen.

Am 4. Januar machte unsere Brigade einen militärischen Spazierritt nach Hannescamp und Bucquoy. Im ersteren fand ich Gelegenheit, mit meiner naseweisen Wirtin von vor zwei Tagen abzurechnen, sie mußte zur Strafe der Eskadron 1 Faß Rotwein mitgeben. Wir fanden die Orte nicht mehr vom Feinde besetzt und gingen die Nacht nach Mailly, einem reichen Dorfe, wo Pferde und Reiter sich einmal tüchtig pflegen konnten. Ich lag bei einem reichen

Weinhändler, wo ich vorzüglich aufgenommen wurde. Die Tochter desselben spielte mir abends Verdi's reizende Melodieen vor, was mir einen höchst eigentümlichen Eindruck machte.

War der Abend wieder einmal ein Stück Kriegspoesie, so hieß es am anderen Morgen aber wieder: hinaus in den Kriegesgraus! 2½ Meilen Marsch und linke Flügelvorposten in Bucquoy, wieder dicht am Feinde. Wieder die alte Geschichte, keine Infanterie bei uns und dieselben Meilen weit zurück, deshalb permanente Aufmerksamkeit. Zwei Feldwachen, die Offiziere alle in einer großen Wirtsstube, natürlich feldmarschmäßig angezogen auf Stroh.

Kein Mensch durfte nach dem Feinde zu die Postenlinie passieren und die Posten bildeten eine geschlossene Kette.

Da hättet Ihr, meine Lieben, einmal sehen müssen, wie ich über ein Häuflein von ungefähr 40 Menschen, Damen, Bauern, Herren, genug eine wunderbare Gesellschaft, am andern Morgen Gericht abhielt. Sie hatten versucht, sich durch die chaine durchzuschleichen und waren abgeliefert worden. Natürlich hatten sie die Nacht alle in einer Scheune zubringen müssen und lamentierten furchtbar. Namentlich die Frauen. Da hatte die eine ein krankes Kind da draußen jenseits der Linie, der andere hatte seine Frau besuchen wollen, und was der Gründe mehr waren. Es half aber alles nichts, es konnte k e i n e Ausnahme gemacht werden, unsere eigene Sicherheit verlangte es so, denn hätten die Feinde von unserer geringen Anzahl erfahren, so war es um uns geschehen. Bei einigen Bittenden wurde es mir wirklich sehr schwer, die Erlaubnis zum Passieren abzuschlagen, die schönen schwarzen Augen flehten so kläglich, aber mein Tyrannen= herz mußte hart bleiben. Am nächsten Tage blieb ich noch in Bucquoy. Gegen den nahen Feind wollten wir nun einmal den Spieß umdrehen und ihn einmal etwas zu ängstigen suchen. Ich schickte mehrere Patrouillen mit den schnellsten Pferden im weiten Bogen um die nächsten besetzten Orte herum mit dem Auftrage, im Rücken der Feinde mehrfache Pistolensalven zu geben und dann ventre à terre durch die Dörfer durchzujagen. Das wurde meisterhaft ausgeführt und der verursachte Schrecken brachte uns einige Stunden Ruhe. Am Morgen zeigten sich sogar feindliche Dragoner, die uns mit ihren Chassepot= Karabinern sehr inkommodierten. Um sie bei ihren Meldungen zu täuschen und an mit Infanterie besetzte Dörfer glauben zu machen, mußte unser armer Lazarettgehilfe mit seinem Infanteriehelm heran, er mußte sich ein langes Stück Holz über die Schulter nehmen und am Eingang des Dorfes Posten stehen. Der Arme hatte eine heidenmäßige Angst und vertrank sich dieselbe aus seiner Lazarett=Flasche.

Nachmittags 3 Uhr halfen uns aber alle unsere Täuschungen nichts, der Feind hatte doch Wind davon bekommen, daß wir allein wären und avancierte mit 2 Kompagnieen aus Ayette, dem ca. 6000 Schritt entfernten Dorfe gegen uns. Was nun thun? Ich ließ alarmieren, dann 40 Mann absitzen und sich in Linie mit ihren Pistolen in der Lisière des Dorfes aufstellen. Ich selbst nahm mein Chassepotgewehr. Als der Feind auf 2000 Schritt herankam: „Schlagt an, Feuer!" und die Salve mit den dummen Dingern, die kaum 40 Schritt schießen, krachte los; meine Chassepotkugel hatte vielleicht ein=geschlagen. Genug, halt, die feindliche Infanterie ging nach Ayette zurück. Unsere Lachsalve, die wir ihnen nachsandten, übertraf an Herzlichkeit noch die der Pistolen; wir aber hatten Ruhe bis zum Abend und überließen das weitere der 3. Eskadron, die mich ablöste.

Als ich gestern abend hier in Bapaume einrückte, meldete ich diese Pistolensalve unserem geehrten Divisionskommandeur, der sich königlich darüber freute, und mir zu heute Mittag zur Belohnung aus den Beständen 40 Chassepotkarabiner mit Munition versprach. Und richtig, heute habe ich sie bekommen, und freuen wir uns alle kindisch darüber. Nun sind wir aus aller Not und kein Fuß=Franzmann soll uns so leicht wieder schrecken. Die Ulanen sollen sie umgehängt tragen, sie drücken zwar, aber drücken ist besser, wie das ewige Auskneifenmüssen.

Bei einem Kaufmann war ich sehr schlecht untergebracht, die arme Stadt hatte selbst nichts mehr, daß wir Offiziere uns nach dem Gast=hof aufmachten auf Speisesuche. Zu essen bekamen wir noch etwas, zu trinken nichts. Als wir so durstig mit den Offizieren der 1. Eskadron zusammensaßen, kamen wir auf die Findigkeit meines Koches Gebbert zu sprechen und ich sagte, ich wollte eine Wette machen, daß derselbe, herbeizitiert, binnen einer halben Stunde mit zwei Flaschen Sekt antreten würde. Allgemeiner Zweifel, in der Stadt wäre über=haupt nichts mehr, meine Wette wurde gehalten. Ich ließ Gebbert kommen und stellte ihm die Sachlage vor, er schüttelte zwar den

Kopf, sagte aber dann: „Herr Rittmeister, es wird sich machen lassen." — Er verschwand und war nach einer Viertelstunde mit — 2 Flaschen Sekt wieder da. Meine Wette hatte ich gewonnen, aber der Sekt wollte mir nicht recht schmecken, denn den beiden Flaschen war ein Brief an mich beigegeben, und zwar von dem Vorbesitzer der Flaschen, dem Curé Monsignore Cornet. In demselben schrieb er: „Mon colonel. Ich hatte einmal vor 2 Jahren von einem Freunde bei Epernay 5 Flaschen Champagner geschenkt bekommen; 3 davon trank ich mit Ihren Herren Offizieren vor 3 Tagen, die krank zu mir kamen. Zwei davon behielt ich für meine armen Kranken. Sie wollen sie haben, anbei sende ich sie Ihnen." Dieser Brief war mir doch lästig. Die Liebenswürdigkeit war mir zu groß. Ich antwortete sofort, nahm mein schönstes Französisch zusammen, dankte dem Curé und sandte ihm 30 Francs für seine Armen. Darauf erhielt ich wieder einen reizend höflichen Bedankungsbrief, und die Sache war erledigt. Meine Wette hatte ich zwar gewonnen, aber nicht gerade viel dabei profitiert. — Redensarten und Phrasen aber können diese Franzosen machen, es ist unbeschreiblich, namentlich brieflich. Das Schreiben des Curés schließt: Je vous offre l'assurance de mes meilleurs sentiments, et Monsieur vous croyez à toute mon affection et permettez moi, de vous servir la main. Cornet.

Würde ein Deutscher so an jemand schreiben, der ihm eben zwei Flaschen Sekt annektiert hat? Ich glaube nicht. Aber die Phrase gehört einmal zu dem Franzosen und mit ihr belügt er sich selbst.

Heute früh kam Lieutenant Sch. zurück und mit ihm ein französischer Offizier als Parlamentär, welcher Briefe an das Oberkommando brachte. Ich glaube, lange werden wir uns hier, so weit vorn, n u r Kavallerie, nicht halten können. Ich will deshalb sehen, daß ich heute einmal tüchtig schlafen kann. Wer weiß, wie es morgen ist? Schreibt mir b a l d, meine Lieben, vielleicht kommt doch einmal ein Brief von Euch bis hierher durch, seit zehn Tagen bin ich ohne Nachricht.

Lebt wohl, in treuester Liebe
Euer M.

X.

Fréchencourt, den 15. Januar 1871.

Meine teuere Mama!

Seit dem 2. Januar habe ich keinen Brief von Dir, trotz allen Schreibens von mir. Wie geht das zu? Ob meine Briefe auch nicht zu Euch gelangt sind? Doch will ich hoffen, daß es Euch, Ihr Lieben, gut geht und daß nur die Unsicherheit der Postverbindung an der Verzögerung Schuld ist, und jeder Augenblick einen Brief von Hause bringen kann. Unsere Situation hatte ich Euch doch in meinem letzten Schreiben, was den General Faidherbe anbelangt, zu rosig geschildert. Die Meldungen unserer Offizierpatrouillen ergaben doch bald, daß der General mit seiner Armee nicht so weit, wie ich vermutete, zurückgegangen sei, sondern daß er wieder Front gemacht habe und in der Linie Boyelle—Croisilles stehe und noch einen Versuch zum Ersatz Péronnes zu machen willens sei. Es wurden nun seitens des Oberkommandos noch weitere Schritte gethan, um die endliche Eroberung Péronnes durchzusetzen, und trat noch eine Brigade zum Einschließungscorps der Festung über, während gleichzeitig zwei Infanterie=Brigaden wieder über die Somme nach Albert und Bray vorgingen. Dadurch hatten wir in Bapaume doch wenigstens einige Stützpunkte näher an unserer Linie erhalten. — Die Belagerung von Péronne hatte bisher noch nicht energisch betrieben werden können, da die Beschießung durch die Feldgeschütze bis auf einige Brände in der Stadt resultatlos geblieben war. In den letzten Tagen war jedoch ein Belagerungstrain aus den schweren Geschützen, welche in Amiens und La Fère genommen waren, eingerichtet, und hatte damit die förmliche Belagerung ihren Anfang genommen. Am 9. abends hat sich dann endlich die zähe Festung ergeben, und General v. Barnekow rückte am 10. in dieselbe ein. Die Kapitulations=bedingungen sollen die von Metz gewesen sein, und es fiel wieder eine Menge von Kriegsmaterial in unsere Hände.

Faidherbe aber schien sich entschlossen zu haben, da ein Vorgehen gegen Péronne nun zwecklos war, wieder gegen Amiens selbst vorzurücken, und wurden am 10. und 11. auf Albert zu vordringende Bewegungen des Feindes gemeldet.

Am 7. war uns die freudige Mitteilung geworden, daß unser allseitig geliebter, ja vergötterter General von Goeben das Oberkommando unserer 1. Armee erhalten hätte, und General v. X. nach einem südlichen Kriegsschauplatz beordert sei. Wir ließen ihn gern ziehen und freuten uns des Wechsels. Nun wieder zu meinen persönlichen Erlebnissen.

Am 8. Januar verließen wir Bapaume, die Lage war zu kritisch dort, und in der Aufgabe der Kavalleriedivision konnte es nicht liegen, die offene Stadt zu halten. Das Gros der Division ging deshalb eine Meile zurück, während wir mit den Vorposten die Linie Bucquoy—Bapaume besetzten. Es war wieder für uns das alte Lied, permanente Aufmerksamkeit auf den nahen Feind.

Aber zu schnell sollte doch die ganze Linie nicht aufgegeben werden, deshalb wurde die Kavallerie entlastet und am 9. erhielten zwei Bataillone aus Albert den Befehl, in die Vorposten mit einzurücken. Das war mir persönlich sehr angenehm, und benutzte ich die beiden Tage in Bihucourt, um meine Ulanen mit ihrer neuen Waffe durch die Unteroffiziere der Infanterie bekannt machen zu lassen. Sie zielten und schossen eifrig, manchmal auch auf lebende Ziele, da die Franzosen einigemal mit kleineren Abteilungen gegen uns vordrangen, aber stets zurückgewiesen wurden.

Von der weiten Flugkraft dieser Chassepotgeschosse könnt Ihr Euch keinen Begriff machen. Am 9., am letzten Tage in Bihucourt, ging eine Abteilung Franzosen aus dem $1/2$ Meile von uns stark besetzten Gomiécourt mit Säcken nach einer Windmühle, um wahrscheinlich dort Korn mahlen zu lassen. Die Entfernung bis zu der Windmühle betrug von uns ungefähr 2000 Fuß. Als sie nun, durch die Feldstecher deutlich erkennbar, die Windmühlentreppe hinaufkletterten, wollte ich doch einmal den Versuch machen, ob mein Chassepotgewehr wohl dahin trüge. Küster mußte mit demselben erscheinen, und dem Gewehr etwas élévation gebend, schoß ich auf die Mühle. Und wirklich, das Geschoß mußte eingeschlagen haben, denn wie ein Donnerwetter kamen die Rothosen die Mühltreppe hinabgepurzelt und verschwanden. Wir haben manchmal schon Kugeln um uns pfeifen hören, wenn nirgends etwas vom Feinde zu sehen war. Namentlich wenn solche Chassepotkugel irgendwo auf einen Stein oder sonst festen Gegenstand aufschlägt, dann bekommt sie gewissermaßen neues Leben und geht unbeschreiblich weit.

An demselben Tage feierte ich ein überraschendes Wiedersehen, als sich der Hauptmann der Vorpostenkompagnie bei mir meldete, war es der alte v. Werder, der Sohn des Generals, mit dem ich so oft bei Fr. v. d. Mülbe in Riesdorf zusammen gewesen war. Was haben wir da über alte Bekannte gesprochen. Die alte Fr. v. du Rosey ist längst tot, auch der alte Friedewollter Sperling. Am nächsten Tage wurde ich von den 5. Ulanen abgelöst und kam nach Tilloy, dicht südlich von Bapaume. Ich war sehr zufrieden damit, da ich mich furchtbar erkältet hatte. Aber solche Erkältungen spielen im Kriege keine Rolle und können nicht berücksichtigt werden.

Am 11. morgens 7 Uhr ging die Schießerei in Bapaume los und wurde dasselbe von den Franzosen besetzt. Bei ihrem Vorgehen hatten die anderen Ulanen in Sapigny sich überraschen lassen und wäre beinah die Schwadron verloren gewesen, sie büßten 16 Mann ein. Ihr könnt Euch Graf Groeben's Entrüstung denken, dessen damaliger Divisions-Befehl schon auf dieses Regiment gemünzt war. Gott sei Dank, ist bei uns bisher noch kein einziger Fall einer derartigen Ueberrumpelung vorgekommen, der für den Betreffenden immer doch sehr unangenehm ist.

Die Linie Bucquoy—Bapaume mußte nun aufgegeben werden, da wir die Nachricht der Uebergabe Péronnes aber früh erhalten und von dem Vordringen des Feindes auf ganzer Linie in der Richtung auf Albert, so war das ohnehin schon beschlossen worden.

Vorläufig gingen wir in das Centrum unserer Beobachtungslinie nach Mailly, wo ich wieder zu dem mir schon bekannten Weinhändler de la Porte und seiner musikalischen Tochter kam. Die wenigen Stunden, in welchen ich mich der Ruhe hingeben konnte, wurden wieder durch Mademoiselles schönes Klavierspiel verannehmlicht. Im übrigen ritt ich in der Nacht die Posten ab, um den Patrouillengang zu revidieren. Hierbei fand ich Lt. v. L. schlafend auf seiner Feldwache vor, worüber es einiges Unangenehmes setzte; desto mehr freute ich mich, v. R. revidierend zu treffen, der gar nicht auf Feldwache war. Es war die Nacht furchtbar kalt, aber eine Sternennacht so schön, wie ich sie selten gesehen. Dankbar dachte ich der Geberin meiner warmen Pelzjacke. Wenn man nur nicht einmal angeschossen gefangen genommen wird, dann würden die Franzosen mich gar nicht als Offizier erkennen, denn die Ulanka ist längst in den Koffer gewandert, nur die Pelzjacke und der Paletot darüber, um den Hals ein Baschlik, das ist mein Anzug. In der Pelzjacke unter der Ulanka war man zu unbehülflich und zu schwer beweglich. Im übrigen war Mailly mit seiner de la Porte-Familie wie eine Oase in diesen Tagen der Strapazen. Auch in Contay, den Tag darauf, war der ganze Tag mit Vorposten beschäftigt, v. E. war mit 2 Zügen auf Feldwache und wurden mir 2 Mann erschossen.

Den 13. Januar bezog ich die Vorposten bei Hamel. Der Tag war seiner Nummer würdig. Früh 7 Uhr ging ich im Dunkeln nach Hamel ab, nach zwei Stunden mußte ich die Stellung räumen, das Terrain war sehr waldig und unübersichtlich. Ein Wald dicht vor der Front von Infanterie besetzt, aus dem mir zwei Posten angeschossen wurden. Dann ging ich nach Mesnil, dann nach Martinaut und schließlich nach Buzaincourt. Bis Martinaut drängte der Feind stets nach, hier schien er die Nacht bleiben zu wollen. In Buzaincourt lag der Regimentsstab, und mußte ich abermals die Sicherheit übernehmen. Gegessen hatten wir den Tag noch fast nichts, nur Eier und Brot waren aus Hamel herausgeholt worden. Nachts um 12 ließ der Kommandeur die Rittmeister holen, und teilte uns den Befehl mit, daß möglichst still sofort aufgebrochen werden solle, das Regiment marschiere geschlossen zwei Meilen zurück nach Fréchencourt und Umgegend. Der Feind dürfe nichts von unserm Abmarsch merken, sondern solle glauben, wir seien noch dicht vor ihm. Zu diesem Zweck hätte eine Offizierspatrouille mit 6 Pferden in Buzaincourt zu bleiben und einen Posten am Dorfausgang aufzustellen. Bei dem Vordringen des Feindes hätte dieser langsam dem Regiment zu folgen. Dieser Offizier war unser Graf Ibing. Es war eine etwas kitzelige Aufgabe. Ibing war dazu eben erst von einer weiten Patrouille totmüde zurückgekommen, hatte den Feind dicht am Dorfe gesehen und hielt den Auftrag für unmöglich auszuführen. — Nach einer halben Stunde marschierte das Regiment ab, Ibing blieb, ergab sich in sein Schicksal, stellte seinen Posten auf und — legte sich in das noch warme Bett des Kommandeurs. Es ist mein Kismet, wenn ich überfallen werde, ich bin so müde, daß ich sterben kann, sagte er.

Und wirklich hatte er das Glück, nicht überfallen zu werden. Er hatte fünf Stunden geschlafen und war erst den Franzosen gewichen, die mit Tagesanbruch in Buzaincourt erschienen. Dann war er langsam vor ihnen hergezogen, nordwestlich Albert hätten sie halt gemacht. Wozu eigentlich die Franzosen ihre Reiterei haben, das können wir nicht begreifen, immer marschiert die Infanterie fast ohne Avantgarde vorn, und von Kavallerie ist nichts zu sehen. — Wir aber marschierten in der grimmig kalten Winternacht, fast nur im Schritt, da tiefer Schnee lag, nichts im Magen, totmüde von den zwölfstündigen Strapazen des Tages, und fast nur hängend auf den Pferden hierher nach Fréchencourt, wo wir um 6 Uhr früh ankamen. Es war ein wahrhaft schauerlicher Marsch, aber den Humor verloren wir nicht, und oft mußten wir an Jbing in seinem Bett denken. Hier bin ich zu dem Curé in das Quartier gegangen. Der Arme hat nichts mehr zu essen, keine Betten, nichts mehr, die letzteren sind ihm für das Feldlazarett genommen worden, aber sein Gottvertrauen hat er behalten, und mir hat er noch eine Tasse Thee vorgesetzt, die er selbst bereitete. Dann bin ich in die leere Bettlade hineingeklettert, habe mich mit meinem Mantel zugedeckt und habe geschlafen bis 11 Uhr wie eine Marmotte. Soll nun die Geschichte nicht endlich einmal vorbei sein? Es ist wirklich kein Vergnügen solch ein Winterkrieg bei 24 Grad Kälte.

Abends. Soweit war ich heute früh nach dem Aufstehen gekommen, da Trompetensignal, Alarm, wieder heraus. Eine Dragonerschwadron sei gemeldet worden. Ob es richtig war, blieb zweifelhaft. Gesehen habe ich sie nicht. Das Regiment trabte an, meine Eskadron als Avantgarde vor, Richtung Albert. Der Vorpostenzug war 400 Schritt an Hédencourt herangekommen, da plötzlich lebhaftes Schnellfeuer aus der Lisière auf den Zug. Sie hatten sich wahrhaft erschrocken und kamen in Karriere, aufgelöst, zurück incl. Zugführer. Mit dem Zuruf: „Na, na, immer sachte", mußten wir sie empfangen, und kamen sie erst bei uns wieder zu sich, so hatten sie sich erschrocken. Sie hatten eben das Dorf Hédencourt abpatrouilliert, nichts darin gesehen, und nun dieser unfreundliche Empfang. Die Nerven waren dem Führer und den Ulanen etwas durcheinander gekommen und dauerte es noch eine ganze Weile, bis sie wieder erstarkten. Denn als wir auf das Schießen hin etwas zurückgingen und dann wieder Front machten, wobei wir allerdings Feuer bekamen, meinte der Zugführer ganz bescheiden, wir könnten da doch nicht stehen bleiben, es wären nur 1000 Schritt. Natürlich blieben wir aber doch.

Es war mir das aber ein Beweis, daß selbst die stärksten, geprüftesten Nerven nicht in jeder Situation stichhalten, namentlich wenn der Magen hat hungern müssen und große Anstrengungen den ganzen Organismus heruntergestimmt haben.

Nach diesem kleinen Accident hielten wir noch zwei Stunden dem Dorfe Hébencourt gegenüber; da die Franzosen scheinbar heute nicht weiter vordringen wollten, wir aber gegen ihre Aufstellung auch nichts unternehmen konnten, so gingen wir nach dem mehrstündigen Frieren wieder nach Fréchencourt zurück. Ich aber kann endlich meinen Brief an Euch, Ihr Lieben, beschließen. Eine Schwadron unserer Division, und zwar die zweite von den 8. Kürassieren, hat am 5. Januar bei Sapigny eine schöne Attacke auf ein feindliches Infanterie-Bataillon gemacht und ist in das Carré des Feindes hineingekommen. Endlich einmal ein Kampf mit der blanken Waffe. O, wenn Ihr wüßtet, wie wir alle darnach lechzen, endlich einmal dazu Gelegenheit zu finden. In dem Verbande der Brigade, ja des Regiments, wird ja doch nie etwas daraus, deshalb sehnt wohl eine jede Eskadron den Augenblick herbei, wo sich ihr allein das Glück günstig erweist. O, dieses Zögern jedesmal, das sich bei unsern sogenannten Kavallerieführern zeigt, dieses Zögern bis — der Moment vorbei ist. „Erst wägen, dann wagen" mag ein gutes Sprüchwort sein, aber seine Nachachtung darf sich ein Reiterführer nicht zum Motto seiner Handlungsweise machen. Rittmeister v. M. ist bei seiner Attacke allerdings tötlich verwundet worden, aber wo Holz gehackt wird, da fallen Späne, und ist denn das Blut des Kavalleristen ein anderer Saft, als das der vielen für ihren Beruf gefallenen Helden der Fußtruppen? Gott bessere es und schaffe mir einmal Gelegenheit, ehe der Feldzug zu Ende geht, mit meiner Eskadron auf den Feind einzuhauen! Bis in die kleinsten Abteilungen ist eine wahre Sehnsucht danach, und August v. Tw. hat vor Wochen mit seinem Halbzuge auch eine vollständige Attacke auf eine Dragonerpatrouille gemacht und sie in Grund und Boden geritten.

Nun, mein liebes Mamachen, will ich für heute schließen und will jetzt einmal sehen, wo ich für meinen guten Curé und mich etwas zu essen herbekomme. Von Fr. v. Tw. habe ich zwar vor einigen Tagen eine kleine Kiste mit lauter Süßigkeiten, wie Marzipangänse und Hasen ꝛc. noch nachträglich zum neuen Jahr bekommen, bin ihr für ihre Liebe und Güte auch fabelhaft dankbar, aber Marzipan als Mittagessen geht doch nicht, und möchte ich die kleinen Tierchen gern in Fleisch und Blut verwandeln können. Der letzte coq de maison hat hier längst ausgekräht. Doch nun, meine Lieben, lebt wohl, wer weiß, was die nächsten Tage bringen? Alles scheint zum Entscheidungskampf zu drängen. Viele Grüße an Tante Mile und Mathilde

Ewig Euer treuer

M.

XI.

Péronne, den 21. Januar 1871.

Meine liebe, teure Mama!

Was ich mir als schönstes Ideal gewünscht habe in allen meinen Reitertagen, der Traum meiner Jugendjahre, endlich ist er in Erfüllung gegangen, ich habe am 18. Januar bei Tertry-Poeuilly mit meiner Schwadron feindliche Infanterie attackiert und reüssiert. Die Attacke gelang, wir ritten den Feind zu Boden. Zwar haben wir starke Verluste gehabt, mein kleiner Lieutenant Sch. ist dabei geblieben, und wir drei, Major v. Str., Lieutenant v. E. und ich liegen hier im Lazarett; aber was will das sagen, wenn nur der Zweck erreicht wurde und wir mithelfen konnten, den Feind zu schlagen? Der arme, kleine Sch. thut mir ja furchtbar leid, oder vielleicht mehr seine junge Braut, denn für ihn — gäbe es wohl einen schöneren Tod für einen jungen Reiteroffizier, als nach gelungener Attacke für das Vaterland zu fallen? Damit Du nun nicht etwa denkst, ich wäre schwer verwundet, schreibe ich Dir gleich heute. Es ist nicht schlimm, durch einen Sturz mit dem Pferde bei der Attacke habe ich eine starke Kontusion des linken Knies, die hoffentlich in 8 Tagen geheilt ist, weiter nichts; also ängstige Dich nicht. Mein Pferd, der brave Koriander, hat einen Prellschuß gerade vor den Kopf auf den Knopf des Hauptgestells, den wir Ulanen haben, bekommen und brach unter mir zusammen, so daß ich unter ihm zu liegen kam. Doch davon nachher. Ich schreibe es nur gleich hier zu Anfang des Briefes, damit Dir die

Besorgnis genommen wird. Ich liege hier in Péronne im Lazarett, das heißt in einer Privatwohnung, wohin der Arzt kommt, und werde gut gepflegt; mit Ausnahme der schon geringer werdenden Schmerzen an meinem Knie geht es mir ganz gut, und habe ich in dieser so ungewohnten Ruhe schöne Zeit, ausführlich an mein Mutting zu schreiben. Außer mir liegt hier noch, wie oben gesagt, Major v. Str., dem das Pferd erschossen ist und der dabei schwer zu Falle kam, und Lieutenant v. E., dessen Pferd auch erschossen wurde. E. hatte sich unter dem Pferde hervorgemacht und hatte sich, um nicht in Gefangenschaft zu geraten, auf das Laufen begeben; hierbei hatte sich der junge 17 jährige Mensch scheinbar überanstrengt, genug, als er zurückkam, hatte er solche Lungenschmerzen, daß ein Verbleiben bei der Eskadron vorläufig nicht anging, und er infolge dessen mit uns hierher in das Lazarett geschickt wurde. Es geht ihm aber auch schon wieder besser.

Damit Ihr, meine Lieben, nun versteht, wie ich Gelegenheit zu meiner Attacke fand und wo dieselbe war, will ich Euch wieder gradatim seit dem letzten Brief berichten.

Wie ich Dir, liebes Mamachen, zuletzt schrieb, stand unsere Brigade vom 14. Januar ab in und bei Fréchencourt. Der Feind war mit einer Division bei Albert. General Faidherbe sollte durch ein Schreiben aus Paris den Befehl erhalten haben, für die nächsten Tage einen Angriff gegen die Sommelinie zu unternehmen, da ein größerer, wohl letzter Ausfall aus Paris geplant sei. Es sollten daher von deutscher Seite möglichst viele Truppen bei Paris zur Abwehr des Faidherbe'schen Angriffs abkommandiert und hierdurch dem Ausbruch Luft geschafft werden. Da ein Angriff auf die Sommelinie dem französischen Feldherrn zu schwierig erscheinen mochte, so schien er beschlossen zu haben, einen Angriff gegen unsere mehr rückwärts liegenden Verbindungen zu eröffnen, und meldeten daher unsere Patrouillen am 16. Januar einen Abmarsch der feindlichen Streitkräfte von Albert nach Combles und St. Quentin. Unserem Oberkommando kam es nun vor allem darauf an, die Einschließung von Paris vor Angriffen zu bewahren, es trat daher bei uns sofort eine Veränderung unserer Angriffsfront und zwar auf St. Quentin ein. Unserem Grafen Groeben war hierbei die Führung einer Division des ersten Armeecorps übertragen, zu welcher unsere kombinierte Kavalleriebrigade gehörte. Wir marschierten demnach am 17. aus Fréchencourt ab und bezogen Quartiere in der uns so bekannten Gegend bei Péronne in Cléry sur Somme; ich kam nach Maurepas, eine Meile von Péronne. Ueberall, wohin wir kamen, war der Feind aus den Orten verschwunden, und die Einwohner sagten, daß er auf St. Quentin abmarschiert sei. Es war wieder ein Tag der größten Strapazen und kam ich erst abends um 8 Uhr an. Ein komisches Intermezzo, das unsere Brigadeverhältnisse recht charakterisiert, kam während des Marsches vor. Die Brigade marschierte zusammen, nur die 2. Eskadron hatte einen Specialauftrag in der linken Flanke. Während des Marsches kam auf einmal das Avertissement von dem Brigadekommandeur, nördlich zeige sich feindliche Kavallerie, unser Regiment solle gegen dieselbe vorgehen. Einschwenken, zur Attacke Lanzen gefällt, Galopp. — Dann Halt. Der Feind entpuppte sich als unsere eigene 2. Schwadron, die zum Regiment zurückkam und natürlich sehr überrascht war über die Ehre, von 3 Eskadrons attackiert zu werden.

Am Morgen des 18. Januar, früh 8 Uhr, kam der Befehl, daß die erste und meine Eskadron unter Major v. Str.'s Befehl nach Péronne gehen und dort zur speciellen Disposition des Grafen Gr. um 10 Uhr bei Doingt stehen sollten.

Als wir auf dem Marsche dahin waren und einen langen Trab machten, kam ich auf unangenehme Weise zum Sturz. Brittish Queen, welche ich ritt, verwickelte sich in einen Telegraphendraht, der zerrissen am Boden lag, und polterten wir zusammen, daß ich mir die Schulter verknackste. Die Stute selbst konnte erst gar nicht wieder aus den sie umwickelnden Drähten gelöst werden, schlug dabei furchtbar, und als sie schließlich wieder aufkam, war sie stocklahm. Das war ein böses Omen für den Tag, wie Ihr nachher sehen werdet, diente aber zu meinem großen Glück.

In Doingt angekommen, wurden wir zur Division des Generals von Memerty nach Poeuilly geschickt.

General von Kummer war mit seiner Division auf Tertry vorgegangen und hatte die Nachhut des französischen Corps bei Beauvois erreicht. Dieses französische Corps war die Brigade Foerster, sie machte Front gegen die 15. Division, wurde aber durch die Artillerie bei Beauvois zum Stehen gebracht.

Zwei feindliche andere Brigaden hatten, als sie das Gefecht bei Tertry hörten, ihren Marsch auf St. Quentin unterbrochen, von denen die eine, die des Generals Michelet, gegen den linken Flügel der 15. Division bei Coulaincourt vorging.

General Graf Gr. hatte gegen Mittag den Kanonendonner von Tertry gehört und an den General von Memerty den Befehl erteilt, mit 8 Bataillonen, 28 Geschützen und 7 Schwadronen gegen Tertry vorzurücken. Ausgesandte Offizierpatrouillen hatten aber inzwischen gemeldet, daß der feindliche Hauptangriff von Vermand ausginge. Der General beschloß zur wirksameren Unterstützung der Kummer'schen Division die Marschrichtung auf Vermand einzuschlagen. In Ausführung dieses Entschlusses fand die Division das Dorf Pœuilly stark vom Feinde besetzt.

Hier stießen wir mit den beiden Schwadronen zu dem Detachement und wurden auf dem linken Flügel unseres Angriffes verwandt. Um denselben auf Pœuilly einzuleiten, ließ der General von Memerty seine 4 Batterien auffahren, welche gegen die feindlichen Geschütze östlich des Dorfes und gegen Pœuilly selbst ihr Feuer eröffneten.

Unsere beiden Eskadrons kamen hier in tüchtiges Granatfeuer, wir standen zwar gedeckt hinter einer Höhe, die feindlichen Artillerieführer hatten aber richtig unsere Stellung erkannt und feuerten mit seltener Präzision über die Höhe in uns hinein. Gleich die erste Granate schlug in meinen ersten Zug ein und tötete einen Mann und drei Pferde, die nächste krepierte zwischen dem 2ten und 3ten Zug, riß dem Ltn. v. E. die Satteltaschen vom Pferde und tötete zwei Mann, die nächste schlug in die Handpferde ein, welche hinter der in Zugkolonne befindlichen Schwadron standen, warf mein Moselpferd zu Boden, meine Handpferde rissen sich los und verschwanden. Erst spät abends kamen sie zurück. Bei diesem fortwährend einschlagenden Granatenfeuer war die Nebeneskadron sehr unruhig geworden, sie schwenkte Kehrt und ging zurück, wurde aber durch den Major v. Str. selbst sehr energisch wieder zurückgeholt.

Als der Angriff auf Pœuilly nun hinreichend vorbereitet war, ging das Infanterie-Regiment Nr. 4 tambour battant gegen das Dorf vor. Es war der schönste Anblick, den ich mit gesehen habe. Die Hauptleute zu Pferde in der Schützenlinie, die Kompagnien unentwegt geschlossen dahinter, so ging das tapfere Regiment vor. Nicht achtend des rasenden Feuers, das die Franzosen aus der breiten

Lisière auf sie richteten, nicht die Granaten berücksichtigend, die in die Kompagnien einschlugen, die Gefallenen nicht achtend, die rings umher fielen, von drei wohl einer. Ja selbst nicht feuernd, wie eine eiserne Mauer, so ging das Regiment vor. Es war ein erhabener, ergreifender Anblick, ein wahrhaft dramatischer Akt der Militärpoesie. Wie das Verhängnis kamen sie daher geschritten, und die Franzosen selbst mußten es so empfinden, denn als nun 100 Fuß von der Lisière ein donnerndes Hurra ertönte und der Sturmlauf begann, da fanden unsere braven Vierer die Lisière nicht mehr besetzt, kein Kampf mit blanker Waffe war nötig, die Franzosen wichen zurück, das Dorf war unser.

Wer das mit angesehen, der sagte sich, nur preußische Truppen können das, nur sie sind die Sieger in Europa.

Ich stand auf dem Höhenrand vor meiner Schwadron, nicht achtend der Kugeln, welche herüberkamen, nur begeistert von unserem Heer und seiner Tapferkeit. Unfern von mir, aber auf einer Höhe, die noch mehr exponiert dem feindlichen Feuer war, da stand in eiserner Ruhe mein hochverehrter Divisionskommandeur, nicht denkend der Geschosse, nicht achtend der Abmahnungen seiner Adjutanten stand er da und wich nicht eher, bis Poenilly genommen war.

Man kann ja sagen, dort gehörte er nicht hin, was hatte er da zu thun? Recht mögen die Mäkler haben, aber schön war es doch, ihn da stehen zu sehen, ein Vorbild für jeden und namentlich für so manchen, dem in den Momenten der Gefahr die Nerven in den Magen geschlagen waren, und leider sah man auch solche.

Nun aber kam auch der Moment endlich für uns.

Als die Unsrigen in das Dorf eindrangen, da fingen an, von uns deutlich gesehen, Abteilungen des Feindes in Kompagnien, Zügen und auch Haufen von mehreren Kompagnien das Dorf zu verlassen und sich zurückzuziehen. Die beiden Schwadronen schwenkten ab, trabten gedeckt vor, bis wir den Grund von Flichin=Sonécourt erreicht hatten. — Hier rief mir Major v. Str. zu: „Wollen Sie attackieren?" „Mit Wonne", rief ich. Ich schwenkte ein, gewann die Höhe, Galopp und dahin zogen wir. Ich war der Eskadron wohl 50 Schritt voraus, und war es doch ein eigentümliches Gefühl, gegen diese schießenden Haufen allein anzureiten. Nun kam mein Kommando — Marsch, Marsch — und wir waren mitten in dem Carré drin. Im ersten Moment sahen uns die Feinde nicht. Da mochte uns einer erblicken, schoß, und nun ging das Geschieße los, aber ehe sie noch recht zum Zielen kamen, da waren wir auch schon mitten zwischen ihnen. Die ersten 50, die noch einzeln liefen, ritten wir über, den nächsten Haufen, wohl eine Kompagnie, welche Carré formierte, ritten wir um, da — auf einmal ein Krach und mein Koriander überschlug sich mit mir und ich lag unter demselben.

Wie ich Euch oben sagte, hatte eine Kugel ihn gerade vor den Kopf auf den Messingbuckel getroffen, und wie vom Blitz getroffen brach er zusammen.

Ich kam gleich wieder zu mir und fühlte auch schmerzlich, daß sich Koriander auf mir bewegte. Da kam mir auch schon Hilfe; zwei Ulanen zogen ihn von mir fort, auf sprang er und ich versuchte es auch, aber es ging schlecht. Und nun erst das wieder Aufsitzen! Dabei sah ich bei meinen Anstrengungen, hinaufzuspringen, (der halbgefrorene Boden hatte sich so an meine Stiefel gesetzt, daß von einem Gebrauch des Bügels keine Rede war), daß zwei knieende Franzosen auf vielleicht 30 Schritt aus den Reihen derer, die wir umgeritten, auf mich zielten und schossen. Die Physiognomie der beiden werde ich nie vergessen. Endlich war ich wieder oben, und Koriander, wenn auch noch etwas taumelig, folgte doch dem Druck der Schenkel. Die ganze Sache hatte vielleicht 2 Minuten gedauert, aber sie hatte hingereicht, die Situation gänzlich zu verändern. Als ich fiel, hatten wir gerade wieder einen Haufen umgeritten, und die Ulanen waren weitergestürmt. — Die Attacke hatte bis an eine vorspringende Waldspitze geführt; als die Ulanen nun unter Führung des Lieutenants Sch. um diesen Wald herumjagten, da stand eine feindliche Kompagnie zum Carré formiert vor ihnen. Auch gegen diese ritten sie an, als aber deren Salve in ihre Reihen schlug und den tapferen Führer niederstreckte, da drehten sie um und kamen nun in aufgelöster Ordnung auf mich zugejagt. Mein erstes war, ihnen mit lauter Stimme ein „Trab" zuzurufen. Als sie mich wieder zu Pferde sahen, begannen sie sich zu beruhigen, und als die Waldspitze wieder umritten war, gingen wir im Trabe auf Soyécourt zurück.

Nun erst konnte ich die Sachlage übersehen, ungefähr 60 Reiter trabten vor mir her, unter ihnen nur ein Offizier, Lieutenant von L., von den übrigen war nichts zu sehen. — Jetzt hatte sich der Feind auch wieder auf sich besonnen, feindliche Schützen hatten den Wald besetzt und ein lebhaftes Schnellfeuer schlug jetzt in unsere Reihen ein, noch manchen Reiter von dem Pferde holend. In dieses Schnell= feuer mischten sich noch einzelne Granaten, welche von unseren Batterien in uns hineinfielen, über den Höhenrand hinüber kamen sie, unbeabsichtigt trafen sie uns anstatt der Feinde, auf die sie geworfen.

Als wir nun so in dem Geknatter der Schüsse zurücktrabten, da sah ich unseren Major v. Str. zu Fuß mit untergeschlagenen Armen mitten im Felde, das Gesicht gegen den Feind gerichtet, wie den Ritter Bayard da stehen. Er hatte sich, als er meine Eskadron zur Attacke vorgehen sah, auf den rechten Flügel derselben gesetzt und hatte die Attacke mitgeritten. Wie hätte er auch zurückbleiben können? Sein Pferd war ihm unter dem Leibe erschossen, und er stand da und wartete seines Schicksals. — Vor mir ritt ein Unteroffizier Osthoff, sofort rief ich ihn an und schickte ihn zu unserem tapferen Major hin, er sprang vom Pferde, half dem Major auf sein Pferd hinauf und den Bügel fassend, lief er neben dem Pferde her, und so kamen sie zu uns heran und wurden gerettet. Wo aber war nun unsere andere Schwadron? Hatte sie den Befehl des Majors nicht erhalten? Hatte sie den Moment zur Attacke nicht für geeignet gehalten? Vielleicht das erstere. Jedenfalls hätte sich das Resultat unserer Attacke noch ganz anders gestaltet, wenn die Eskadron an derselben teilgenommen. Sie hätte das Carré übernehmen können, an welchem unser Angriff schließlich scheiterte, und wir hätten die ganzen sich zurückziehenden Haufen der Brigade möglicherweise auf= rollen können.

So blieb es bei ungefähr hundert Gefangenen, welche durch Lieutenant v. L. aus den ersten umrittenen Haufen zurückgeschickt waren. Als ich nun hinter Soyécourt rangierte, da waren von der Schwadron nur noch drei schwache Züge zur Stelle. Lieutenant Sch. war gefallen, Lieutenant v. E. kam eben zu Fuß, übererschöpft vom Laufen an, 5 Unteroffiziere und 40 Mann fehlten. Der Lieutenant v. R. hatte die Attacke nicht mitgemacht, er war, als wir vor Poeuilly hielten, als Patrouille um den vorliegenden Wald herumgeschickt.

An den Tod des Lieutenants Sch. wollte ich zuerst gar nicht glauben. Während unseres Vorreitens gegen Soyécourt war er mit einer Meldung zum Divisions=Kommandeur gesandt worden. Von dieser jedoch in dem Augenblick, als wir zur Attacke einschwenkten, zurückgekommen, mußte er sich vor seinen Zug gesetzt haben, und drei Minuten darauf war er wie ein jugendlicher Held gefallen. — So hatte sein Schicksal ihn erreicht, und die Todesahnung seiner jungen Braut hatte sich bestätigt.

Als ich nun hinter Soyécourt eben rangiert hatte — da kam denn auch unsere Brigade an, zu welcher sich schon die andere Eskadron unseres Detachements eingefunden hatte; wo dieselbe herumgeirrt war, wer kann es wissen?

Als ich mich nun mit den zwei Zügen der Eskadron zur Stelle meldete, als der Major von Str. gleichfalls herangehumpelt kam und seine Meldung abstattete, was ward uns da? Anstatt der Anerkennung, wie sie mir kurz vorher der Generalstabsoffizier Graf v. W. im höchsten Maße im Namen des Divisions-Kommandeurs ausgesprochen hatte, die nörgelnde Bemerkung, was das Regiment schon wieder mit all den Gefangenen machen sollte? Ich hätte eine ganz wagehalsige Attacke gemacht, es wäre gar keine rechte Gelegenheit dazu gewesen, die Eskadron wäre hingeopfert worden, und was der zarten Bemerkungen mehr waren.

Mir aber galten das eigene Bewußtsein, die lobende Anerkennung meines tapferen Divisions-Kommandeurs, die vollständige Zustimmung des Majors v. Str. mehr, als diese Urteile, welche ohne Kenntnis der Verhältnisse, vielleicht hervorgerufen durch falsche Darstellungen dahinten weit vom Schuß, gefällt waren, und stolz und siegesbewußt über diesen schönen Tag des Erfolges rückte ich mit meinem kleinen Häuflein abends in das Quartier in Harbécourt ein.

Das Einrücken in das Dorf ging, so lange ich auf Koriander saß, noch gut genug, aber als ich nun von ihm mehr heruntergehoben wurde, als absaß, da ging die Geschichte mit dem Bein doch gründlich los. Wir mußten den Stiefel herunterschneiden, und das Knie war schon unförmlich geschwollen. Unser Oberstabsarzt Dr. W., ein lieber mir gut befreundeter Westfale, war glücklicherweise am Ort, er kam und sagte: „Na, das ist ja eine j—chöne Gej—chichte." Na, Eis war genug vorhanden, und nun ging es die Nacht über an das Kühlen. Du kannst Dir denken, mein Mütterchen, was das für eine Nacht nach dem Tage war. So lange wir in der Schlacht waren, da traten alle Gefühle für Zeit, Witterung und Hunger zurück, aber abends da kommt dann der Rückschlag, und ich hatte weder Ruhe, noch was zum

Essen, noch auch richtige Pflege. Meine Burschen Ludwig und Schacht kamen mit den Pferden, die ihnen nach dem Granatschuß entlaufen waren, erst mitten in der Nacht zurück, da sie auch noch in der Dunkelheit sich verritten hatten. Das Moselpferd trug wie immer mein Gepäck, es war auch wieder ganz munter, trotz eines Granat= splitters, der ihm durch das Dickfleisch gegangen war. So hatte ich denn am Abend nicht einmal meine Sachen zum Wechseln und auch keine rechte Bedienung. Der brave Koch Gebbert leistete aber, was er konnte, und besorgte mir auch schließlich noch etwas Essen. — Als ich meinen Paletot auszog, fiel mir eine Kugel aus dem Aermel, die durch selbigen gegangen war und sich auf der Bandelierschnalle platt gedrückt hatte, auch meine Czapka war durchschossen. Die Nacht ging aber auch vorüber, wie so manche andere. Als aber um 6 Uhr alarmiert wurde, da zeigte sich doch die Unmöglichkeit für mich, mit auszurücken. Es wurde ein cab des paysans angespannt, und so fuhr ich, meine Pferde hinter mir, auf den Alarmplatz. Hier fand ich noch einen solchen Wagen vor, in welchem Major v. Str. und Lieutenant v. E. saßen, wir meldeten unsere Erkrankung und wurden dann hierher nach Péronne in das Lazarett geschickt; bei dem Kutscher beider Wagen saßen noch ein Unteroffizier und ein Ulan, welche die Nacht noch angetröpelt gekommen waren, ersterer hatte einen Schuß durch den Arm, der Ulan einen solchen durch die Schulter.

So sitzen wir denn nun in dieser ganz zerschossenen Festung; die Belagerungsgeschütze haben doch sehr gewütet, und dabei ist die Wirkung eine recht interessant verschiedene. Von meinem Lager aus gesehen, ist die Häuserreihe fast Haus bei Haus beinah zerschossen, das Haus, in dem Major v. Str. und ich liegen, und welches einer Madame de Niz gehört, fast ganz unversehrt. Die Madame war übrigens sehr liebenswürdig, sie kam nach unserem Eintreffen selbst und versprach, alle unsere Wünsche zu erfüllen. Des blessés ne sont pas des ennemis, mit dieser liebenswürdigen Redensart führte sie sich bei mir ein.

Am gestrigen Tage erhielten wir Nachricht von der Entscheidungs= schlacht am 19. bei St. Quentin, in welchem General Faidherbe's Armee abermals gänzlich geschlagen wurde. Unser Regiment ist geschlossen abermals nicht zur Aktion gekommen, jedoch sollen einzelne Schwadronen bei dem Einbruch in die von dem Feinde geräumten

Dörfer viele Gefangene gemacht haben. Am 20. hat denn endlich einmal die Kavallerie ihren Zweck wirklich erfüllt, indem sie dem geschlagenen Feinde an den Hacken geblieben ist und ihm nicht wieder Ruhe gelassen, bis sie ihn nach Cambray hineingeworfen hat. Unsere Brigade ist hierbei bis in die Pariser Vorstadt der Festung vorgedrungen und hat noch viele Gefangene gemacht. Schade, daß ich bei diesem voraussichtlich wohl Finale unseres nordischen Feldzuges nicht dabei sein konnte, aber mitgewirkt haben wir ja am 18. doch zu diesem schließlichen ruhmreichen Ende. Nach den Nachrichten wurde General Faidherbe so geschwächt und moralisch heruntergedrückt, daß ein abermaliger Vorstoß desselben aus dem Festungsgürtel nicht mehr zu erwarten sei.

Mein Oberstabsarzt sagt mir soeben, daß mein Knie in drei bis vier Tagen wohl wieder gebrauchsfähig sein würde, so daß ich dann zum Regiment in der Gegend von Cambray nachgehen könne. Auch Lieutenant v. E.'s Zustand hat sich wieder gebessert, das Bluthusten hat aufgehört, und er sieht schon wieder ganz munter aus, er war bei dem Sturz mit seinem erschossenen Pferde auf die Brust gefallen und hatte sich dabei eine Quetschung derselben zugezogen, dazu war die Ueberanstrengung bei dem Laufen in dem tiefen Ackerboden gekommen. Genug, es war für dem jungen 17jährigen Menschen etwas zu viel geworden. Er schildert seinen Lauf sehr drastisch, als er vollständig Spießruten an einer feindlichen Tirailleurlinie entlang gelaufen sei, die ihn lebhaft beschossen hätte. Major v. Str. wird wohl noch einige Tage länger hier bleiben müssen, da seine Quetschungen noch längerer Behandlung bedürfen.

Für heute, mein Mütterchen, lebe wohl, ich will diesen Brief nun schnell abschicken, damit Du Dich nicht ängstigst, wenn Du in der Zeitung die Nachricht von der Schlacht bei St. Quentin lesen wirst. 53 Offiziere und 2500 Mann von uns sind doch dabei tot und verwundet.

Gott der Herr hat mich gnädig behütet, und kann man doch nun schon mehr auf ein frohes Wiedersehen hoffen.

Viele Grüße. In treuester Liebe

Dein Sohn

M.

XII.

Péronne, 24. Januar 1871.

Meine liebe teuere Mama!

Noch einmal ein Brief aus Péronne. Ich habe aber hier so schöne Ruhe und Zeit, und was giebt es da wohl schöneres für mich hier, als mit Dir zu plaudern? Heute ist der letzte Tag in Péronne, eben war der Oberstabsarzt da und sagte, E. und ich könnten morgen uns wieder auf die Reise zum Regiment machen. Es wird zwar das Reiten mit dem Knie nicht besonders gehen, aber er meinte, die Bewegung sei eine Art von Massage, und es würde sich mit der Zeit bessern. Es thut vorläufig manchmal noch recht weh, ist aber fast ganz abgeschwollen, und hier lange liegen, wo das Regiment doch vielleicht auch noch in den wohl letzten Tagen des Krieges einmal zu etwas Aktion kommen könnte, dazu habe ich auch keine Lust. Gestern bin ich auch schon einmal ausgegangen, habe mir die furchtbar zerschossene Festung angesehen und bin in den Resten der Kathedrale gewesen. Die schöne Kirche ist fast ganz zerstört. Es war ein tragischer Anblick, den purpurseidenen Altarvorhang ganz zerschossen herunterhängen zu sehen; ich nahm mir zur Erinnerung einen Fetzen davon mit. Mit dem Stock und meinem lahmen Bein konnte ich kaum über die Steintrümmer der Kirche hinwegkommen. Dann machte ich Lt. M. v. R., meinem lieben Bekannten vom Regiment einen Besuch. Er ist schwer krank, und ist die Krankheit eine ganz eigentümliche. Er hat nämlich das ausgesprochene Delirium, aber nicht etwa vom vielen Trinken, sondern von der permanenten Nervenaufregung der letzten acht Wochen. Die Erscheinungen sind ganz dieselben, wie die des Säuferwahnsinnes, und ist die Sache sehr gefährlich. Er phantasierte immer und seine Delirien drehten sich stets um Ueberfälle, Mobilgarden, Francticeurs u. s. w. Es that mir zu leid, namentlich wenn ich daran dachte, was seine Mama und Schwester Thereschen dazu sagen würden, wenn sie ihn so sehen könnten. Ich habe die ganze Familie so gern und bin so viel bei ihnen im schönen Delwig gewesen, bin mit beiden Söhnen so befreundet, daß mir die Sache furchtbar nahegeht. Seit drei Tagen ist er hier und hat gar keine besondere Pflege, da die ganze Stadt voll Verwundeter ist. Ich ging gleich zur Prinzessin Salm und bat sie, doch eine barmherzige Schwester zu schicken. Die Prinzessin hat hier die ganze Krankenpflege unter sich und hat sie musterhaft organisiert; Routine in solchen Sachen kann auch keiner mehr haben als sie; Ihr kennt wohl ihr Buch über ihre meritanischen Erlebnisse? Sie nahm mich als alten Bekannten aus Anholt sehr liebenswürdig auf und versprach mir, auch alles zu besorgen, hielt es aber für besser, wenn Max nach Amiens geschafft würde, wo er viel bessere Pflege hätte. Ich habe auch gleich an Max' Vetter, Baron Max L. geschrieben, der dort als Malthefer ist, er soll ihn abholen.

Die Prinzessin war in tiefer Trauer um ihren Mann. Prinz Felix S. ist infolge seiner Verwundung bei Wörth gestorben; es ist das auch ein wunderbares Geschick. Nach all seinen Erlebnissen in Amerika, erst in dem Nordamerikanischen Kriege, dann bei dem Kaiser Maximilian, kommt er herüber, sowie die Mobilmachungs=Ordre bekannt wurde, teils aus Vaterlandsliebe, teils aus Rache gegen Bazaine, der seinen Kaiser Max mit morden half; unser lieber König stellte ihn auch bei dem Aug.=G.=Regmt. an, und gleich in den ersten Schlachten wird er schwer verwundet. Nun ist er gestorben, wenn er doch wenigstens Bazaine noch hätte Fiasko machen sehen! Die Prinzessin ist wirklich eine hochinteressante Frau, sieht noch immer recht gut aus, reitet, wie ich nie eine Dame reiten sah, und wenn man sie sieht, glaubt man alles, was sie in ihren Memoiren so interessant geschildert hat.

Gestern hatten wir auch einen Besuch vom Regiment. Ihr wißt, unser Offiziercorps ist leider aus verschiedenen Elementen zusammen= gesetzt; der Besuchende war nun gerade einer von denen, die uns vier hier anwesenden, am unangenehmsten und am unsympathischsten war. Er hatte hier in der Nähe einen sehr sicheren Posten. Der wollte dann wahrscheinlich nun mal selbst etwas von unserer Attacke hören und kam deshalb zu uns. Bei jedem einzelnen machte er seinen Besuch und jeden wollte er ausforschen, natürlich nur, um nachher mit möglichster médisance darüber reden zu können. Als er weg war, sagte der Major sehr richtig: „Das ist auch einer von den Kläffern, die hinter dem Löwen herbellen." Doch genug von ihm. Ginge es nach mir und der Mehrzahl glücklicherweise im Offiziercorps, wir reinigten uns von der Gesellschaft, — aber leider können wir es nicht, denn unser Leitender hält sich mehr zu jenen, als zu uns. Gott bessere es.

Denke Dir, liebe Mama, meine dritte Mosaikbrosche ist leider nicht an ihre Adresse gekommen und verloren gegangen. Ich ärgere mich sehr darüber. Soeben erhalte ich von Fr. O., dem Vater H.'s, einen Brief, worin er schreibt, sie hätten mein Packet mit Brief gar nicht erhalten.

An Dich und Fr. sind die Sendungen so schön gelangt und an H., worauf es mir so sehr ankam, ist sie verloren, wie kann das nur möglich sein?

Du mußt, liebe Mama, wie ich für diese nette Familie und namentlich für H. schwärmen. Sie ist das liebenswürdigste, graziöseste und reizendste Mädchen, das ich mit je kennen gelernt habe. Wenn man sie auch eigentlich nicht schön nennen kann, so ist sie doch wahrhaft hübsch, und ihre etwas unregelmäßigen Züge bilden mit dem esprit, der aus ihnen spricht, ein ganz reizendes Ganze. Sie ist der wahrhafte Zauber von M. und bildet für die ganze Herrenwelt der Stadt und Umgegend in dem an und für sich schon so angenehmen Hause der Eltern den reizendsten Anziehungspunkt.

Die Stellung der Eltern in unserm lieben M. ist überhaupt eine ganz eigenartige. Ich habe Dir schon so viel erzählt von unserem lieben Land der roten Erde, wo der Adel noch seine ganz besondere Rolle spielt. In diesen Familien nun, welche entschieden in unserem Preußen noch eine eximierte Stellung einnehmen, in denen in früheren Jahren der Herrschersitz des Landes, das Bischofstum geradezu erblich war, die alle untereinander verwandt sind und seit langen Jahrhunderten auf ihren Kodden wohnen, ist das Gefühl des alten befestigten Adels noch viel ausgeprägter, als anderswo. Sechzehn und mehr Ahnen ist das Erfordernis zu einer Menge von Einrichtungen jeder Art, unter anderen auch der gesellschaftlichen. Ein jedes Kind, das geboren wird, wird aufgeschworen, d. h. einige Familienzeugen geben eidlich das Zeugnis ab, daß das betreffende Kind von so und so viel Ahnen väterlicher- und mütterlicherseits abstammt. — Dieses Familienansehen ist untereinander so groß, daß z. B. alle die Majorate fast nur auf

Tradition ohne alle Urkunden und gerichtlichen Dokumente beruhen, und doch wagt kein jüngerer Sohn sich dagegen aufzulehnen. Wagt es aber einmal einer, wie der brave T. einst vor Jahren, so macht er sich in der ganzen Verwandtschaft unmöglich.

In dieser geschlossenen Familien-Phalanx lebt nun diese oben genannte Familie. Der Vater Bankier, der nebenbei die Geldgeschäfte fast des ganzen Adels besorgt, die Mutter aus einer rheinischen Kaufmannsfamilie, also beide aus Verhältnissen hervorgegangen, welche der Stellung nach in diesen Adelskreisen ganz undenkbar wären.

Und doch lebt die Familie vollständig in den Kreisen der Gesellschaft, wird von allen hoch geschätzt, ihr Haus bildet den Vereinigungspunkt für die meisten Mitglieder des Adels, und jeder hat sie gern.

Woher kommt das nun? Ich kann dreist behaupten, fast allein durch die Liebenswürdigkeit, den Takt und den Zauber der Tochter.

Dieser Zauber geht so weit, daß, ich könnte Dir vier auch fünf Namen nennen, mehrfach Anträge zur Verlobung an die Tochter aus den ersten Adelskreisen herangetreten, von ihr jedoch stets abgelehnt worden sind. Und was das merkwürdigste war, nach einigen Wochen erschienen die betreffenden Abgewiesenen stets wieder in dem gastfreien Hause, und erfreuten sich von neuem des Zaubers, den dasselbe auf alle Menschen ausübt. Du wirst mir zugeben, mein liebes Mamachen, das sagt genug, es ist eben ein Element in diesem Mädchen, wie es nicht oft vorkommt, ein jeder ist von ihr hingerissen, ich aber kann sie nicht vergessen bis an meines Lebens Ende.

Bei dem Scheiden von M. versprach ich ihr, den ersten Orden zu senden, den ich im Kämpfen eroberte, da es doch nun nicht gut anging, daß ich einen solchen von der Brust eines Gefallenen nahm, so wollte ich ihr neulich dies kleine Mosaikandenken schicken, und nun ist es verloren gegangen. Ich bin zu böse auf die alte Feldpost, die trotz aller Fortschritte, die sie seit 1866 gemacht hat, doch für die Zukunft noch recht verbesserungsfähig ist. Deine lieben Briefe habe ich übrigens jetzt wohl sämtlich erhalten, der letzte hatte die Nummer 20, und werdet Ihr auch wohl nicht mehrere geschrieben haben. Ihr seht, daß die Numerierung sich bewährt.

Abends 8 Uhr. Heute früh wurde ich durch Max L.'s Ankunft unterbrochen, der sofort auf mein Schreiben aus Amiens herbeigeeilt war, um seinen Stiefonkel, denn das ist richtiger gesagt, den braven

Max R. nach dort abzuholen. Er hat ihn heute schon besser gefunden, wenigstens doch manchmal frei von seinem Phantasieren, morgen früh nimmt er ihn mit, und verheißt der Doktor doch vollständige Genesung.

Heute nachmittag hat mir der deutsche Souspräfekt einen ganzen Wagen voll Sätteln, Chassepot=Gewehren, Woolwichs 2c. aufgezwungen, die aus den eroberten Beständen herrühren, ich soll sie zum Retablissement für die bei der Attacke verloren gegangenen Sachen benutzen. Mit den Sätteln weiß ich, für die Ulanen wenigstens, nichts recht anzufangen, da es lauter gute englische Sättel sind, nur vielleicht kann einer oder der andere der Offiziere einen gebrauchen, die Woolwichs und Chassepots können uns aber vielleicht noch gute Dienste leisten.

Meine Schwadron soll bei dem Stabe in Lesdain bei Cambray, 5 Meilen von hier, liegen, da habe ich gleich das Vergnügen, mit dem Herrn Vetter wieder zusammen zu kommen.

In diesen Tagen kamen hier ungefähr 4000 Gefangene von St. Quentin durch, welche hier nach Deutschland verladen wurden.

Ist es nicht ein merkwürdiger Zufall, daß mein Ehrentag, der 18. Januar, gerade mit dem Tage der Kaiserkrönung in Versailles zusammenfällt? Zwei ewig unvergeßliche Daten für mein ganzes Leben. Deutscher Kaiser! Es ist das Siegel auf die Vereinigung aller deutschen Stämme, welche bereits zu Anfang des Krieges eine Thatsache geworden war.

Wer den Akt in Versailles mit erleben konnte! Es muß ein großartiger, herzerhebender Moment gewesen sein, als unser teuerer Heldenkönig die Kaiserwürde auf Wunsch der deutschen Fürsten annahm.

Hier kam die Nachricht am 22ten an, und ein Jubel, ein Triumphgeschrei ging durch die ganze Stadt. Gleich wurde die Nachricht in allen Lazaretten bekannt gemacht, und manches Antlitz, das schon mit dem Tode rang, verklärte sich bei dem Gedanken, für diesen Lorbeer sein Leben hingegeben zu haben.

So lebe denn für heute wohl, meine liebe teuere Mama, es geht zwar wieder hinaus ins Feld morgen, aber ich glaube nicht, daß es noch recht zum Schlagen kommt. Der Weltkampf naht sich seinem Ende; alle Zeichen deuten darauf hin. Die besten Grüße der lieben Tante.

Stets Dein, Dich innig liebender

M.

XIII.

Bovelles, 29. Januar 1871.

Meine liebe Mama!

Wie ich Euch in meinem letzten Briefe es schrieb, so ist es gekommen, der Krieg ist aus. Der Anfang wenigstens zum Ende ist da. Wir haben den Waffenstillstand. Es ist, als ob ein Aufatmen durch das, was wir Welt nennen, ginge, ein Alp von den Gemütern und Herzen der Menschen genommen wäre. Ihr hättet es sehen müssen, als wir heute durch Amiens zogen und den angehäuften Menschenmassen, welche unseren Durchzug mit ansahen (sonst war nie ein Mensch vor den Thüren und an den Fenstern gewesen), zuriefen: l'armistice, wie sie freudig mit dem Kopfe nickten, lächelten und winkten. Ja die Ruhe nach all den Kämpfen und Aufregungen ist gekommen, und die Regierung des unglücklichen Volkes hier müßte wahnsinnig sein, wenn sie, nachdem alle Hoffnungen gescheitert sind, nicht den Frieden aus dem Waffenstillstand entstehen ließe.

Es ist noch kaum für uns zu fassen, dieser neue Zustand, in dem wir uns nun befinden, der Gedanke: „Kein Feind mehr vor uns, keine nächtlichen Ueberfälle, kein Schlafen mit halb geschlossenem Auge, kein Augenblick der Ruhe, ohne mit einem Ohr nach außen zu hören, ob nicht ein auffälliges Geräusch ertöne, an den muß man sich erst wieder gewöhnen. Wir müssen erst lernen, den Waffenstillstand zu genießen, und ganz komisch kam es mir vor, als ich heute früh aufsitzen wollte und mir sagte, den Revolver, den hättest du ja heute morgen in den Koffer stecken können. Aber es ist gut, daß wir so weit sind, die ewige Nervenanspannung war nicht mehr zu ertragen.

Als ich Euch vor einigen Tagen aus Péronne schrieb, da dachte ich doch nicht, daß der Waffenstillstand schon so nah sein würde. Ich brach am 24ten, morgens 9 Uhr, mit meiner Karawane auf. E. und ich wir ritten vorn, dann kamen unsere Handpferde, die sich in den Tagen in der Stadt gründlich gepflegt hatten, und dahinter 4 Leiterwagen mit den Sätteln, Gewehren u. s. w., auf ihnen saßen noch zehn Mann meiner Schwadron, welchen in der Attacke teils die Pferde tot geschossen waren, und andere, welche leichte Verwundungen erhalten hatten. Sie hatten sich alle nach Péronne gerettet und wollten nun mit mir zum Regiment zurück. — Um 2 waren wir in Marnières, wo der Divisionsstab lag. Als ich mich bei dem Grafen Gr. meldete, wurde mir eine große Ueberraschung zu Teil. Ich selbst hatte ihn nach dem 18. noch nicht wiedergesehen; nun sagte er mir, daß er das, was er mir durch Graf W. bereits hätte sagen lassen, nun auch mündlich wiederholen wolle. Die Attacke wäre ganz d a s gewesen, was er sich gewünscht, und hätte er doch nun in seiner Division zwei gehabt, zwei Schwadronen, die meinige und die vom Rittmeister von Mares hätten beide mit glänzender Tapferkeit attackiert. Ueber die meinige könne er am besten urteilen, da er sie genau von weitem mit angesehen, und es wäre nur schade, daß die andere Escadron sich nicht angeschlossen hätte. Darauf fragte er, was Major v. Str. mache, und ob er nicht bald zurückkäme. Zum Schluß aber drehte er sich nach einem Tisch herum, nahm ein eisernes Kreuz von demselben und heftete es mir eigenhändig auf die Brust. Ihr könnt Euch denken, meine Lieben, was ich dabei empfand! Zwar ist Ordensverteilung im Kriege und die Vorschläge zu derselben auch ein Kapitel, über welches sich viel sagen ließe, denn es gehören dazu Vorgesetzte, welche dabei idealer angelegt, welche freier von persönlichen Gefühlen und Neigungen, Sympathien und Antipathien sein müssen, als man sie oft findet. Es war hier schon so weit gekommen, daß wir Offiziere den Dekorierten oft noch eine besondere Devise zu ihrem Kreuz hinzu ver= liehen hatten, so z. B. dem einen, welcher in einer etwas schwierigen Situation eine, nun sagen wir „Nervenaufregung" gehabt hatte, daß dieselbe in den Magen geschlagen war; er hatte auch das Kreuz erhalten, und wir hatten ihm eine „Leibbinde" als Devise dazu ver= liehen. Es muß für solche Dekorierten doch eigentlich mit solchem Orden eine komische Geschichte sein; das Gefühl des Zweifels nämlich, w o f ü r sie denn eigentlich den Orden bekommen haben. Wenn sie in der e r s t e n Zeit jemand danach fragt, dann würden sie doch wenigstens verlegen, n a c h h e r aber, (Geschichten finden sich ja) fand sich auf einmal eine Heldenthat, und nach einiger Zeit glaubten sie selbst an das Märchen, das sie so oft erzählt. Ja, es ist eine komische Geschichte mit diesen Orden. So wurde ein Fall erzählt, wo ein Offizier, der mehr für sich allein an Tapferkeit geleistet hatte, als das ganze übrige Offiziercorps seines Regiments zusammen, doch n a c h allen übrigen, erst viel später, nach Anfrage von höherer Stelle, das Kreuz erhielt und weshalb? Nur aus Eifersucht, weil der Ordens=vorschläger nicht dabei gewesen, als der Betreffende seine coups aus=führte, und ihm persönlich abgeneigt war.

Es sind das menschliche Schwächen, aber Vorgesetzte, welchen das Wohl und Wehe Untergebener in die Hände gegeben ist, sollten sich frei machen von diesen Gefühlen, oder aber einsehen, daß sie sich nicht zu der Stelle eignen und abgehen. Doch wo gerate ich wieder hin?

Ich aber, ich freute mich, als mein tapferes Ideal, mein hochgeehrter Graf, mir das Kreuz gab, wie ein Kind über dasselbe. So war mein Wunsch, es zu erhalten, endlich in Erfüllung gegangen, und ich beschloß es so zu ehren, als wenn mein Kaiser es mir selbst gegeben.

An jedem Morgen, wenn ich mein Pferd bestieg, war mein heißester Wunsch gewesen: O wenn sich doch heute eine Gelegenheit böte, das Kreuz zu erwerben, das Kreuz, das von den Freiheitskriegen her eine solche Hochschätzung bei der heranwachsenden Jugend behalten, daß ein jeder, der Soldat werden wollte, es als Ideal seiner Jugend betrachtete, es dereinst zu besitzen.

Nachdem ich meinem verehrten Grafen meinen Dank in bewegten Worten ausgesprochen, brach ich mit meiner Kolonne nach Lesdain auf, wo wir um 3 ankamen. Wir wurden sehr liebenswürdig von allen Offizieren begrüßt, weniger von Deinem Herrn Vetter, wir hatten es aber, offen gestanden, auch nicht anders erwartet. — Ich übernahm meine liebe Schwadron wieder und freute mich sehr, sie zahlreicher zu finden, als ich geglaubt. Es hatten sich doch noch manche, teils zu Fuß, teils zu Pferde in den vergangenen Tagen wieder herangefunden, so daß als Gesamtverlust, mit den zehn Mann, die ich wieder mit brachte, doch nur 20 Mann zu bezeichnen waren.

Auch über des armen Lt. Sch.'s Leiche hörte ich das Nähere. Als das Regiment am 19ten früh über unser Attackefeld vorging, hatte die Leiche noch gerade so da gelegen, wie Sch. am Tage vorher gefallen war; um ihn herum aber drei Franzosen, von Lanzenstichen durchbohrt. Die tapferen Ulanen seines Zuges hatten den Tod des Führers zu rächen verstanden. Weniger treu war Sch.'s Schimmel gewesen, er hatte sich, nachdem sein junger Reiter gefallen war, dem Feinde angeschlossen und war von einem französischen Offizier gegriffen worden. Die Leiche selbst war unberührt, Waffen, Uhr, Geld, alles fand sich noch vor; sie war von den Unsrigen zurückgebracht und von dem Bruder in die Heimat transportiert worden. Noch an demselben Tage schrieb ich an die alte Mutter und an die unglückliche, junge Braut, denen er ihr alles war. Schrecklich traurig aber war es, noch alle Tage die Briefe ankommen zu sehen, welche die Braut an den nun bereits Toten schrieb, sie schrieben sich während des ganzen Feldzuges täglich, und nun soll sie in einem halben Irrsinn nicht von den Briefen der Liebe lassen können und setzt den Briefwechsel fort. — Ja, die Hinterlassenen der gefallenen Helden, sie haben es schwer.

Unsere Situation hatte an dem Abend meiner Ankunft wieder eine Aenderung dahin bekommen, daß die Brigade nach einem Vormarsch am nächsten Tage wieder an die Somme bei Amiens herangehen und nur kleinere Abteilungen am Feinde zurücklassen sollte. So marschierten wir dann am 26ten nach Combles und am 27ten zurück nach Buzaincourt.

Hier erreichte uns das erste Gerücht von dem Waffenstillstand, der abgeschlossen werden sollte. Und wer war wieder der Ueberbringer der angenehmen Nachricht? Wieder unser streitbarer Divisionsprediger S., der uns schon so manche wichtige Nachricht gebracht hatte, und der hoch zu Roß bei uns erschien. Wir behielten unseren lieben Schwarzrock gleich bei uns, denn diese Nachricht bedurfte doch einer besonderen Feier. Die Gelegenheit dazu war sehr günstig, die letzte Kriegsrequisition war sehr erfolgreich ausgefallen. Wir hatten nämlich unseren Hafer in dem nahen, uns schon recht bekannten Mailly fouragiert. Gebbert war mit bei der Expedition gewesen, und der hatte dann dem Weinhändler Dufour einen Besuch gemacht, ihm viele Grüße von uns bestellt und dabei geäußert, Buzaincourt sei ein recht trockenes Dorf. Msr. Dufour hatte diese zarte Andeutung verstanden und hatte ihm 12 Flaschen Champagner für uns mitgegeben. Die Basis zu dem gemeinsamen Feste war also vorhanden, und Gebbert's sowohl wie des Kochs der 3ten Eskadron, welche mit uns zusammen lag, Ehrgeiz wurden zu einer besonderen Leistung angespornt. Sie schufen ein sehr opulentes Diner, und unsere Heiterkeit war groß. Mit den Offizieren der 3ten Eskadron sind wir während des Feldzuges eigentlich am intimsten gewesen, gemeinsame Detachierungen, gemeinsame Freuden und Leiden verbanden uns. Ein sehr angenehmes Mitglied des Regiments, von dem ich Euch, glaube ich, noch nichts geschrieben habe, war auch bei uns einquartiert, und zwar der Oberstabsarzt W. Im Frieden ein mit reicher Praxis versehener Doktor in G. in Westfalen, hatte er sich zum Feldzug auf das Roß schwingen müssen. Wie er in ärztlicher Beziehung war, habe ich glücklicherweise nicht viel erfahren brauchen, als Mensch und Gesellschafter ist er der komischste Mann, den man sich denken kann. Er gehört zu denen, die bei ihren Erzählungen und Witzen selbst nie lachen, aber Alle lachen machen, das sind die mit dem besten Humor begnadeten Leute. Bei unserem kleinen Mittagsmahl hatte ein Jeder von uns sein eigenes Glas mitgebracht, und waren diese eigentlich die einzigen Gegenstände, die ein Jeder sich, um den terminus technicus zu gebrauchen, gerollt hatte. Diese Gläser waren von recht verschiedener Form und Größe, ich hatte einen prachtvollen Krystallpokal, der mir eigentlich ganz gegen meinen Willen geworden war. Ich hatte denselben in einem château einmal hübsch gefunden; am Tage darauf stand er auf einmal neben meinem couvert, Freund Gebbert hatte ihn für mich mitgenommen, v. R. hatte ein schönes Wasserglas und Wolf v. R. sogar nur ein großes Likörglas. Das hinderte aber nicht, daß bei einem Toast auf den Waffenstillstand die Gläser, groß und klein, mit Champagner gefüllt, begeistert an einander gestoßen wurden.

Am nächsten Tage kamen wir nach Villers Bocage und heute hierher nach Bovelles. Leider legte sich der Herr Vetter zu unserem Freunde Mfr. de Bosne in das Quartier, was mich natürlich veranlaßte, in ein anderes kleines dort befindliches Schlößchen zu gehen. Dasselbe gehörte einem sehr künstlerisch veranlagten Herrn aus Paris; selbst Maler, hatte er eine wunderschöne Bildergalerie, an deren prachtvollen Originalen wir uns ergötzten. Mfr. de Bosne hatte an dem Tage noch Gelegenheit, einen größeren Disput zwischen zwei Spitzen von uns seines Quartiers wegen zu erleben. Als sich unser Stab eben dort eingerichtet hatte, kam plötzlich der Brigadestab noch an, der auch dort hinein wollte. Doch da keiner weichen wollte, blieben sie nach einer sehr aufgeregten Scene alle beide, und der Gastgeber hatte den Schaden davon, denn die Stimmung bei dem Diner soll eine sehr flaue gewesen sein. Als ich ihn am Nachmittag sprach, bestellte er mir viele Grüße von Frau und Tochter und bedauerte sehr, uns nicht bei sich haben zu können.

Am Abend kam Lt. Theodor v. G. mit dem Nachschub an Pferden, Leuten und Ausrüstungsstücken von der Ersatz-Eskadron aus M. an. Der mir befreundete, nette Offizier kam als Ersatz für Sch. zu meiner Eskadron, worüber ich mich sehr freute. Auch die Pferde und Ulanen erhielt meistenteils ich, für den Ausfall in der Attacke. Theodor war wütend; er hatte damals krank bei der Ersatzschwadron zurückbleiben müssen, hatte die langen, langen Monate vor Aufregung gezappelt, nachgeschickt zu werden, endlich kommt der ersehnte Befehl dazu, er fährt begeistert ab und kommt grade post festum an, in Amiens hatte er schon von dem Waffenstillstand gehört. Es war auch furchtbar hart für ihn. Aus M. mußte er natürlich viel von allen unseren lieben Freunden erzählen und konnte nicht genug klagen, wie es ihm im Winter bei dem quängelichen Reitdienst schlecht gegangen sei, wo wir in Feindesland kämpften. Ich hatte den „Jong" Theodor mit in mein Quartier genommen, und saßen wir bis tief in die Nacht hinein, der Fragen und Gegenfragen war kein Ende.

Wie ich höre, soll unsere Kavallerie-Division südlich der Somme bei Amiens vorläufig stehen bleiben, was dann aus uns wird, wer kann es wissen? Hoffentlich bleiben wir, ist der Friede erst geschlossen, nicht lange mehr in Frankreich, denn meine Sehnsucht nach der lieben Heimat, nach der Familie, nach Euch, Ihr meine Lieben, ist groß. Wann ist Herrmanns Hochzeit? Vielleicht kann ich daran teilnehmen. Die Hochzeit meines einzigen Bruders nicht mitmachen zu können, wäre doch zu traurig für mich.

Nun lebt wohl, meine Lieben, und dankt mit mir dem Herrn, der uns gnädig so weit geführt.

Meine Briefe sollen für die Zukunft nicht seltener werden, das verspricht Euch, Ihr meine Lieben,

Euer Euch innig liebender

M.

III. Abschnitt.

Was nachher geschah.

I.

Gournay, den 8. Februar 1871.

Meine liebe, teuere Mama!

Seit meinem letzten Schreiben sind kaum 8 Tage, wie ich glaube, vergangen und doch kommt schon wieder ein Brief von mir. Ich habe aber in den aufregenden Tagen fast immer meine Schreibtermine eingehalten, weshalb soll ich es jetzt nicht, wo wir in so schöner Ruhe sind, und zwar hauptsächlich in seelischer Ruhe, denn von der körperlichen ist weniger zu sagen. Wir sind seit dem 29. vorigen Monats wieder recht viel hin und her marschiert. Will man das Material an Mensch und Tier nicht in die Fallstricke eines Capua fallen lassen? Dieser Gedanke wäre der einzige, der unser Herumziehen rechtfertigen könnte, denn der andere von einigen unseren Zweiflern ausgesprochene Grund der zu großen Truppenbelastung für Orte mit längerer Zeit, zieht auch nicht: wir sind gerade häufig aus einem reichen Landstrich, wo wir nur einen Tag waren, in einen anderen gezogen, der schon ausgezogen war, und in dem blieben wir dann mehrere Tage. Im Frieden macht solche Dislocierungen der Generalstabsoffizier der Division, wer sie bei uns hier macht, das weiß kein Mensch. Da kommt Einem dann manchmal der Gedanke: „Bist du eigentlich selbst so beschränkt, daß du die Anordnungen nicht verstehst, oder sind die Anordner die Unverständlichen, wer kann es wissen?"

In Bovelles war es so nett bei unserem lieben Künstler! Waffenstillstand war, wir Thörichten hatten deshalb geglaubt, hier ist es so nett, hier wollen wir Hütten bauen. Aber leider kam es anders. Wir saßen gerade mit unserem liebenswürdigen Wirt bei einem reizenden kleinen Frühstück in angenehmster Coserie. Die graziöse Dame des Hauses, die Monsieur seine Frau nannte, ob sie es wirklich war, ist mir jedoch zweifelhaft geworden, präsentierte uns eben eine duftende Tasse Kaffee, und Theodor le Baron G. machte ihr seine schönsten Augen, da kam der Befehl zum Ausrücken. Wir wollten erst gar nicht an die Schauernachricht glauben, unsere Sachen waren nach Monaten einmal aus den Koffern ausgepackt und sonnten sich auf dem einmal schneefreien Rasen, unsere Zimmer hatten wir jeder à son aise sich gemütlich eingerichtet und nun hieß es: Wieder hinaus aus dieser Gemütlichkeit.

Die sogenannte Intelligenz in Gestalt unseres Adjutanten Graf K. erschien und erklärte uns: „Ja, wir ziehen in unsere Waffenstillstands=quartiere." Der Abschied war zwar hart, aber diese Erklärung schien uns logisch, und wir zogen dann ab nach gerührtem Abschied von dem Künstlerpaar und auch von dem netten Monsieur du Bosne, der noch immer gehofft hatte, ein günstiger Wind würde uns anstatt seiner Einquartierung wieder zu ihm führen. Er gab mir sein Bild und das von Mademoiselle, seiner lieblichen Tochter, mit auf den Weg. Ich werde ihn nicht vergessen, diesen liebenswürdigen Franzosen aus vornehmer alter Familie, jedoch sans titre, wie er sich ausdrückte. Hiermit wollte er sagen, daß er es verschmäht hätte, von einer der letzten Regierungen etwa einen Comte= oder Baronstitel anzunehmen.

Also nun ging es wieder fort. Wir marschierten in der Brigade, da werdet Ihr Euch nach meinen Schilderungen schon einen Vers daraus machen können, wie es uns erging. Ich kann nur sagen, selten ist mir ein Tag so lang geworden: die Entfernung betrug ungefähr 4 Meilen bis nach Airaines, wohin wir sollten. 3 Stunden brachten wir darauf zu, eine halbe Stunde vor dem Orte darüber nachzudenken, ob wir eigentlich hinein wollten oder nicht. Der Flecken war nämlich von den Franzosen besetzt, die erst behaupteten, sie wüßten noch nichts von dem Waffenstillstand, nachher aber, sie hätten das Recht dort zu sein, denn Airaines liege diesseits der vereinbarten Linie. Mein Lieutenant v. R. leitete diese ganzen Verhandlungen im Namen der Brigade mit einem Comte de Lameth, dem Führer der Franzosen, und konnte nachher nicht genug davon erzählen, wie komisch die Stimmungen in unserem Kriegsrate geschwankt hätten, einmal ernster Widerstand mit Lust zum Einhauen, dann wieder Bedenken wegen des Waffenstillstandes. Der ganze Frieden könne gefährdet werden, wenn wir Ernst machten ꝛc. Dabei waren wir eine Brigade, und in Airaines stand eine feindliche Schwadron Dragoner, die wir eigentlich zum ersten Mal in der Nähe sahen, und eine Kompagnie. So schwankten die Stimmungen hin und her, wir aber mit unseren Schwadronen hielten und hielten herum und hatten einmal wieder Gelegenheit, uns furchtbar dumm vorzukommen. Ich konnte es zuletzt nicht mehr aushalten, die schönsten, fettsten Dörfer lagen diesseits Airaines vor unserer Nase, ich rückte in eins hinein. Da wieder der Impuls der momentanen Leitungsenergie, wir wurden wieder heraus= geholt, und so ging es hin und her, genug, ich ging dreimal in mein nettes Dorf Wallues hinein und dreimal wieder heraus. Endlich gegen Abend dachte der Comte Lameth, der gewiß hungrig wie wir geworden war, „der Klügste giebt nach" und ging aus Airaines hinaus und mit seinem Detachement eine Meile zurück, weil er gewiß gehört hatte, daß es dort noch besser wäre, als in Airaines. So kamen wir denn zum Souper in den friedlichen Besitz unserer Quartiere, und die Tages= beschäftigung war ein Fluchen und Schimpfen gewesen. Was das schlimmste aber war, die Kerls, die Franzosen, hatten dort gehaust wie die Hunnen, in meinem an und für sich schon schlechten Quartier bei einem Kaufmann, war du tout, du tout von dem Artikel da, den man unter die zum Essen tauglichen hätte rechnen können. Gebbert war wütend, und dabei Waffenstillstand, wo er keinen Curé mehr um seinen Abendmahlswein bitten konnte.

Ich hatte mir meinen lieben Wolf v. B., meinen Fähnrich, mit in das Quartier genommen, und dachten wir bei einer traurigen Milchsuppe abends über den Wechsel des Lebens nach und erzählten uns westfälische Geschichten. Er erzählte mir unter anderem, was Euch interessieren wird, wie Levin Schücking zu all den Details über die westfälischen Adelsfamilien gekommen ist, die er in seinen Romanen beschreibt. Er hat von Jugend auf in der Familie des alten Herrn v. Dr.=H. gelebt, der eine wahre Chronik in Westfalen war und jeglichen Familienklatsch kannte; von dem hat er dann alle die Geschichten gehört und hat sie dann unter anderem Namen verwendet. Die Geschichten sind aber alle buchstäblich wahr, auch die von dem Herrn v. R., der seine Frau, als Reitknecht verkleidet, hinter sich herreiten ließ und der die Burg, in welche die Frau, um schließlich seinen Miß=

handlungen zu entgehen, sich geflüchtet hatte, förmlich belagerte. Wolf wußte alle die wahren Namen, und war es mir sehr ergötzlich, sie zu hören. Möglich ist eben in dem lieben Westfalen noch manches, das in den übrigen Gegenden seit Jahrhunderten undenkbar ist.

Für einige Tage blieben wir nun wirklich in Airaines. Am zweiten Tage war ein großes Fest, das alle mit dem eisernen Kreuze Dekorierten vereinigte. Ich wandte hier zum erstenmal meine Methode an, immer jeden zu fragen, wofür er glaubte es erhalten zu haben, und da hörte ich doch noch einige aufrichtige „ich weiß es nicht." Mit der Zeit werden aber schon die Geschichten kommen. Andere hatten aber schon ganz nett die Phantasie wirken lassen und erzählten jetzt schon ganz offen von der Bravour, die sie da und da entwickelt. Die Wahrheit hatten sie vergessen. O vanitas, vanitatum vanitas.

Im übrigen verlief das Fest für einige etwas bedenklich, es mag der Ruhm gewesen sein und der Lorbeer, der manchem zu Kopf stieg.

Wir haben hier jetzt das schönste warme Wetter, man muß sich immer den Gedanken vergegenwärtigen, daß wir noch im Februar, also im Winter sind, die Sonne scheint schon so warm vom blauen Himmelszelt, daß man glauben könnte, der Frühling sei da.

Wie anders mag es bei Euch, Ihr Lieben, sein. Just vor einem Jahr da liefen wir in unserem lieben M. auf dem Schloßteich täglich Schlittschuh und die schönsten Eisfeste mit Musik wurden von mir arrangiert. Damals wurde auch das große Eisepos von mir verfaßt, das anfing: „Der Thauwind kam von Mittag her und schmolz der Erde Schnee und Eis", und dann erzählte die wieder blaue Welle von dem, was sie im Winter auf sich erlebt.

Wie lebhaft stehen alle die lieben Menschen wieder mir vor den Augen, die da täglich zum fröhlichen Korso zusammen kamen und in teils großer, teils geringerer Künstlerschaft auf dem Kothurn der Schlittschuhe ihre Bogen fuhren. Es war in diesen jährlichen 8 Wochen der Wintersaison unsere ganze Gesellschaft wie eine große Familie, denn man verlebte von den 24 Stunden des Tages mindestens die Hälfte zusammen. Da wurde gemeinschaftlich diniert bei Herrn M. in unserem Vereinigungslokal, abends wurde alle Tage getanzt bis in die späte Nacht hinein. Dann blieben die Herren wieder noch Stunden lang bei M. zusammen. Hierauf kam ein ganz klein wenig Schlaf, dann der Dienst und gleich darauf wieder der Korso fast bis zum

Diner. Und so ging es alle Tage. Mußte man da nicht bekannter mit einander werden, wie anderswo? Und wie paßten wir alle zusammen: Ein Alter ungefähr, ein Stand, eine Vergnügens=passion, es waren reizende Zeiten, und ich glaube nicht, daß sie so leicht in M. sich wiederholen, wenn wir nicht mehr da sein werden.

Eigentliche Eiskünstler waren nur ungefähr 20, auf die aber war Verlaß, sie kamen alle täglich, während andere, wie der liebe Karl R., Komtesse Toni ꝛc. mehr für ein längeres Ausruhen von den Tanzstrapazen waren. Aber wenn unsere Ulanenmusik ihre schmetternden Fanfaren auf dem Eis ertönen ließ, wenn die Aufforderung zum Tanz erscholl, dann kamen auch die Verspäteten herangezogen, und zuletzt fast immer auch der ersehnte Verein vom Faubourg St. Maurice. Wer waren sie? Drei junge Damen, deren Wohnung in der Vorstadt dort in St. Maurice gelegen war, und die sich, gleich ausgestattet durch Liebreiz, Grazie und Liebenswürdigkeit, zu diesem Verein zusammengefunden hatten, sie hießen H. v. O., Komtesse B. F. und Cl. v. d. B. Infolge des späten Kommens war es zwar mit der Schlittschuhfertigkeit nicht allzugut bestellt, aber sie fanden sich doch hinein und zierten eine jede Quadrille. Von den Damen sind sonst noch zu nennen: Th. v. R., die die Herren selbst an Eislaufkunst übertraf mit ihrer Schwester M., Fr. v. Tw. und ihre Schwester, die Gräfin J. und noch mehrere andere Damen. Da wurde stets schon auf dem Ball zum Eisfest engagiert, und es war für die guten Männer, die am Strande herumtrippelten, eine Freude, die Jugend ihre kunstreichen Bogen fahren zu sehen. Aber auch der Herren will ich erwähnen, damit Ihr Euch ein Bild machen könnt von dieser ganzen Herrlichkeit. Da war der lange Könne M., der mittelst seiner langen Beine bei dem Wettlauf stets den Sieg gewann, da war Lord Inus, welcher die Sache mehr vom Gesundheitsstandpunkt der Bewegung auffaßte, da tanzte der „kleine blonde Mann" zierlich wie auf dem Parket herum; gravitätisch fuhr auch unser teurer „kleiner Meier" (Graf Pl.), den nun auch schon das Schicksal hinweggerafft hat, seine Kreise, und der große Meier, sein Bruder, versuchte es ihm nach zu thun. Max Rump, Fritz und Aug. Tw., Spießen, Ascheberg und Geyer, auf die war stets zu zählen. Genug, die ganze Gesellschaft fand nach und nach sich ein, und wenn sie auch nicht alle das Eis fahrend betraten, wie der Kousin W., Otto B., Graf M. und Graf L., so kamen sie doch vom Ufer herunter und glich das Eis jeden Tag einem montierten Salon. Auch die älteren Herren verschmähten es nicht, sich den Zauber anzusehen, da kam unser hochgeehrter Graf Fritz L. wie immer in seinem umgehängten Paletot, unsere alte Mutz mit dem Cigarrenpfeifchen, der uns so sehr sympathische Peechen, der große Jäger „die Taube", der geehrte Major Graf A. S. und viele andere, natürlich Franz v. C., wo die liebliche Tochter war, da fehlte er selten. Wer wollte es ihm verdenken? Auch der liebe Biber ließ sich manchmal sehen, aber auf das Eis ging er nicht, das war ihm zu glitscherig, dagegen frühstücken, das wollte er immer und wurde von den Damen deshalb sehr angefeindet, wenn es ihm gelang, einen dem Eise untreu zu machen. Leider gelang es ihm immer.

So war es im vorigen Jahre, wer von uns hätte damals geglaubt, daß wir ein Jahr darauf hier in Frankreich sein würden, und daß die schönen Feste von damals sich wohl nie für uns wiederholen, daß sie aber fortbestehen werden und bleiben in ewiger Erinnerung.

Doch nun zurück von meiner Erinnerungsabschweifung nach Airaines, unserem Kantonnement.

Merkwürdig ist es, daß wenn es irgendwo Einem zu wohl geht, dann muß er fort; es ist gesorgt, daß die Bäume nicht in den Himmel wachsen. So auch hier. Am dritten Tage nämlich hatten wir den Schmerz, unsern Brigadestab aus Airaines sich entfernen zu sehen. Infolgedessen trat ein Quartierwechsel ein, und ich legte mich in das Logement des Herrn Brigadekommandeurs. Dort war es nun wirklich sehr nett. Reiche Leute, er kränklich, sie eine hochamüsante, junge Pariserin, wunderhübsches Haus, reizende Zimmer, freundliches Entgegenkommen und amüsante Flirtation bis spät abends, wer konnte es sich besser wünschen? Man war einmal wieder im Salon, und kam ich mir in der schmutzigen Ulanka, auf die schon so viele Sonnen- und Wasserstrahlen herniedergesunken waren, neben der vorzüglich angezogenen Pariserin recht komisch vor. Am anderen Morgen besuchte mich „der kleine, blonde Mann", der sich von seinem Kommandeur etwas beurlaubt und die guten Seiten meines jetzigen Quartiers in jeder Richtung zu würdigen gewußt hatte, und konnte mir nicht genügend seinen Schmerz ausdrücken, aus diesen Räumen und von diesen Leuten haben scheiden zu müssen. Doch alles Klagen half ihm nichts, und am meisten traurig war er, als Madame nicht einmal erschien, um ihm Trost in seinem Jammer zu spenden. Hab ich Euch, meine Lieben, schon einmal von ihm erzählt? Er war der Nachfolger unseres lieben Grafen Pl. Als der nun bei seinem damaligen Vonunsgehen rednerisch, ja poetisch gar, gefeiert wurde, da machte der Kleine ein trauriges Gesicht ob dieser Lobreden. Zu seinem Troste ward ein Gedicht auf ihn gemacht und nach der Melodie von „Röschen hatte einen Piepmatz" ihm gesungen, das also begann:

> „Doch da kam vom fernen Osten
> Her ein kleiner, blonder Mann
> Und man lernt sich drüber trösten,
> Daß der Meier ging von dann'."

Er war uns allen ein lieber, guter Freund, der gern einen Spaß verstand, und hat er wohl am meisten während des Krieges von der Stelle, zu deren persönlichem Schutz er kommandiert war, zu leiden gehabt. Während er mir nun noch auseinandersetzte, wie schmerzlich er von Airaines geschieden sei, da ereilte ihn eine Ordonnanz, und was brachte sie? Auch unser Fortgehen aus diesen lieblichen Fleischtöpfen Egyptens. Der kleine Blonde empfahl sich schmunzelnd mit den Worten:

> „Was ich selber kann nicht haben,
> Soll ein anderer auch nicht dran!" ꝛc.

und galoppierte davon. Wir aber marschierten am anderen Morgen 3 Meilen weiter gen Hornoy, in dessen Nähe ich nach Clivur zu zwei schrecklichen alten Witwen in das Quartier kam. — Gar wunderbar ist der Wechsel des Lebens und bei dem Vergleich, den ich mit gestern anstellte, konnte ich mich recht in die Seele des blonden Mannes von gestern zurückversetzen. — Wir aber scheinen noch immer nicht unsere Waffenstillstandsgarnison gefunden zu haben; wer weiß, ob wir sie überhaupt noch finden? Am nächsten Tage kamen wir nach Molliens= Beauvais und sollen auf dem Wege nach der Normandie sein. Es ist mir nun schon ganz einerlei. Man darf garnicht über den Tag hinausdenken, muß dem Augenblick leben und des Quartiers sich erfreuen, das Einem der Tag gerade bietet, ist es gut, eh bien, ist es schlecht, so freut man sich auf den nächsten Tag, wo es gut sein wird. Ja „Wandern ist des Kriegers Lust" ist unser Motto, und Ruhe nur im Grabe.

Da in Molliens war es wieder ganz vorzüglich. Ein Dorf, wie wir es uns in Deutschland gar nicht vorstellen können. Es herrscht doch teilweise ein immenser Reichtum in diesem Frankreich. Das Dorf bestand eigentlich aus lauter kleinen Châteaus, so daß mich der Quartier= macher, der doch sonst meinen Geschmack für wirkliche Châteaus kennt, doch nicht in das eigentliche Schloß des Dorfes, einem Comte Beauchêne gehörig, sondern zu einem Strumpfwirker gelegt hatte. Aber was war das für ein Strumpfwirker! Man konnte wirklich nur ausrufen: O du heiliger Strumpfwirker! Derselbe war Junggeselle, weit gereist, hatte eigentlich alles gesehen und erlebt, was es in der Welt zu erleben giebt, und hatte sich von dem Gesehenen sehr viel Schönes mitgebracht. Sein Haus, in jeder Beziehung auf das beste eingerichtet, war das reine Museum voll prachtvollster Kostbarkeiten, und der Orient und Occident überboten sich in seinen Sammlungen.

Natürlich stand die Aufnahme der Einrichtung nicht nach, und ich kann sagen, daß dieser Tag in Molliens wohl einer der interessantesten war, welchen mir die Quartiere Frankreichs bisher geboten haben. Auch meine Leute hatten es ganz vorzüglich; die braven Mollienser hatten noch nie Einquartierung gehabt und betrachteten die Ulanen als ihre lieben Gäste. Abends waren sie alle mit ihren Kriegern in das Gasthaus gegangen und hatten sie dort nach besten Kräften so zu bewirten angefangen, daß meinem braven Wachtmeister die Sache doch gegen Mitternacht einen beängstigenden Charakter zu nehmen schien. Er trat in unseren fröhlichen Kreis und erklärte, der ganze Ort sei betrunken, worauf ich natürlich mit meinen Offizieren nach dem Gasthof gehen mußte, um Wirte und Gäste nach Hause zu befördern. Es war ein prachtvolles Bild, die braven Bourgeois Arm in Arm mit den Ulanen nach Hause schwanken zu sehen. Aber gut war es, daß wir den Ort am Tage darauf räumten, denn diese Gastfreiheit hätte wirk= lich zum Capua für die Ulanen werden können.

Hier in dem letzten Quartier der Pikardie, denn unser heutiges Gournay gehört, wie ich eben höre, bereits zur Normandie, kam ich auch durch die Güte meines Wirtes noch zu einem Gegenstande, nach dem ich mich längst schon vergebens umgesehen hatte. Dieser Gegen= stand war die jetzt längst schon abgelegte und nur noch in den Truhen der Großmütter vergrabene Staatsmütze einer Pikarde, wie Ihr sie vielleicht schon auf dem Theater gesehen habt. Als wir nämlich in H.

bei der Gräfin J. waren, da wurden, ich glaube, es war zu Ehren des Geburtstages der Gräfin, einige lebende Bilder gestellt und ein Lustspiel, das Euch, Ihr Lieben, gewiß bekannte „Der Kurmärker und die Pikarde" aufgeführt. Diese Pikarde war H. v. D., und sie entzückte die ganze Zuschauergesellschaft durch die Grazie ihrer Spielweise und die Anmut ihrer Erscheinung. Ein jeder begriff an dem Abend, daß ihr Kurmärker (ihr Vetter, ein Herr v. Sch.), dieser Pikarde gegenüber nicht poltroumäßig genug auftreten konnte, wie es seine Rolle erforderte. Nun waren wir doch hier seit langen Monaten in der Pikardie, aber eine Pikarde von dem Liebreiz in H. hatte ich noch keine gesehen. Die ängstlichen Eltern hatten ja allerdings vor den grimmen Ulanen, qui mangent les jeunes enfants, vielfach ihre jungen Töchter weitab zu Verwandten geschickt, aber es waren doch noch eine Menge derselben zurückgeblieben. — Da hatte ich mir denn schon seit Wochen vorgenommen, ein echtes, unverfälschtes Pikardisches Nationalkostüm irgendwo aufzutreiben und mich schon auf den Augenblick gefreut, wo ich es H. v. D. als Dank für den Genuß jenes Abends bei der einstigen Rückkehr überreichen könnte. Hier endlich gelang es mir, und eine alte Großmutter hinter ihrem Spinnrocken wurde bewogen, teils durch die Beredsamkeit meines Wirtes, teils durch eines der größten Goldstücke, die man hier von Franks kennt, das ich ihr verlockend unter die trüben Brillengläser hielt, sich von dem Schatz ihrer Jugend zu trennen. Die Mütze ist aber doch etwas anders, wie die auf dem Theater gezeigte, Zuckerhut ähnliche, aber eigenartig sieht sie genug aus, und wenn ich mir denke, wie ein gewisses liebliches Fräulein sie dereinst anprobieren wird, dann freut sich mein Herz.

Seit vorgestern sind wir nun hier in Gournay eingerückt, einem kleinen Fabrikstädtchen von ungefähr 5000 Einwohnern. Sehr berühmt ist es hier nicht, obgleich ich noch einen guten Treffer mit meinem Quartier gezogen habe. Mein Wirt ist ein alter Offizier, Etatmajor mit Namen de Stubenrath. Seine Familie stammt aus Deutschland und zwar aus Schlesien. Der Vater von ihm ist nach den Freiheitskriegen hier kleben geblieben, und der Sohn ist nachher französischer Offizier geworden, hat in Algier gefochten und sich dann hier zur Ruhe gesetzt. Er ist infolge seiner Abstammung ein merkwürdiges Zwittergeschöpf. In seinen langatmigen Geschichten schwärmt er pour toutes les gloires de France, auf der anderen Seite spricht doch noch das Gefühl der Heimat seiner Großeltern mit, und das freut sich denn der deutschen Siege. So schwankt er denn in seinem Herzen hin und her, und er hat nicht Unrecht, wenn er sagt, es wäre Zeit für ihn zur Ruhe zu gehen.

Als alter deutscher Edelmann versuchte er sich auch zu gerieren, aber der Cousin W., der Schlesier ist, meinte, den Namen gäbe es bei ihnen nicht, er würde wohl Stübenrath heißen, solche Leute wären in Breslau; einer wäre dort Besitzer eines Mietsbureaus von Dienstboten. Das „de", das er sich vor seinen Namen setzt, bedeutet hier nicht viel, darin hat die Napoleonidische Zeit ein merkwürdiges Wirrwarr geschaffen und es wäre nötig, daß ein Heroldsamt einmal alle diese falschen Edelleute revidierte. Kauft sich hier ein Mr. Meyer ein Gut, so nennt er sich nach demselben Monsieur de X. und wirft den Meyer heraus, ein Fall, der wo anders auch bisweilen vorkommt. Der alte Herr de Stubenrath ist aber ein netter, umgänglicher Herr, und wir haben schon manche Stunde mit einander verplaudert, nur etwas endlos ist er.

Aber Ihr, meine Lieben, werdet mir nachsagen, daß ich ja selbst der reine Stubenrath wäre, so bin ich in das Plaudern hineingeraten, deshalb will ich nur endlich dieses opus eines Briefes beendigen: bald schreibe ich Euch wieder. Unser kleiner gefallener Sch. fehlt uns mit seiner harmlosen Fröhlichkeit immer noch sehr; ein jeder Mensch, der dahin gerafft wird, hinterläßt eine Lücke, teils mehr, teils weniger groß. Das ist am merkbarsten in meinem Schwadronsoffiziercorps während eines so langen Krieges. Das stündliche Zusammensein schafft aus demselben fast eine Familie und die gemeinsamen Erlebnisse knüpfen ein festes Band, das wohl ein Menschenleben zu füllen imstande ist.
— Grüßt H. vielmals von mir und sagt ihm, man sähe einem Verlobten ja vieles nach, daß er aber in der ganzen Kriegszeit auch nicht einmal geschrieben hätte, wäre doch unverzeihlich. Und nun lebt wohl, meine Lieben, aus dem Waffenstillstand wird hoffentlich der längst ersehnte Frieden hervorgehen, der uns endlich ein Wiedersehen beschert.

In treuester Liebe

Euer M.

II.

Coudray, 14. Februar 1871.

Mein liebes, teueres Mamachen!

Da sind wir denn nun mitten in der schönen Normandie darin, dem Lande, von dem die Redensart stammen soll: „Man lebt wie Gott in Frankreich." Ganz so ist der Eindruck nun zwar für uns nicht, aber es läßt sich hier leben, und wir erfreuen uns im ganzen schöner Tage. Bei Euch ist wahrscheinlich noch Eis und Schnee, hier haben wir aber doch schon manchen Sonnentag gehabt, der ein gewisses Frühlingsahnen aufkommen läßt. Das Leben des Volkes lernt man als Soldat eigentlich am besten kennen, es müßte sich einmal eine militärische Feder finden, welche die Kulturgeschichte eines Landes schriebe; denn wer lebt mehr in den Volksgebräuchen, wer findet sich mehr hinein in ihr tägliches Leben, als der Soldat? Allenfalls der frühere Handwerksbursche aus vergangener Zeit, der mit dem Ränzel auf dem Rücken und dem Stock in der Hand die Lande zu Fuß durchkreuzte. Jetzt ist das ja alles auch anders geworden und solche Handwerksburschen bekommt man nicht mehr zu sehen. Die fahren jetzt mit der Eisenbahn, und was sie vom Volksleben erzählen, das ist gleich den Schilderungen der Touristen, die vom Fenster des Coupé's die ländlichen Gegenden sehen und dann nachher aus den Gasthöfen der Städte heraus ihre Betrachtungen über das Volk zu Papier bringen. Sie schildern aber nur das Leben der Städte, und man bekommt dadurch von dem Volke des Landes, das doch immer den Hauptteil der Nation bildet, einen ganz falschen Begriff. Wir aber leben wirklich in den Familien der Landeseinwohner, und zwar in allen Ständen, und wir allein sind in der Lage, ein Urteil über dieselben abgeben zu können. Darin sind wir selbst unserem Kollegen, dem Handwerksburschen, über, der bleibt in seiner Kaste, während wir

heute bei dem Bauern, morgen bei dem Schloßherrn, den nächsten
Tag bei dem Handwerker und den übernächsten bei dem großen
Fabrikbesitzer einen Blick in die Verhältnisse thun können.

Was wir aber hier in der Normandie von den Menschen zu
sehen bekommen, das gefällt uns, sowohl die Anschauung der Leute
selbst, ihr Familienleben, ihr braver, guter Sinn, ihr religiöses Leben,
ihr kindliches Gefühl, das für uns oft leicht das Kindische streift;
alles das läßt uns das Volk liebgewinnen. Das heißt, verstehe mich
recht, ich meine stets nur das Volk des Landes und der kleinen Städte,
nicht die entnervte, blasierte Gesellschaft der großen Städte mit ihrem
Paris an der Spitze, die uns vollständig antipathisch ist. Rätselhaft
bleibt nur, daß dieser gesunde, thatkräftige Menschenschlag der Land=
bevölkerung sich nun schon seit Jahrhunderten von der Pariser Gesell=
schaft terrorisieren und sich Gesetze aufdrängen läßt, die ihnen ganz
zuwider sind. Wann wird der Retter auch für diese guten Menschen
einst kommen, die in den meisten Anschauungen uns näher stehen, als
ihren Volksbeglückern in Paris? — Die liebe Normandie. Als wir
die Grenze derselben überschritten, wie mußte ich da unseres lieben
Grafen Hue gedenken, dessen Familienwiege ja hier gestanden haben
soll. Der Name existiert auch noch in mehreren Zweigen, wenn auch
in etwas anderen Beinamen, wie Hue de la colombe 2c. — Er=
innert Ihr Euch noch, meine Lieben, der Geschichte von Hue's erstem
Debut am herzoglichen Hofe in B.? Als wir den Cercle vor der
Herzogin bildeten und diese ihn fragte: „Sie sind wohl aus der
Normandie?" Damals konnte der ganze Cercle kaum die nötige
Haltung bewahren, als Hue mit seinem besten thüringischen Dialekt
erwiderte: „Ei ne, Euer Hoheit, dichte bei Nordhausen." Selbst die
Herzogin mußte lachen. Hue sah sich aber erstaunt um und freute
sich der Fröhlichkeit, welche er erregte. Ob er auch wohl hier mit
dem lieben alten Regiment durch sein altes Heimatland gezogen ist?
Ich habe seit Monaten nichts mehr von dem Regiment gehört; die
Kavalleriedivision, bei welcher es steht, soll sich in der Nähe von
Rouen befinden, ja selbst bis Dieppe vorgedrungen sein. — Mein
kleiner Lieutenant Kurt v. E. hat nun auch das eiserne Kreuz bekommen:
eben 18 Jahr geworden, Offizier und das Kreuz: der wird es noch
einmal weit bringen auf der militärischen Staffel. Er verdient es
aber auch, er ist ein strebsamer, guter Offizier von kavalleristischer

Anlage. Ich weiß nicht, ob ich Euch schon schrieb, daß er, als er Offizier wurde, die Fuchsstute „Haltaus" von mir kaufte, welche ich vor einem Jahr mit „Favorite" von der Baronin R. erwarb: ich habe mit beiden Pferden gute Geschäfte gemacht. Letztere kaufte der große Hofmarschall des Fürsten v. B., Friedrich v. C., für den Fürsten, der sie im Viererzug führt. Ihr erinnert Euch, was ich Euch von dem braven Kämmerer erzählte, der so viele höfische Würden jetzt in sich vereinigt. Bei uns in M. hieß er nur der „Bummel", und die Jurisprudenz sollte eigentlich sein Lebenszweck werden. Aber leider entriß ihn die Hofkarriere unserm Kreise und wehmutsvoll weihte ihm die zahlreiche Freundesschar bei seinem Scheiden einen Hof=
marschallsstab, auf dem als Symbol seines bisherigen Lebens ein silbernes Settglas befestigt war. Hoffentlich sehen wir ihn bald einmal, da neulich die Kunde zu uns drang, daß sein principe auch unter die „Schlachtenbummler" gegangen sei; die reisen manchmal auch bei den anderen Armeen herum, weil ihnen Versailles, ihr Hauptsitz, doch wohl dauernd zu langweilig ist; da werden sie auch einmal zu uns, zur ersten Armee, kommen.

In Gournay haben wir uns im ganzen 4 Tage aufgehalten und wird nun immer gründlich an unserem Retablissement gearbeitet; meine Schwadron sieht schon wieder sehr gut aus, woran zum Teil die vielen neuen Mankas des Nachersatzes schuld sind, welche ich für die Verluste an Leuten bei der Attacke erhalten habe. — Mit den Lanzen sah es bei mir am schlimmsten aus; es waren von der Ersatzschwadron nur verhältnismäßig wenige mitgekommen, dagegen bei mir sehr viele zer=
schossen, zerbrochen und zersplittert. Da mußten denn die französischen Tischler sehr fleißig sein und neue Schäfte anfertigen. An das vor=
geschriebene Eschenholz band ich mich aber nicht, wo sollte das hier in guter, trockener Qualität in solcher Anzahl herkommen? Gutes Nußholz that es auch, ja selbst mancher Baumstamm ist darunter; schwarz gemacht, sieht man es nicht. Auch einen Versuch mit Schäften von Eisen machte ich; wenn sie hohl sind, geht es ganz gut, nur daß der Schwerpunkt ein anderer ist und gegen die Kälte da, wo die Hand daran ruht, Leder um den Schaft gesetzt wird. Im Kriege lernt sich so manches, das Reiten mit „Lanzen hoch" habe ich während der Märsche ganz abgeschafft: wenn ich allein marschiere, lasse ich die Lanzen stets auf die Lende nehmen, was das Pferd auf der rechten

Seite etwas entlastet und weniger zum Drücken Veranlassung giebt. Das Pferdematerial ist noch immer in einer vorzüglichen Verfassung, woran der viele Hafer schuld ist, denn mit den Requisitionen wird es noch immer nicht sehr genau genommen. Meine Pferde sind sehr gut im Stande, nur Brittish Queen hustet nach wie vor, sie kann die Metzer Regenbiwaks nicht vergessen; ein Beweis, daß Vollblut doch kein rechtes Soldatenpferd ist, so gut sich sonst darauf reitet. Mein kleiner Franzose sieht, nachdem Schwanz und Mähne ihm wieder gewachsen sind, vorzüglich aus und geht sehr gut nach preußischem System von mir geritten. Ich möchte wissen, wo der Stall seiner Geburt stehen mag; Pferde haben ihren Lebensroman wie die Menschen, und hat er es gewiß nie geahnt, dereinst vor einer preußischen Ulanenschwadron zu gehen.

Mit meinem alten Etatmajor de Stubenrath habe ich mich nach wie vor sehr gut vertragen, manchmal tabbelten wir uns zwar über die Kriegsführung, aber es blieb immer bei einem kosenden Geplänkel. Ich habe Euch übrigens über ihn neulich falsches berichtet. Nicht sein Vater hat die Napoleonischen Kriege mitgemacht, sondern er selbst, ich hatte den hohen Achtziger für einen Sechziger gehalten, so bien conservé sieht er aus. Er ist Offizier der Ehrenlegion und hat von 1806—1812 in Stettin in Garnison gestanden. Er steht ganz allein in der Welt, seine Frau ist ihm nach fast 50jähriger Ehe gestorben, und da ist er bisweilen etwas melancholisch. Er hat nur eine Passion noch, und das ist ein guter Mittagstisch, eine Passion, welche mir durchaus nicht unangenehm ist. So leistete ich ihm denn häufig Gesellschaft bei seinen kleinen Déjeuners und Diners und ließ mir von ihm seine alten Kriegsgeschichten erzählen. Eine vorzügliche Flasche Volnay wurde dabei von uns getrunken, und war mir offen gestanden die Gesellschaft des alten Herrn interessanter, als unser Offiziertisch im café de la bourse, bei dem außerdem die Anwesenheit des Herrn Vetters die Gespräche nicht gerade interessanter machte.

Leider gehen uns die Nachrichten von zu Hause nur sehr spärlich zu, da aus wunderbarer Oekonomie und wegen sogenannter Pferdeschonung nur alle 4 Tage zur Abholung der Briefe nach dem Divisionsstabe geschickt wird. Heute erhielt ich denn nun einen ganzen Berg von Zeitungen und Briefen, darunter auch Eueren letzten lieben

Brief. Die Zeitungen sind nach wie vor von meiner teuren, aufmerksamen Freundin Fr., welche mich gütiger Weise während des ganzen Feldzuges mit Lektüre und mit vielen anderen guten Sachen versorgt hat. Ich weiß gar nicht, wie ich ihre große Freundlichkeit dereinst vergelten soll. Aus Deinem lieben Briefe, mein teueres Mamachen, erfahre ich, daß es Euch Gott sei Dank gut geht. Die Hochzeit H.'s ist also für den März festgesetzt, ich hoffe immer noch, daß ich dazu kommen kann. Hoffentlich ist der Waffenstillstand dann in den Frieden übergegangen.

Am 8., unserm letzten Tage in Gournay, fanden die Wahlen zur Nationalversammlung dort statt, was, ich muß es sagen, in größter Ruhe und Ordnung vor sich ging. Die Franzosen schienen sich ihrer Pflicht wohl bewußt zu sein, durch ihr Votum zur Sicherung einer Regierung beizutragen, denn diese jetzige Unsicherheit war doch für sie unerträglich. In Gournay wurde übrigens konservativ, d. h. legitimistisch gewählt. Ein Umstand, der jedoch ganz vereinzelt da steht, da die anderen Orte in der Nähe sich sämtlich für die Republik aussprachen. Wie oft hörte ich das Urteil, ja wenn wir einen Prätendenten für den Königsthron hätten, wie einen Ihrer Prinzen, den wählten wir gleich. So aber haben sie ein Grauen vor Napoleon und ein Mißtrauen gegen die Orleans, der Graf von Chambord aber, der ihrem Vertrauen noch am nächsten steht, hat keine Kinder. — Wenn man bedenkt, daß vor 3 Jahren noch 3 Millionen Franzosen Napoleon wählten, so sieht man, was ein Plebiscit bedeutet, wenn der Erfolg sich gegen die Person bewiesen hat.

In Deinem lieben letzten Brief schreibst Du, mein teures Mamachen, ich möchte Dir doch einmal recht genau die französische Lebensweise vom Morgen bis zum Abend beschreiben, ihre Einrichtungen im Hause ꝛc. ꝛc. Ich kann mir wohl denken, daß es Dich interessiert, denn ich kenne ja Dein gewisses Tendre für alles Französische. Weißt Du noch, wenn Du uns als Kinder oft zu unserem Entsetzen mit den Vokabeln quältest? Oft erhielten wir eine Extrabelohnung, wenn wir Dir einen korrekten Aufsatz lieferten, und wenn wir etwas erreichen wollten, schrieben wir Dir einen französischen Brief, dann erhielten wir es gewiß. Damals schimpften wir immer tüchtig, jetzt aber sind wir Dir dankbar genug dafür, und ärgere ich mich oft darüber, nicht mehr Vokabeln gelernt zu haben, wie neulich, als es einer langen Umschreibung bei meiner Komtesse bedurfte, ehe wir uns über den stacheligen Igel, den ich im Garten gesehen, einigen konnten. Hätte ich da die Vokabel hérisson gelernt gehabt, wäre es leichter gegangen. Deine Vorliebe für das Französische stammte aber eigentlich aus anderer Quelle, als aus der der Hochschätzung der Sprache, der Lebensweise ꝛc. der Franzosen an sich. Deine Hochachtung derselben rührt aus Deiner Erziehung und der Auffassung Deiner Eltern aus jener Zeit her, wo alles Französische, namentlich das Legitimistisch=Französische an sich schon als vornehm, als vollkommen galt. Diese Hochschätzung, mit welcher der Deutsche ja zu allem Fremdländischen emporsieht, und mit der er das Fremde schon allein deshalb für fein und schön erklärt, weil es eben das Fremde ist, erhielt in Deiner weiteren Jugend allerdings einen bedeutenden Stoß, als der erste Napoleon mit seinen Bedrängern im deutschen Lande erschien. Damals wurde in der Jugend der Haß auf den Erbfeind groß gezogen, der jetzt die Söhne der Plagegeister von damals auf das Haupt geschlagen hat.

Ich muß dabei immer des Quartierbillets denken, das daheim in meinem Album steckt, dasselbe lautet:

Propriétaire du Werder.

Nr. 8. Haus Voigteyplatz.

Monsieur de L.

logera par ordre du magistrat Monsieur Guiraud, capitaine de la garde impérial avec trois domestiques.

Berlin, le 2. Août 1807

und wie derselbe mit seinen 3 Burschen ꝛc. dort 5 Monate gehaust hat. Wie oft habt Ihr uns davon erzählt und häufig kommt mir der Gedanke, einmal die Rolle hier zu spielen, in der dieser elende Parvenü von damals Euch geärgert hat. Aber die Kinderstube und ihre Erziehung läßt es ja doch nicht zu, und da muß man denn diese jämmerlichen Pariser Zeitungsschreiber lesen, die von uns als Pendüldieben sprechen. — Eine prachtvolle Erwiderung veröffentlichte neulich einmal von hier aus eine dame du château, die schrieb, das wohlerzogenste der Welt wäre ihre Einquartierung von Ulanenoffizieren während dreier Wochen gewesen, und geraubt wäre ihr nichts als am Abschiedsmorgen die Blumen ihrer Beete, welche die Offiziere als Abschiedsstrauß für sie gepflückt hätten. Wir waren ganz stolz auf diese Anerkennung, und der wahrscheinlich jüdische Litterat in Paris mag sich diese Korrektur hinter sein langes Ohr schreiben.

Meines Mamachens Wunsch, ihr über das Leben der Franzosen zu schreiben, ist aber für mich Befehl, und so will ich Dir dasselbe denn schildern. In einem Briefe geht das aber nicht, denn wenn einmal — dann einmal. Da ich Euch aber historische Ereignisse wohl kaum noch viele zu erzählen haben werde, so freut es mich, auch hierüber mit Euch zu plaudern, deshalb nun los: Ich will weder vom Schloß noch von der Hütte Euch erzählen, sondern will versuchen, Euch eine Durchschnittsbeschreibung zu geben, was mir sehr erleichtert wird, da das Leben des Landes in vieler Beziehung, im Gegensatz zu uns, nicht sehr verschieden ist.

Das französische Haus und die Lebensweise in demselben ist bei weitem nicht so individuell als in einem deutschen. Es existieren zwar auch Verschiedenheiten, z. B. in einem Dorfe des Departements du Nord und einem Flecken in der Lauraine, aber dieselben werden niemals so erheblich und charakteristisch sein, als die zwischen einem Dorfe bayrischen Landes und einem solchen im fernen Ostpreußen, oder in Ostfriesland. Die Franzosen und ihre Regierung haben seit Richelieu stets dafür gesorgt, daß die Eigentümlichkeiten eines jeden Landstriches möglichst verwischt und die Einwohner möglichst über einen Kamm geschoren wurden. Dieses Ziel ist im Laufe zweier Jahrhunderte denn auch so ziemlich erreicht worden. Zum Beweise, wie sehr in Frankreich alles uniform geworden ist, will ich das erste beste Stück aus der häuslichen Wirtschaft herausnehmen, und so aus dem Kleinen das Große zu veranschaulichen suchen.

Mit dem Uebertritt über die französische Grenze bekommt man zum Milchkaffee ein Gefäß, das man im letzten deutschen Grenzdorf noch nicht kennt, und dem man nur durch ganz Frankreich begegnet, dem sogenannten bot, einem schüsselartigen Napf von Porzellan oder Thon. In diesem befindet sich ein Gemisch, aus Kaffee mit viel Milch bestehend. Auf dem Teller, in welchem der Napf steht, liegt ein Eßlöffel, zwei Stück Zucker und zwei bis drei Schnitten des vorzüglichen Weißbrotes. Von Butter ist selten die Rede und diese sowohl wie Toasts bekommt man eigentlich nur in reichen Häusern. Mockatassen nebst einem Kaffee nach unserer Art habe ich eigentlich nur in Schlössern besten Genres gefunden. Dieser „bol" ist, wie gesagt, typisch durch das ganze Land, typisch wie die Einrichtung des ganzen französischen Hauses, typisch wie der Kamin und das über alles Lob erhabene französische Bett.

In jeder französischen Küche ist ein gewaltiger Kamin; an einer Kette, die in die Hinterwand eingefügt ist, hängt der Wasserkessel, ähnlich wie bei uns auf den niedersächsischen Hausdeelen, unter demselben ist das Feuer angezündet, und um dasselbe werden die verschiedenen Töpfe und Schmorpfannen aufgestellt.

Alle Arbeit muß knieend verrichtet werden, und zur Bequemlichkeit hat man niedrige Strohstühle mit Lehnen, auf denen sitzend man den Geheimnissen des Herdfeuers lauschen kann.

In besseren Häusern sind neben dem Kamin auch noch Herde aufgebaut, dieselben haben Bratröhren und an der Oberfläche Vertiefungen von glasierten Kacheln, die mit Kohlen gefüllt werden. Auf ihnen stehen dann Kasserollen, in welchen z. B. prachtvolle Setzeier gebacken und die schönsten Saucen hergestellt werden. Die gewöhnlichen Leute jedoch essen nur aus dem pot au feu und zwar so, daß sie erst die klare Bouillon abschöpfen und dieselbe mit Weißbrot verspeisen, hinterher wird dann das Fleisch mit dem Gemüse angerichtet.

Einen gewissen Luxus findet man selbst in den bescheidensten Haushaltungen, so den Kamin, teilweise von Marmor in den Wohnoder Schlafzimmern, und darauf natürlich die unvermeidliche Pendule. — Wie haben uns in dem Winter diese Kamine zur Verzweiflung gebracht! Wie ich Euch oft schrieb, wanderte oft ein ganzes Möblement von Schränken in dieselben hinein, aber was half es? Warm im Zimmer wurde es nie, die Füße brieten beinah und die Ohren erfroren. Aber da konnten wir den Leuten predigen, was wir wollten, konnten ihnen vorrechnen, was sie für Verschwender wären, daß wir mit dem Holzvorrat, den sie an einem Tage verbrauchten, in einem Ofen eine ganze Woche ein warmes Zimmer hätten, während sie trotzdem frören. Nichts half: „Wir müssen das Feuer sehen" war die stete Antwort, und sie fröstelten weiter. Darin sind die Franzosen wie die kleinen Kinder, da sitzen sie so den ganzen langen Wintertag vor ihren oft rauchenden Kaminen, die Feuerzange in der Hand, häufen sie die Kohlen aufeinander, schieben ein jedes winzige Stückchen Holz wieder in das Feuer hinein, sehen die Funken knistern und freuen sich des letzten Flämmchens und haben dabei rote Nasen und blaue Ohren. So sitzen sie und erzählen sich ihre langweiligen Klatschgeschichten, und von geistiger Nahrung, vom Lesen eines Buches irgend welcher Art ist natürlich keine Rede. — Als weitere Annehmlichkeit kommt hinzu, daß wir fast nirgends Holzdielen fanden, immer nur gebrannte Steine, oder auch wohl Marmorquadern, infolge dessen eine eisige Fußbodentemperatur herrschte. Zu Anfang froren wir in unseren Lederstiefeln furchtbar, schließlich machten wir es wie die Franzosen und zogen riesige schwarz lackierte Holzschuhe darüber, die mit den über die Füße gezogenen schwarzen Wollsocken die Fußtemperatur erhöhten. — Dieser Winter war und ist ja allerdings abnorm kalt in dieser Gegend, aber ich fürchte, die braven Zipfelmützen frieren auch bei milderen Wintermonaten tüchtig.

In besseren Häusern hat man die Heizung nur durch Kamine allerdings schon aufgegeben. So hatte mein reicher Strumpfwirker sich eine Centralheizung angeschafft, und im Keller war ein Calorifère aufgestellt, das eine Röhrenleitung durch das ganze Haus mit heißem Dampf füllte, aber seinen Kamin mit der Pendule konnte deshalb auch er nicht entbehren, auch er mußte „das Feuer sehen."

Im Ganzen habe ich in allen Gegenden Frankreichs, die wir durchzogen, an häuslichen Einrichtungen bis auf das Bett nichts gefunden, was mir besonders imponiert hätte, oder etwas, dem ich den deutschen Einrichtungen gegenüber den Vorrang geben möchte. Das französische Haus wird von dem deutschen im Norden durch praktische Solidität, von dem süddeutschen auch an Komfort übertroffen. Auch im Departement der Wäsche werden unsere Feinde entschieden von uns übertroffen, Damastgedecke, wie sie bei uns doch wohl jede besser situierte Hausfrau hat, habe ich bis auf die Schlösser nirgends gefunden, und den Stolz, mit dem eine deutsche Frau dem Fremden die Schätze ihres Wäscheschrankes zeigt, den kennen sie nicht.

Ein Möbel, das sich bei uns selbst in der Hütte eingebürgert hat, fehlt dem Franzosen fast ganz, ich habe es im Ganzen vielleicht 5—6mal vorgefunden. Dieses Möbel ist unser Sopha. — Nur in ganz vornehmen Häusern, und auch da nur in den Empfangszimmern findet man solche, sonst nicht, Fauteuils überall, aber Sophas nur in Ausnahmen. Diese unsere Sophas scheint man eher in die Kategorie der Betten zu rechnen, aus welchen dasselbe ja ursprünglich auch entstanden sein mag.

Unter Ludwig XIV. empfing eine Dame von Stande im Bett liegend ihre Besuche. Ein französisches Bett ist aber auch nicht nur der Inbegriff des höchsten Luxus, sondern auch der der größten Annehmlichkeit und Bequemlichkeit; es ist der Prachtschmuck des Hauses von der Hütte bis zum Schloß. — Mag eine Wirtschaft noch so ärmlich sein, das Bett wird man im Gegensatz zu uns immer gut finden. Das Bett bei ihnen, der Wäscheschrank bei uns, das sind in beiden Nationen die Hauptschätze der Hausfrau. — Bekanntlich reisen die Franzosen sehr wenig, wenn man sie nach dem Grunde fragt, so antworten sie sehr oft: Wo finde ich ein Bett, wie das meine? Und im Grunde haben sie recht. Sie können sich in unseren kleinen, schmalen, schlecht gemachten Betten nicht zurecht finden, und mir wird es ebenso gehen, oder ich konstruiere mir für die Zukunft ein französisches. Aber es ist nicht nur das Bett, es ist auch die Kunst des Bettmachens, wie mein Mamachen sehen wird, und ich fürchte, es läßt sich kein deutsches Hausmädchen auf diese Kunst dressieren. Ich kann nur sagen leider.

Solch ein französisches Bett ist aber auch ein wahres Kunstwerk. Dem Umfange nach ist es so breit als lang und besteht aus einer schweren massiven Bettstelle aus wertvollem Holz. Diese Bettstelle ist ein so gewichtiges Möbel, daß, um sie zu bewegen, auf dem Fußboden kleine eiserne Schienen liegen, auf denen sie auf Rädern läuft. Nur so kann sie von dem Mädchen in die Mitte des Zimmers geschoben, dort aufgebettet und nach demselben zurückgeschoben werden. Auf dem Boden der Bettstelle liegt eine Stahlfedermatratze, aber von ganz anderer Konstruktion, als die unsere. Schmale, biegsame Holzstäbe laufen in der Länge des Bettes und werden am Fuß- und Kopfende von Spiralfedern von Draht festgehalten. Auf dieser Matratze liegt eine zweite, die halb mit Roßhaaren, halb mit Schafwolle gefüllt ist, welche Lagen abwechseln. Darauf liegt ein leichtes Federbett und auf diesem noch zwei dünne Matratzen desselben Inhalts, wie die erstere. Ueber die oberste ist eine sehr feine, weiche wollene Decke gespannt und über diese erst das Laken gebreitet. Dasselbe hat mindestens die doppelte Länge des Bettes, an dessen Kopfende ein großer, runder, ebenfalls mit Schafwolle gepolsterter, ziemlich harter Pfühl das „traversaire" liegt. Dieses wird in das Laken eingewickelt, dann geht dasselbe bis an das Fußende, wird hier umgeschlagen und reicht wieder herauf bis unter das „traversaire", also bis an den Hals dessen, der darunter liegt. Die Decke ist verschieden nach der Jahreszeit, im Winter ist sie eine weiche Lamadecke, worüber oft noch eine seidene Steppdecke liegt und ein plumeau, das bis zu den Beinen reicht. Das Laken und die Decken sind unten und an den Seiten unter die Matratze gestopft. Am Abend wird nur ein Zipfel der Decke oben am traversaire umgeschlagen und in diese Oeffnung kriecht man hinein wie in einen Sack. Schwierig ist es, da hinein zu kommen, aber liegt man erst darin, so wird man auch hinreichend belohnt, denn das Lager bietet das größte Wohlbehagen, das Du Dir vorstellen kannst. Man kann sich auf dem Lager in die Länge und in die Quere legen, Raum ist überall vorhanden, und wer dann nicht schlafen kann, der weiß nicht, was schlafen heißt. — Die Art, dieses Bett zu machen, ist aber auch eine besondere Kunst. Da steht in der Ecke hinter dem Bett ein runder langer Stock, ähnlich einem starken Rouleauxholz, mit diesem streicht die Bettmacherin eine jede Wolldecke, ein jedes Laken so glatt, bis es schließlich so eben und blank wie eine Diele da liegt, kein Kniff, kein Fältchen ist mehr zu sehen, und wehe dem Mädchen, wenn die Hausfrau noch ein solches entdeckt. — Man vergaß in diesem Bett, daß man oft wie auf einem Vulkan schlief in den Wirrsalen des Krieges, man dachte nicht an Franktireurs und Ueberfälle, und wenn ich auch Wochen, ja Monate lang gestiefelt und gespornt in diesen Bettsack hineingekrochen bin, immer bemächtigte sich meiner darin ein solches Gefühl des Wohlbehagens, daß ich alles darüber vergaß.

Doch, mein teures Mamachen, es ist schon spät geworden, das Kaminfeuer ist am Erlöschen und das von mir beschriebene Lager liegt in weißer Wäsche strahlend da, es winkt und winkt als spräche es: „Komm zu mir". Da kann ich denn nicht widerstehen und will dem Rufe folgen mit dem Wunsche, ich könnte Dir auch einmal ein solches Lager bieten, Du würdest dann mit mir sagen, die Franzosen mögen sein wie sie wollen, eins verstehen sie, sie können ruhen und schlafen wie Gott in Frankreich. Damit will ich denn für heute schließen und verspreche Dir aber, in meinem nächsten Briefe in meiner Schilderung französischer Kultur und französischer Gebräuche fortzufahren, Du wirst dann weiter sehen, daß es hier noch vieles giebt, das nicht so zu loben ist, als das französische Bett.

Gehabt Euch wohl, meine Lieben, und Gott erhalte Euch gesund und munter, in treuester Liebe und Anhänglichkeit für immerdar

Euer
M.

III.

Château Warvillers, den 23. Februar 1871.

Meine liebe, teuere Mama!

Wenn Du den Ort meines heutigen Schreibens siehst, so wirst Du finden, daß Dir der Name recht bekannt vorkommt, wir sind nach vielem Herummarschieren heute hier in unsere alten Stellungen an der Somme wieder angekommen. Der Waffenstillstand nähert sich seinem Ende, und wenn auch kein Mensch an ein Wiederbeginnen des Krieges glaubt, so kann man bei dem wetterwendischen Charakter der Franzosen doch nie wissen, wie der Hase läuft, und so sind wir denn in unsere alten Vorpostenstellungen wieder vorgeschoben worden. Du brauchst Dich aber nicht zu ängstigen, der morgende oder übermorgende Tag wird erst die vorläufige Verlängerung des Waffenstillstandes bringen, aus dem dann der Friede hervorgeht.

Nun will ich Euch erzählen, was wir in der letzten Woche für weitere Spazierritte im Lande umher gemacht haben. Mein letzter Brief war ja wohl vom 14. aus Condray. Hier blieben wir bis zum 20., und waren es nach den Tagen bei meinem lieben alten Etat-Major recht unangenehme Verhältnisse, in welche wir hier kamen. Als wir uns dem Dorfe näherten, sahen wir schon von weitem die schiefergedeckten Zinnen eines großen Gebäudes vor uns liegen und glaubten schon an nette Schloßverhältnisse. Leider aber war es eine gründliche Täuschung, das schloßartige Gebäude war eine Gendarmerie-

Kaserne, die vollständig geräumt war, das Dorf selbst aber das jämmerlichste Nest, das wir seit langer Zeit gesehen hatten. Da hieß es denn, in meinem kleinen schmutzigen Bauernhaus die Menage wieder auf den Kriegsfuß einrichten, und das Kasino wurde in meinem größeren Zimmer wieder hergestellt. Gebbert's Nachforschungen stellten fest, daß der Curé einen auf das beste gefüllten Weinkeller hatte, und da wir nicht mehr requirieren durften, wurde derselbe ersucht, uns denselben zu verkaufen. Als Bezahlung erhielt er zwar nur Bons, dieselben hatten sich aber schon in der Gegend ein so gutes Renommée erworben, daß der gute Curé zeitgemäß handelte, dieselben ohne weiteres als Tauschobjekt gegen seinen Wein anzunehmen. Ob dieses guten Handels hatten wir am Abend bei mir ein kleines Begrüßungsfest Coudray's, wo wir doch mindestens eine Woche bleiben sollten, wobei der Curéwein gründlich durchprobiert wurde. Da der Gesprächsstoff mit der Zeit mangelhaft geworden war, so hatten wir in der letzten Zeit irgend ein Thema festgesetzt, über welches dann nach allen Richtungen hin disputiert wurde. Wir hatten an dem Abend vielerlei Besuch von den anderen Schwadronen, Freund Jbing, August v. Tw., v. St. ic. waren da, und da kam es denn auch auf Religion, Konfessionen ic. Hierbei sah man, daß die Beredsamkeit doch eine eigene Sache ist; sie zeigt sich oft bei Leuten, die man sonst für gar nicht besonders befähigt hielt, und vice versa fehlt sie wieder Leuten, die man für recht befähigt gehalten. An dem Abend platzten die Geister sehr aufeinander und wurde, wie es aber auch anderswo häufig zu geschehen pflegt, der entschieden Befähigtere, der außerdem im Recht war, von dem andern Disputanten mittelst seiner gewandten Dialektik glänzend abgeführt. Ein Fall, der Einem zu denken geben konnte, wenn man so an Reden im Abgeordnetenhause z. B. denkt. In diesem Falle war die Wirkung beinah tragisch, denn der Abgeführte, bis auf seine letzte Reserve zurückgetrieben, konnte sich kaum noch verteidigen, und teils hierdurch, teils von dem vielen genossenen Curéwein wurde er ganz traurig, so war er denn in doppelter Beziehung von dem Geistlichen geschlagen worden, trotzdem, daß er eigentlich für die Geistlichkeit sein Schwert schwingen wollte. Wir haben bei unseren Disputationen als Regel hingestellt, daß kein dritter sich in dieselben mischen darf, und da bieten diese Abende oft Gelegenheit zu interessanten Beobachtungen.

Um Coudray herum lagen meilenweite wundervolle Forsten, welche Staatseigentum waren, sie waren interessant dadurch geworden, daß der deutsche Präfekt in ihnen für Staatsunkosten hatte Holz schlagen lassen, eine Maßregel, über welche auf ihre Berechtigung hin vielfach gestritten wurde.

Für uns boten diese Wälder Gelegenheiten zu stundenlangen Spazierritten, und so durch die endlosen Schneisen dahin zu galoppieren auf prachtvollem Grasboden, nur hier und da unterbrochen durch eine gefallene Rieseneiche, über welche Koriander im kühnen Sprunge flog, war für mich ein besonderer Genuß. Mit dem französischen alten Oberförster hatten wir uns auch angefreundet. An dem einen Tage hatte er für uns ein Fuchsgraben veranstaltet, wozu wir zu sechs Herren zu Pferde erschienen waren. Der Fuchs wurde ausgegraben, in dem Eisen auf eine nahe gelegene große Waldblöße gebracht, losgelassen und nun ging die Parforcejagd hinter ihm her. Ohne Hunde ist das aber doch eine eigene Sache. Trotzdem wir sehr schnell hinter ihm drein waren, einige sogar ihn von dem Walde abzuschneiden suchten, gewann er doch den hochstämmigen Buchenwald. Auch hier hinein folgten wir ihm, aber auch das Galoppieren im ziemlich engstehenden Walde will erst gelernt sein. Genug, Reinecke entkam, trotzdem wir zuletzt mit unsern Revolvern auf ihn schossen, wobei nur zu verwundern war, daß anstatt ein Reinecke nicht ein Reiter angeschossen wurde. Genug, der Rote entkam und das Resultat der Jagd war nur ein sardonisches Lächeln des Oberförsters, ein furchtbares Schimpfen der Reiter und verschiedene zerrissene Beinkleider und gequetschte Kniee der jüngeren Jagdreiter. Du siehst, liebes Mamachen, unser Divertissement ist ein verschiedenes, aber gesund und frisch sind wir, das siehst Du auch. Inzwischen wird auch tüchtig an unserem Retablissement von Sattelzeug und Uniformen gearbeitet, namentlich da uns in diesen Tagen eine große Besichtigung des gesamten Ajutements bevorstehen soll. Gestern hatte ich da wieder Gelegenheit, ein prachtvolles Kriegsbild zu beobachten. Komme ich da auf einen Hof, um mir die Stallungen anzusehen, auf demselben lag der, Dir nun schon bekannte Koch Gebbert und noch einige Ordonnanzen von mir. Derselbe ist mit seinen Kollegen außerordentlich gewandt und brauchbar für alle Aufträge, seien sie auch noch so difficil und oft eigentümlich, aber diese ganze geniale Gesell=

schaft ist ganz infam gegen das Putzen überhaupt, insbesondere gegen das Pferdeputzen. Was sehe ich? Herr Gebbert steht mit unterschlagenen Armen, die kurze Franzosenpfeife im Munde mit den drei Ordonnanzen in der Hausthür nach dem Hofe, gegenüber stehen die 4 Pferde, an jedem Pferde aber putzt mit Kartätsche und Striegel höchst sachgemäß eine Hofmagd und an einem die Tochter des Hauses, der alte Großvater aber hat gerade einen langen Stiefel Gebbert's vor und putzt darauf herum. Der Anblick wirkte so komisch, daß ich das Lachen nicht lassen konnte; als ich aber nun doch dazwischen fuhr, erwiderte mir Gebbert noch: O, sie machen es jetzt ganz gut, nachdem sie einigemal mit den Pferden zum Strafrapport haben kommen müssen. So wenig begriff er, daß ich mich gegen die Art der Verwendung mit uns im Waffenstillstand lebender Franzosen aussprechen wollte, er hatte nur geglaubt, nach meiner Ansicht würden die Pferde nicht rein. Das Putzenlassen hätten sie den ganzen Feldzug so gemacht, meinte er. Ich verbat es mir natürlich ganz ernstlich für die Zukunft. Bei dieser Gelegenheit kam von ihm noch eine zweite Geschichte heraus, die auch charakteristisch für ihn ist. Als neulich der Nachschub von Sachen kam und die Stiefel verteilt wurden, brauchte sowohl Gebbert, wie seine drei Freunde keine solchen, sie hatten alle vier wunderschöne neue Stiefel an. Das war mir auffallend und da sein Kommunismus mit den Franzosen mir verdächtig vorkam, forschte ich der Sache nach. Da kam es denn heraus, daß jedesmal, wenn wir in einem Schloß gelegen hatten, der Kutscher der Herrschaft aus seinen Stiefeln heraus gemußt hatte und mit Gebbert oder einem seiner Konsorten hatte tauschen müssen.

Man sieht, die Begriffe zwischen mein und dein werden bei einzelnen Individuen etwas lax im Kriege. Dabei führte er noch zu seiner Entschuldigung an, daß er es gelernt hätte schon in Roye. Da hätte ein Bataillon von uns auf dem Marktplatz die Musik spielen lassen, das hätte eine Menge Franzosen dahin gelockt, und als nun viele Zuhörer da gewesen wären, hätte der Major v. Kr. die auf den Platz führenden Straßen absperren lassen und sämtliche Franzosen hätten ihre Stiefel ausziehen müssen, diese wären dann von den Leuten des Bataillons verpaßt worden. Was sollte ich zu Gebbert's Lehrmeistern sagen? Jedenfalls verbat ich mir für die Zeit des Waffenstillstandes alle diese Gewaltmaßregeln, und ein gewisses heim-

liches Grauen beschlich mich bei dem Gedanken, mit welchen Mitteln
Gebbert wohl immer den Abendmahlswein von den Curés einge=
trieben haben möchte. Doch ich will lieber nicht weiter darüber nach=
denken. Der betreffende Oberst v. Kr. soll, wie ich höre, übrigens
zurückgeschickt worden und Untersuchung über ihn eingeleitet sein. Die
wunderbarsten Geschichten wurden von ihm erzählt, einmal hat
er einen dicken Curé inmitten feuernder Franktireurs gegriffen,
denselben hat er nun nicht erschießen lassen, auch nicht zur
Verurteilung abgeliefert, nein, er hat ihn 14 Tage mit sich geführt
und ihm täglich öffentlich in seinem Ornat 25 Hiebe aufzählen lassen.
Der Oberst hatte aber kein Linien= sondern ein Landwehrregiment,
und soll es nicht ganz richtig mit seinem Verstande gewesen sein.
Schade um den sonst tapferen und schneidigen Offizier.

Endlich ist mein verehrter Major v. Str. auch, von seiner Knie=
verletzung genesen, zum Regiment zurückgekehrt, gestern besuchte ich ihn
in St. Germain; wir freuten uns sehr, ihn wieder zu haben. Mir
persönlich war seine Zurückkunft sehr angenehm, da die Medisance sich
wieder meiner Attacke bemächtigt hatte, und es mir sehr angenehm war,
ihn den Neidern gegenüber als Bestätiger meiner Angaben hier zu
haben. Er brachte mir sehr hübsche Photographien von Péronne und
Versailles mit, nach letzterem wollen wir nächstens zusammen fahren.
Gestern war unser lieber Divisionsprediger S. hier, welcher mit Graf
W. dort gewesen war; er konnte uns unendlich viel Interessantes von dort
erzählen. — Du fragst nach meiner Knieverletzung von der Attacke
her, mein liebes Mamachen. Es geht ganz leidlich damit, die Ge=
lenkigkeit des Kniees ist zwar noch nicht ganz wieder da, aber es
geht doch besser, als ich dachte. Vor einigen Tagen hatte ich starke
rheumatische Schmerzen daran, Hans Hilsen v. L. hatte aber Gichtwatte
von Haus geschickt bekommen, nach deren Anwendung es besser wurde.
— Unseren lieben Grafen Jbing werden wir wohl bleibend im Re=
giment behalten. Ihr wißt, daß er bis jetzt nur Reserveoffizier ist,
heute soll Offizierbesprechung sein, ob er nach seinem Alter ungefähr
einrangiert werden kann. Wir würden uns sehr über den Zuwachs
freuen. Auch für ihn wäre es ganz gut, er ist seit dem Feldzuge
ein ganz anderer geworden, als früher, und lebhafter, außerdem macht
die Juristerei ihm wenig Spaß; hoffentlich wird er die paar Jahre
gern daran geben, wenn er auch nicht ganz seinem Alter entsprechend
angestellt wird.

Am 20. verließen wir unser Coudray und marschierten 5 Meilen weit nach Villers St. Sépulcre, einer Meile jenseits Beauvais. Wir passierten Beauvais, eine hübsche Stadt von 15 000 Einwohnern und beschlossen, aus unserem sehr mangelhaften Dörfchen, das nur von Korbflechtern bewohnt war, am Tage darauf uns die hübsche Stadt genauer anzusehen.

Am 21. führten wir unseren Plan aus, und fuhr ich mit Theodor v. Geyer und Ibing am Morgen nach Beauvais. Im Hotel l'Ecue trafen wir uns mit Rappard und Klinkostrőhm.* Dieses Wirtsschild zeigte mir zum erstenmal den Namen écue, den mein Mamachen immer so gern gebrauchte, sonst existiert das Wort im Sprachgebrauch nicht mehr, und der Thaler heißt un taler, während unter Ludwig dem XVI. un écue eine besondere Silbermünze, so groß wie ungefähr ein Gulden war. Beauvais gefiel uns sehr, es ist eine hübsche, freundliche Stadt mit wunderschöner Kathedrale, an der namentlich das prachtvolle gotische Portal auffällt. Wir benutzten die Gelegenheit, uns photographieren zu lassen, und schicke ich Euch das Bild mit, es ist eine nette Erinnerung für später, solche schöne Kriegsbärte wie der von Ibing und mir findet man selten. Der Jong Geyer hat noch nicht Zeit gehabt, sich einen solchen wachsen zu lassen. Im Hotel trafen wir Graf W. und den Divisionsprediger, die wieder sehr interessant von Versailles erzählten. Dort steht auch Ibing's Bruder Itzen bei der Stabswache des Kaisers und ist so vergnügt wie in seinen jungen Jahren. Der hat auch einen eigentümlichen Lebenslauf hinter sich. Ich kenne ihn noch von Schwedt von der Reitschule, wo er Kürassier war, vorzüglicher Reiter und ein höchst angenehmer, lustiger Gesellschafter. Dann wurde er bei der Neuformation Dragoner in Einbeck. Hierauf nahm er den Abschied und wurde gemeiner päpstlicher Zuave in Rom. Als dann Deutschland rief zum Streite gegen den Erbfeind, da warf er sein Zuavengewehr in die Ecke, griff wieder zum Husarensäbel und hatte das Glück, zur Leibwache zu kommen. Ein interessantes Leben fürwahr; aus welchen verschiedenen Gesichtspunkten hat der die Verhältnisse in der kurzen Spanne Zeit ansehen gelernt. — Auf dem Marktplatz von Beauvais war die Statue einer zweiten Jeanne d'Arc, einer Jeanne Hachette, aufgestellt, einer heldenmütigen Jungfrau, welche einst die Stadt bei einer Verteidigung durch ihre Tapferkeit gerettet hatte. Wir saßen an dem Abend lange im bene zusammen und lauschten den interessanten Erzählungen. Graf W. erzählte mit köstlichem Humor von den vielen hohen Schlachten= bummlern mit ihren Stäben in Versailles. Unter anderem erzählte er davon, wie im Hotel Reservoir, welches mittags überfüllt von Offizieren gewesen sei, keiner von diesen sich bei dem Betreten des Saales von einer Fürstlichkeit vom Stuhle erhoben hatte, wäre dagegen Moltke in den Saal getreten, dann wäre wie auf Kommando die ganze Gesellschaft aufgefahren und wäre demonstrativ stehen geblieben, bis der große Mann freundlich dankend dazu aufgefordert hätte. So egalisiert der Krieg und der Ruhm die Verhältnisse. Die kleinen Prinzen hätten notgedrungen mit aufstehen müssen. Das mag ihnen dann auf die Dauer nicht gefallen haben, und der Kreis derselben soll sich mehr und mehr in Versailles lüften.

Am Tage darauf ritten August Tw., Geyer und ich nachmittags nach Mouchy, dem wunderschönen Schloß des „Duc de Noailles", dessen Frau die Prinzessin Anne Murat ist. In dem Schlosse hing das lebensgroße Bild ihres Großvaters, des farceurs Murat in einer wunderbaren, theatralischen Uniform. Ein tapferer Soldat und ein brillanter Reitersmann war er aber doch, schade, daß er so hat enden müssen, er hätte mehr, wie mancher andere, z. B. wie der jämmerliche Jerome, bei dem unser teurer Vater damals Garde du Corps sein mußte, und auch wie Bernadotte, einen bleibenden Königs= thron verdient. Den schönen Park benutzten wir zu einem Rennen, wozu die schönen, breiten Alleen aufforderten. Ich siegte zwar mit der Queen, ritt aber im Ziel noch eine schöne Sandsteinfigur, eine Allegorie auf Ludwig XIV. darstellend, über den Haufen, wobei Ludwig XIV. und Euer Moritz zu Falle kamen. Letzterem hatte die Sache nicht geschadet, ersterer aber, der König der Könige, hatte die Nase gebrochen. Gut, daß es nicht zu seinen Lebzeiten geschah, der Betreffende wäre sicher in die Bastille gewandert. So richteten wir ihn wieder sachte auf und ritten nach Haus. In der Nähe von Villers in Bertincourt angekommen, sahen wir unsere dort liegenden Ulanen ausrücken und hörten, daß soeben, nachmittags 3 Uhr, der Befehl zum Ausmarsch gekommen sei. Das war eine schöne Ueberraschung. Galopp nach Villers, wo wir die Schwadron schon aufmarschiert fanden. Es folgte ein Marsch von 5 Meilen, wieder solch ein Marsch, von dem wir Einfältigen nichts verstanden, und kamen wir abends 10 Uhr nach Montigny. Hier erst wurde uns des Rätsels Lösung klar. Die Friedensverhandlungen waren nicht zur Einigung gelangt, der Waffenstillstand sei zwar um 5 Tage verlängert, wir sollten aber wieder in unsere ordre de bataille-Stellung an die Somme gehen, um für alle Eventualitäten gerüstet zu sein. So kamen wir denn, wie gesagt, heute um 11 über Montdidier in unserem lieben, bekannten Warvillers an. Das alte Schloß, wo wir damals in der kalten Winternacht so viel Schränke verbrannten, war von dem Stabe eines Bataillons okkupiert; ich begab mich deshalb zu meinem alten Curé in das Quartier, dem ich damals für seine Armen eine kleine Unterstützung gegeben hatte und wurde von ihm mit offenen Armen empfangen. — Morgen sollen nun wieder Vorposten bezogen werden, wir nehmen die Sache aber nicht ernst, denn kein Mensch glaubt wirklich daran, daß es wieder losgehen könnte, das wäre doch zu verdreht von den Franzosen, uns in den Stellungen, die wir jetzt einnehmen, angreifen zu wollen.

Mein Brief, liebes Mamachen, ist zwar heute schon sehr lang geworden, aber da ich Dir doch einmal in meinem letzten Schreiben eine Fortsetzung der Beschreibung des französischen, häuslichen Lebens versprach, so will ich Dir doch noch etwas davon erzählen. Da mir mein lieber Curé soeben ein sehr nettes, kleines Diner vorgesetzt hat, so will ich, gut gestimmt durch dasselbe, Dir die Eßweise unserer französischen Wirte etwas zu schildern versuchen.

Das erste Frühstück hatte ich Dir bereits beschrieben, so viel ich mich erinnere. Das zweite Frühstück richtet sich natürlich ganz nach den Verhältnissen des betreffenden Hauses. Ungefähr um 12 wird dasselbe eingenommen. Zuerst wird ein Ragout gegeben, in dessen Bereitung die französische Küche bekanntlich Meisterin ist. Man ißt sich an den Champignons und Trüffeln bei dem Appetit, der um die Tageszeit zu herrschen pflegt, halb krank. Wenn man durch mehrtägiges Hungern seinen Magen wiederhergestellt hat, fängt man aber mit demselben Laster wieder an, es schmeckt eben einmal zu gut! In einfacheren Haushaltungen ist das feststehende Frühstücksgericht eine Schüssel gedünsteten Hammelfleisches mit Kartoffeln, die recht gut zubereitet ist.

Das Geschlecht der Hammel ist das allnährende Element der Franzosen in animalischer Beziehung. Hammelfleisch ist ihre Nahrung jeden Tag, mit und ohne Pilze, gekocht, gebraten, geschmort, als

Ragout, Cotelette, Braten, Hammelfleisch ohne Ende bis zur Erschöpfung. Da eine Nation mehr oder weniger immer ein Produkt ihrer Nahrung sein wird, und da nach dem Volksglauben Hammelfleisch capriciös und hoffärtig machen soll, so mögen manche Eigenschaften der Franzosen auch hierin ihren Ursprung haben. Eine solche schön gebratene Hammelkeule einen braven Citoyen tranchieren zu sehen, ist aber auch an und für sich schon ein Genuß. Aufrecht steht derselbe da, um den dicken Hals die Serviette geschlungen, in der linken Hand hält er den von dem silbernen manche de mouton umschlossenen vorstehenden Knochen der Keule, mit der rechten Hand aber das dünne, haarscharf geschliffene lange Messer, und so säbelt er denn nun ein feines dünnes Scheibchen nach dem anderen herunter, während die dicken Lippen schon lüstern schnalzen. Man bekommt schon Appetit, wenn man ihn so dastehen sieht, und was er Einem dann von seinem mouton vorlegt, ist gut, sehr gut.

Nach dem Hammelfleisch bildet Geflügel eine stehende Schüssel bei den Mahlzeiten; anderes Fleisch, vornehmlich große Braten, sieht man sehr selten, aufgewärmten Braten ißt der Franzose nie, und ich möchte, wir glichen ihm darin. Geflügel aber giebt es überall. Ich habe niemals größere, fettere und zartere Puter und Hühner gesehen wie hier. Die Hühner von le Mans und die Enten von Rouen haben ja ein europäisches Renommée. Was man dagegen von dieser Gattung meist in Deutschland erzeugt und selbst wagt, gebraten auf den Tisch zu bringen, muß im Vergleich zu diesem wie eine Ironie erscheinen. Einer unserer Kameraden, der etwas Gourmand ist, soll an seine Frau geschrieben haben: Ich bitte Dich, liebes Kind, allen unseren Hühnern, ehe ich nach Hause komme, vorher ihren mageren Hals abzuschneiden, ich kann sie nach den hiesigen nicht mehr sehen, geschweige denn essen. Der Platte des Ragouts, um wieder zu meinem Frühstück zu kommen, folgt meistenteils ein gebratener Vogel mit Salat, dann giebt es ein Gemüse für sich, meistenteils Rosenkohl oder Spinat, Sauerampfer und auch weiße Bohnen. Als Salat wird um diese Jahreszeit gern eine Pflanze gegeben, von der ich, als ich sie zuerst sah, gar nicht wußte, was ich daraus machen sollte, es waren die jungen Stengel der sogenannten Kuhblume; ganz jung abgeschnitten und mit einer schönen Sauce angerichtet, schmeckten sie deliciös. Willst Du es versuchen, mein Mamachen? Hierauf folgte als Schluß des Frühstückes irgend ein Kuchen, Aepfel und Nüsse, Konfitüren und Butter und Käse und — Kaffee. Getrunken wurde meistens ein Glas leichten Rotweins, von den Franzosen fast immer mit Wasser gemischt.

Das Diner, das gewöhnlich um ½7 eingenommen wird, unterscheidet sich von dem Frühstück durch das Auflegen eines Tischtuches und dem Inhalt des pot au feu durch die Suppe. In diesem pot au feu wird ein großes Stück Rindfleisch mit einem Kohlkopf, allen Sorten Rüben auch Rettigen gekocht, in eine Suppenterrine wird Brot hineingeschnitten und die Bouillon, wie ich schon bei dem Frühstück schilderte, hineingegossen, nachher werden zu dem Fleische der Kohl und die Rüben herumgereicht. Eine andere Suppe bekam ich fast nie, sie schmeckte auch gar nicht übel, nur nach unserem Geschmack etwas zu sehr nach Brot. Auf meine Vorstellung, doch einmal ein anderes Surrogat dazu zu nehmen, trat die freundliche épicière mit ihrem Kaufmann in Verbindung und es wurde tags darauf das A=B=C in Nudelteig in die Suppe gethan; ich zog aber das Brot vor, da der Nudelteig nicht gar gekocht war. Manchmal bekomme ich auch nach dem Rindfleisch eine appetitliche Seezunge, dann kommt ein Ragout, hierauf der Braten und dann allein ein Gemüse. Das Dessert ist dasselbe wie bei dem Frühstück, Obst und Konfitüren fehlen bei keiner französischen Mahlzeit. Unter letzterem versteht man eine Marmelade aus Erd= oder Himbeeren, Aprikosen, Pfirsichen oder Quitten, die alle einen sehr angenehmen Fruchtgeschmack bewahren. Das Obst, namentlich die Weintrauben sind köstlich und haben die Leute hier eine Methode, die Weintrauben sehr lange frisch zu erhalten; sie siegeln die abgeschnittene Rebe zu und hängen die Trauben an langen Fäden an der Decke eines kühlen Zimmers so auf, daß sie sich nicht berühren. Auf diese Weise konserviert habe ich noch in diesem Monat wie frisch schmeckende Beeren gegessen. Von den Gemüsen haben mir die Spargel am besten gefallen; auch ihre Behandlung dieser Pflanze ist eine ganz andere wie bei uns. Spargelbeete kennt man hier nach unserer Weise gar nicht. Jede Spargelpflanze steht allein auf einer kleinen Erhöhung, wie auf einem Maulwurfshügel; sie wird da im Februar als junge Pflanze hineingepflanzt in einen sorgfältig gemischten Dünger von Tauben, Guano ꝛc., und schon im März werden die schönsten, dicken weißen Spargel gestochen, ich begreife nicht, weshalb man bei uns das Verfahren nicht nachmacht, da wir doch gewöhnlich erst im dritten Jahr den Spargel von unsern Beeten ernten. Auch das Stechen oder Abschneiden wird durch den kleinen Hügel, auf dem die Pflanze steht, sehr erleichtert.

Wenn Du, mein teures Mamachen, diese Beschreibung meiner kleinen Déjeuners und Diners vor Deine lieben Augen bekommst, wirst Du sagen: Wo wird die Ulanentaille bei diesem copiösen Essen bleiben? Aber ängstige Dich nicht, die Sache ist nicht so bedenklich, wie sie aussieht. Alle die Portionen, die uns vorgesetzt werden, sind so winzig klein, in kleinen Schüsselchen angerichtet, nascht man mehr von jedem Gang, der Einem vorgesetzt wird. Es ist eine ganz andere Art von Essen selbst, wie bei uns, wo man sich an einem oder zwei Gängen tüchtig satt ißt. Aber es gefällt mir, und wenn ich wählen könnte, möchte ich nie mehr anders essen. — Jeder Franzose an sich ist ja etwas sehr realistisch gestimmt und durch Jahrhunderte darauf erzogen, etwas gourmet. Daher ist die Mittagsmahlzeit für ihn gewissermaßen ein Tagesfest, zu dem er sich sorgfältig vorbereitet. Er hat bis zu dem Diner seine ganze Tagesbeschäftigung beendet, sorgfältig Toilette gemacht, und wenn der Mann dann vor seinem Couvert an dem runden, sauber servierten, von einer Hängelampe freundlich bestrahlten Tisch steht, mit freundlicher Miene Einem den Platz anweist und mit wichtig lächelnder Stimme sagt: Prenez place, vous aurez aujourd'hui une potage, des petits oiseaux etc., dann muß man unwillkürlich Appetit und Lust bekommen, sich an diesem freundlich gebotenen Diner zu beteiligen.

Nun habe ich Euch, meine Lieben, durch meine Beschreibung gewiß Appetit gemacht, und möchte ich mich gern mit Euch an solchem kleinen Mittagstisch niederlassen. Da es nicht sein kann, mein liebes Mamachen, so werde ich versuchen, von freundlichen Wirtinnen hier und da das Rezept zu einem besonders gut gestimmten Ragout oder zu einer anderen ihrer süßen Speisen zu sammeln und Dir diese Kollektion zur Selbstprobe mitzubringen. Nun aber lebe für heute wohl: von H. bekam ich in diesen Tagen Grüße durch Max Rump's Burschen, er hatte die Uniform auf dem Bahnhof in Amiens gesehen und ihm Grüße für mich aufgetragen. Ob er zu Euch und zu ihr reiste? Gebt mir bald Nachricht.

In treuer Liebe
Euer M.

IV.

Brely, den 6. März 1871.

Meine liebe Mama!

Heute kann ich Euch aber einmal tüchtig etwas erzählen, denn ich bin da gewesen, wohin meine Sehnsucht mich zog seit der Kriegs=erklärung, ich war in Paris, diesem Babylon, auf das wir oft in früheren Jahren gewettert und geschimpft haben, wenn wir uns dem Einfluß beugen mußten, der von dort aus auf Europa lag, dem wir aber jetzt dankbar sein müssen, daß es uns das Schwert in die Hand zwang, das jetzt Alldeutschlands Ruhm und Herrlichkeit errang.

Wenn ich es auch nicht an der Spitze meiner Schwadron be= treten konnte, da das Geschick uns ja in andere Gegenden führte, sondern in dasselbe nur als Zuschauer an der Queue der Baiern einzog, so habe ich es doch mit denselben Gefühlen gesehen; die ganze Armee hat ja den Einzug errungen durch ihre Thaten, und nicht die Truppen allein, welche klingenden Spieles durch den arc de triomphe marschierten.

Aber von meinem letzten Brief aus Warvillers bis zu meiner Reise nach Versailles und Paris vergingen erst noch 5 Tage, und die will ich Euch erst beschreiben, ehe ich zu der letzteren übergehe.

Bei meinem lieben Curé in Warvillers blieb ich nur den einen Tag, am anderen Morgen erhielt ich schon den Befehl, hier nach Brely überzusiedeln, wo wir allein ohne Infanterie unser Reich haben. Mein Curé hatte mir einen Brief an einen netten fermier mitgegeben, und da ging ich denn zu dem in das Quartier, obgleich mein Quartier= macher mich eigentlich in ein anderes Haus gelegt hatte, und ich habe es nicht zu bereuen, ich bin hier sehr gut bei den braven Leuten aufgehoben. Wir hatten unsere kriegerischen Vorbereitungen unter Zurückziehung der Vorposten nur auf Patrouillen beschränkt, welche bis an die Demarkationslinie gingen. Diese Maßregel wurde aber

mehr als eine Art von Pferdebewegen aufgefaßt, da die Friedens=
präliminarien beinahe reif sein sollten, und richtig kam am 27. unser
lieber Divisionspfarrer, der uns aus dem Stabe schon so viele wichtige
Nachrichten überbracht hatte, auf seinem kleinen Braunen als richtiger
Friedensengel angetrabt und teilte uns mit, daß die Präliminarien
am 26. unterzeichnet seien. Darob natürlich allgemeine Freude und
großes Friedensfest in Rozières, wohin ich herüberritt. Hier lag
der Stab und zwei Eskadrons, und thaute selbst der Herr Vetter aus
seiner Abgeschlossenheit einmal etwas auf und zeigte sein heiterstes
Gesicht. Kaum ist aber etwas erreicht, wonach wir uns lange schon
sehnten, gleich tauchen nach menschlicher Art neue Hoffnungen auf, und
andere Wünsche bemächtigen sich des Herzens. Was lag uns näher,
als die Frage: Was wird nun aus uns? — Gehen wir zurück, oder
bleiben wir noch in Frankreich? Ein dunkles Ahnen durchzog unsere
Herzen, daß wir zu dem Teil gehören würden, der hier verbleiben
soll, bis alle die Milliarden an uns bezahlt sind, eine Summe, die
so überschwenglich groß ist, daß wir sie kaum denken, geschweige denn
nachrechnen können.

Nun wie Gott will, der Friede ist ja da, und bleiben wir, nun
dann kommt auch eine Urlaubszeit und mit ihr dann für uns auch
ein Wiedersehen.

Am anderen Morgen ritt ich hinüber nach Beaucourt, um einmal
zu sehen, was meine liebe Familie Riencourt dort mache und wie sie
die Monate des weiteren Feldzuges nach meinem Scheiden im November
durchgemacht hätte. — Ja, da sah es, als ich am Mittag ankam, ganz
anders aus, geharkte Parkwege, Dienerschaft in roter Livree, ein Portier
in großer Uniform mit Rock und breitem Bandelier; das waren die
ersten Zeichen des Wohlergehens, die ich erblickte. Freudestrahlend
kam mir der Graf entgegen, und als er mich zur Gräfin führte, kam
auch diese mir mit ausgestreckten Händen entgegen und begrüßte mich
als ihren Wohlthäter in schlimmer Zeit.

Ich hatte mir den Jong Geyer mitgenommen, und wir wurden
freundlich eingeladen, das Diner mit der Familie einzunehmen. Wie
machte im Speisesaal alles einen anderen Eindruck! Das Familien=
silber hatte sich wiedergefunden, die Prunkstücke blitzten auf dem Buffet,
und als ich darauf hinwies und lächelnd bemerkte, diesen Glanz vor
4 Monaten nicht gesehen zu haben, da erzählte mir der Graf, daß die

ganzen Wertstücke in einer Grube unter einem Treibhausbeet sicher bis vor 8 Tagen geruht hätten. Sie wären von ihnen schon lange vor unserem Eintreffen dort aus Furcht vor den sich herumtreibenden Franktireurbanden geborgen worden, denn die hätten gestohlen wie die Raben.

Und nun das Diner. Es war das reizendste, das man sich denken konnte. Wie liebenswürdig erinnerte mich die Gräfin an die Tage, wo ich sie mit meiner Chokolade unterstützt, und wie ich sie mittags zu der Kriegsmahlzeit geführt hätte. Zitternd hätte sie damals die Einladung angenommen, aber unser Betragen hätte sie bald aus ihrer Angst befreit. Und die blassen Wangen hatten sich wieder gerötet, die Augen blitzten, die Zeit der Trübsal war vergessen. Als ich aber später mein Glas erhob und auf das Wohl der herzigen Gräfin trank, da konnte ich ihr nur den Wunsch aussprechen, daß ihre fernere Ehezeit so reich an Glück und Freuden sein möge, wie ihre Flitterwochen an Angst und Kummer. Als wir aber bei Abendstrahl nach zärtlichem Abschied von unseren liebenswürdigen Wirten zurückritten, da hatte der Liebreiz der Gräfin bei dem guten Theodor einmal wieder gezündet und der ganze Rückweg war eine Schwärmerei und ein Entzücken über das schöne Grafenkind aus dem südlichen Frankreich.

Bei dem Zurückreiten passierte uns noch eine komische Geschichte in Quesnel, das wir berührten, und wo wir den Kameraden der anderen Schwadron einen kurzen Besuch abstatteten. Wie Du Dich erinnern wirst, mein liebes Mamachen, hatte ich mir am 24. November durch Gebbert's Bemühungen eine kleine Dogge angewöhnt, welcher ich nach dem Gefecht den Namen Quesnel gegeben. An den netten Hund hatte ich mich sehr gewöhnt und ihn namentlich, nachdem er mir damals in Molliens das Leben gerettet, sehr lieb gewonnen. — Als wir nun bei den Kameraden waren, sagte mir der Rittmeister, ihre Wirtin, die Gräfin M. hätte gehört, daß ich ihren Hund Léon hätte, sie wolle ihn wieder haben. Das ging mir doch etwas über die Hutschnur, ich sollte meinen Hund wieder hergeben, den ich so lange als Eigentum besessen? Was nun thun? Von einem Kauf konnte keine Rede sein. Da blieb denn nichts anderes übrig, als das Eigentumsrecht in Zweifel zu ziehen und ein salomonisches Urteil vorzuschlagen. Am anderen Morgen wollte ich mit Quesnel erscheinen, dann sollte die Gräfin und ich ihn bei Namen rufen und wohin er dann ginge, dem solle er als Eigentum verbleiben. Der Rittmeister richtete diese Botschaft aus und die Bedingung wurde angenommen. Am anderen Morgen erschien ich verabredeterweise mit meinem Quesnel im Park, auch die Gräfin kam herab. Nun stand sie da und rief in zärtlichsten Tönen: „Léon, o mon Léon chéri!" Doch mein Quesnel sah mich an, wedelte mit seinem kurzen Stummelschwänzchen, und die süßen Töne gingen wirkungslos an ihm vorüber. Als ich ihn nur „Quesnel" anrief, da sprang er zärtlich an mir herauf und wollte mich küssen. Was blieb mir übrig, als mein schönstes Kompliment der Gräfin zu machen und mich mit Quesnel zurückzuziehen. Sehr erleichtert wurde mir die Sache durch den Umstand, daß diese Komtesse alt und häßlich war, gelb wie eine Zitrone, war sie mit ihrer Hakennase die häßlichste alte Jungfer, die man sich denken konnte. Wäre sie jung und schön gewesen — wer weiß?

Da nun Friede war, wollte ich aber meinen längstgehegten Plan ausführen und mir Versailles, und wenn das Glück mir günstig wäre, auch Paris ansehen. Ich nahm mir also Urlaub und fuhr am 28. früh mit Aug. v. Tw. mittelst meiner Krümperpferde nach Amiens ab. Hier faßten wir einen Frühzug und kamen über Chantilly um 11 Uhr in St. Denis an. Die Stadt hatte ich mir ganz anders vorgestellt, als wir sie fanden. Namentlich hatte ich geglaubt, daß eine Stadt in dieser Nähe von Paris, dieser Ort der alten Königsgräber, pittoresker und auch eleganter wäre. Aber von beidem keine Spur; eine leidlich hübsche Kirche der Genovefa, das war alles, sonst enge, schmutzige Straßen, wenig hübsche Plätze und nichts, wodurch dieselbe über kleine Landstädte hervorragte. Von der kurzen Belagerung schien die Stadt wenig gelitten zu haben; zwar sah man noch einige zertrümmerte Dächer, auch die Kirche der Genovefa zeigte einige Spuren der Beschießung, aber deutlich war zu erkennen, daß nur unsere Feldgeschütze hier gewirkt hatten. Wäre unser schweres Belagerungsgeschütz näher herangekommen, dann hätten sich ganz andere Spuren der Zerstörung gezeigt, und dieses Heranziehen war nahe genug. Wäre die Uebergabe n i c h t erfolgt, so hätten die Geschütze, die schon bei Nancy standen, von La Barre aus die Festung in Grund und Boden geschossen. Damals, als der Kronprinz einzog, war von einem der Unterhändler die Bedingung gemacht worden, nicht mit klingendem Spiele den Einmarsch zu halten, da das die St. Deniser zu sehr „b e t r ü b e n" würde. Es wurde natürlich abgelehnt, und damals hatte man schon nur lächelnde

Gesichter der Bevölkerung bei der Musik der Bataillone bemerkt. Dieser Eindruck der Einwohner hat sich vollständig erhalten, ich sah nur frohe Gesichter und jeder mochte sich freuen, der Belagerung und der Greuel von Paris enthoben zu sein, und nebenbei bei der starken Besatzung recht gute pekuniäre Geschäfte zu machen. Das war ein Leben und Treiben in der Stadt, garnicht zu beschreiben, und die Garden und die braven Bayern, die dort standen, schienen sich herrlich zu amüsieren. Im Hôtel du cerf, wo wir frühstückten, fanden wir eine Menge von Bekannten, teils von der Cernierung von Paris, teils von den anderen Armeen. Das war ein Schwatzen und Schwirren um Einen herum; ein Jeder fragte nach Bekannten, wollte in der Minute alle seine Abenteuer, die er erlebt, erzählen, wollte andere wissen, und alles, alles drängte nach Paris, nach Paris. Fritz v. Tw. schloß sich hier uns an, sonst sah ich noch von Bekannten Gustedt, Byern, Meirink ꝛc. ꝛc., wer zählt die Namen?

Nun hieß es aber für uns, aus diesem Gewimmel herauszu= kommen und sich eine Fahrgelegenheit zu besorgen, wir wollten noch heute nach Versailles und dann morgen nach Paris möglichst mit hinein. Dieselbe Absicht hatten aber, wie schon gesagt, Alle, und wie viele waren schon fort. Aber Bakschisch regiert die Welt, ich engagierte mir einen kleinen intelligent aussehenden Stiefelputzer, versprach ihm 10 Francs, wenn er uns ein annähernd brauchbares Vehikel besorgte, Pferd Hauptsache, Eleganz des Wagens Nebensache und siehe da, nach einer halben Stunde erschien er bei der Kathedrale, wohin ich ihn bestellt, mit seiner einspännigen carridge. — Ein Triumpheinzugswagen war es gerade nicht, den wir vor uns sahen, sondern ein kleiner zweirädriger Karren, aber der kleine Graue davor hatte gute Beine und sah ganz unternehmend aus. Auch der junge Gärtner, dem das Fuhrwerk gehörte, hatte ein intelligentes Gesicht, deshalb nicht lange gezaudert, den Mann für zwei Tage um ein Sündengeld von fünfzig Francs engagiert und unsere Reise ging los. Es sah wunderbar genug aus, als wir nun so durch St. Denis dahinrollten, der Kutscher ganz vorn auf der Schere hinter dem Schimmel schwebend und wir drei in dem kleinen, offenen, mit einem Gitter umgebenen Kasten. Was ging uns aber das Aeußere an? Wir kamen munter vorwärts und erreichten schon um 4 Uhr den Pont Neuilly. Hier hörten wir, daß am Tage darauf der Einzug erfolgen sollte. Wir waren dem Mont

Valérien so nah, wußten nicht, ob uns das Geschick noch einmal dorthin führen würde, kletterten deshalb von unserem Vehikel hinab und den Bullerjan, wie ihn der Volkswitz genannt hatte, hinauf. Es war eine tüchtige Steigerei bis oben hinauf, der Anblick aber desto lohnender, als wir oben waren. Wir hatten das schönste Frühlingswetter und tout Paris lag vor unsern entzückten Augen, leider schwebte eine Art von Sonnennebel über dem Bilde. aber die Spitzen der Türme, die kompakte Masse des Arc de triomphe, ragten doch aus dem Nebel heraus und das silberne Band der Seine schlang sich durch das unvergeßliche Gemälde. Armes Paris, wenn du die Friedensbedingungen nicht angenommen hättest, wie hätten dich von hier aus unsere Geschütze zerschmettert! Die vernagelten und teilweise von uns zerstörten französischen Geschütze lagen noch auf ihren Plätzen, und nahm ich mir von dem Riesengeschütz, der Josephine, deren ehrwürdiges Haupt von uns, wie ich hörte, mit Dynamit abgesprengt war, ein Stück zur Erinnerung mit. — Als wir nach einer Stunde vom Valérien herabstiegen, fanden wir unsere kleine Reiseequipage, dessen Pferd und Kutscher sich inzwischen gestärkt hatten, zum Weiterfahren bereit und erreichten wir über St. Cloud, dessen gespenstische Trümmer bei dem Abendgrauen in die Lüfte ragten, um 9 Uhr Versailles, wo wir im Hôtel de la chasse ein über alles Erwarten gutes Zimmer fanden. In St. Cloud waren wir eine halbe Stunde ausgestiegen und waren in den Trümmern des zerstörten Schlosses herumgekrochen. Noch manche stolze Säule zeugte von verschwundener Pracht, auch diese, schon geborsten, kann stürzen über Nacht. So sah es hier aus. Wo war die Napoleonische Herrlichkeit, die noch während der Ausstellung den europäischen Fürstenkreis bezaubert hatte, wo war sie geblieben? Wenn irgendwo, so war hier Gelegenheit, über das Vergängliche aller irdischen Herrlichkeit nachzudenken. Bei Lulu's Eisenbahn, welche in Trümmern im Parke lag, trafen wir die dicke Nenne J. und Pau. Schm. Sie waren beladen mit Brocken von Marmor, die sie sich von zerbrochenen Kapitälen als Erinnerung an dieses Graus mitgenommen hatten. Auch ich suchte mir ein zerbrochenes, vergoldetes Stück, scheinbar von einem Kamin, der vielleicht ein Prunkgemach des Kaisers geziert hatte.

Nachdem wir uns in unserem Hotel so viel wie möglich von dem Reisestaub gereinigt hatten und uns so schön gemacht, als es die Verhältnisse gestatteten, suchten wir das Hôtel reservoir auf, den Vereinigungspunkt alles dessen, was Epauletts trug in und um Versailles. In dem Riesensaal fanden wir denn auch bereits einige Hundert Offiziere aller Waffen vor, o diese Bekannten und diese Erzählungen! Als erstes bekanntes Gesicht kam uns Itzen G. entgegen und veranlaßte uns, an seinem Tisch Platz zu nehmen. Es war eine interessante Gesellschaft, die wir dort vorfanden, die Herren der Leibwache des Kaisers, Johanniter, eine Menge Malteser unserer Bekanntschaft; befreundete und bekannte Menschen aus allen Provinzen hatten sich hier zusammengefunden. Auch Vetter Albrecht setzte sich hier eine Zeitlang zu mir, er war tags vorher mit seinem Regiment hier eingerückt, um wegen dessen Bravour an der Parade morgen teil zu nehmen. Albrecht sah noch etwas leidend aus von seiner Verwundung und erzählte mir die Details von Leopold's Tode. Die arme Caroline, was muß sie an diesem Totenbett gelitten haben! — Aber auch der interessanteste Abend findet sein Ende, von des Tages Mühen doch etwas angegriffen und von den Stößen unseres kleinen Reisekarrens doch arg zusammengerüttelt, suchten wir gegen Mitternacht unseren Gasthof auf, nachdem wir noch im café du globe mit mehreren lieben Westfalen, die dort Billard spielten, ein Stündchen verplaudert hatten.

Am anderen Morgen brachen wir mit unserem Einspänner früh auf. Wir hatten von Itzen gehört, daß der Kaiser um 11 ungefähr die Brücke bei Suresné, welche auf Pontons geschlagen war, passieren würde, um auf dem Rennplatz von Longchamps die Parade über ungefähr 30 000 Mann abzunehmen. Nach derselben würden die Truppen, welche in der Parade gestanden hätten, in Paris einmarschieren. Unser Gefährt fuhr etwas leichter, als den Tag vorher dahin, da wir den lieben Fritze verloren hatten, derselbe hatte sich am Morgen so durchgerüttelt gefühlt, daß er es vorgezogen hatte, einen ihm angebotenen Platz in einem bequemeren Fuhrwerk anzunehmen. Wiederum war das reine Kaiserwetter. Es mochte gegen 11 Uhr sein, als wir uns Suresné näherten, wir waren schon an vielen Truppen vorübergefahren, die alle zur Parade marschierten, Patrouillen gingen längs der Chaussee und Gensdarmen ritten an derselben her, um das Landvolk abzuhalten, das doch in großer Menge herbeigeeilt war, sie wollten den Kaiser und den gefürchteten Bismarck sehen. Die Kavallerie- und Infanteriestabswache passierte bereits die Brücke, und hinterher folgten die Pferde des Kaisers und der kaiserlichen Suite. Die Brücke selbst war mit schwarzweißen Fahnen geschmückt, und ein Zug 7. Husaren war an jedem Ende derselben aufgestellt. Und plötzlich kam ein Ruf aus der Ferne her, der sich jubelnd fortsetzte und in den alles, was an Zuschauern da war, begeistert einstimmte: „Unser Kaiser, unser Kaiser kommt."

Da ward auch schon der Vorreiter des kaiserlichen Wagens sichtbar und dahinter kam der vierspännige Wagen, in welchem unser teurer kaiserlicher Herr in Generalsuniform saß. Mit seinem liebenswürdigen freundlichen Lächeln dankte er unaufhörlich den brausenden Hurras und sah mild und glücklich über diese Stunde aus, die gewissermaßen das Ende des Krieges bildete. — Nun aber hieß es für uns, unser Gefährt verlassen, schon lenkte der Spitzenreiter auf die Brücke ein, wir also herunter und was wir laufen konnten, hinter dem Wagen her. Zwar waren wir nicht im Paradeanzug, nicht einmal die Czapka hatten wir auf, aber in solchen Momenten da wird die Dienstvorschrift auch nicht so genau genommen. Aber gelaufen bin ich selten so in meinem Leben; dem Kutscher hatten wir aufgetragen, wenn die Brücke frei wäre, über dieselbe und nach der Renntribüne von Longchamps zu fahren. Es war noch ein ganzes Ende bis dahin, aber unser Dauerlauf war von Erfolg und wir langten bei derselben, die wir uns als Aussichtspunkt auf Anraten der Bekannten gewählt hatten, fast mit dem Kaiser an. Von dem Dach der Tribüne, dessen Geländer auch verbrannt war, sahen wir noch unseren teueren königlichen Herrn zu Pferde steigen und nach dem rechten Flügel der Paradeaufstellung galoppieren. Was soll ich Dir, mein teueres Mamachen, nun von dieser historischen Heerschau erzählen? Es war ein für jedes Soldatenherz überwältigender Eindruck, auf diesem Paradefelde der französischen Armee, unsern greisen Kaiser, neben ihm den Kronprinzen und gefolgt von einer wohl 400 Köpfe zählenden Suite, die aus der Crème von ganz Deutschland bestand und in allen Farben glänzte, die Front herunterreiten zu sehen, die teilweise zerfetzten Fahnen und Standarten senkten sich und unser Nationallied: „Heil dir im Siegerkranz" ist wohl nie begeisterter vernommen worden. Es war ein großartiger Anblick, und wem es vergönnt war, ihn zu erleben, der vergißt ihn nicht bis an seines Lebens Ende. Nachdem das Abreiten der drei Treffen vorüber war, stellte der Kaiser sich rechts von der

Tribüne, gerade unter unserem Standpunkt auf, und nun folgte der
Vorbeimarsch unter Vorritt des Kronprinzen als Feldmarschall und
Kommandierenden der 3. Armee. Das 6., 11. und bayerische Armee=
corps hatten die Ehre, an diesem Tage an Seiner Majestät vorbei zu
defilieren. Der Vorbeimarsch dauerte wohl zwei Stunden, meine
Augen aber waren allein in dieser Zeit auf unseren Kaiser gerichtet;
vom ersten Bataillon bis zur letzten Schwadron, die an ihm vorbei=
marschierte, das gleiche intensive Auge auf die Art und Weise, wie
marschiert wurde, auf Richtung und Haltung der Truppen, das gleiche
liebenswürdige Lächeln auf den teueren Lippen, das gleiche Interesse.
Nachdem die Parade zu Ende war, fuhr der Kaiser nach Versailles
zurück, die Truppen aber zogen in langen Linien durch das Bois de
Boulogne, an der historischen Windmühle vorbei nach dem Arc de
triomphe. Es mochte gegen 2 Uhr sein, als der Einmarsch begann.
Wir hatten inzwischen unseren kleinen Wagen wirklich an der Tribüne
vorgefunden und an der Queue der Bayern schlängelten wir uns in
die Kolonne ein. Der General von Voje marschierte vor seinem
11. Corps und war so liebenswürdig auf meine an ihn gestellte Bitte,
uns keine Schwierigkeiten wegen dieser Eindoublierung zu machen. —
Ihr habt, mein teueres Mamachen, den Einzug gewiß gestern schon
in der Zeitung gelesen und damit auch die ridikulen Schwierigkeiten,
welche die nach Tausenden zählende Bummleransammlung der Franzosen
an dem Triumphbogen durch Verbarrikadieren desselben zu machen
versucht hatte. Wir haben dieselbe nicht gesehen und nur gehört, daß
die tosende Menge sehr in ihren Erwartungen getäuscht war, als die
an der Tête marschierenden Bayern kurz entschlossen, ohne sich um die
Barrikade zu kümmern, links um den Triumphbogen herummarschierten.
Als wir herankamen, habe ich, offen gesagt, gar nicht gemerkt, ob wir
unter oder neben demselben vorbeifuhren, denn diese gemeine Bande
bildete ein festes Spalier und machte durch ihr Johlen einen solchen
Heidenspektakel, daß man kaum hören konnte. Ich bewunderte die
Langmut der Oberbefehlshaber und sagte mir, ich hätte es nicht aus=
gehalten, ich hätte ein Bataillon gegen diese Bande heraustreten und
chargieren lassen. Was konnte da sein? So machte die Sache einen
zu „guten" Eindruck, beinahe den der Schwäche. Man sah fast
gar keine anständigen Menschen, nur Janhagel. Die Fensterläden der
Häuser waren alle verschlossen, aber ein gutes Auge konnte doch manche

Pariserin entdecken, die neugierig durch die Spalten auf die prächtigen
Figuren unserer strammen Soldaten herabsah.

So zogen wir durch die Avenue de la grande armée bis nach
dem Konkordienplatz, wo die Gewehre zusammengestellt wurden. Da
waren wir denn in dem durch zahlreiche Posten der Mobilgarde und
durch die Chasseurs der ehemaligen Kaisergarde fest umgrenzten Paris
allemand darin, das Ganze aber hatte doch nur den Eindruck einer
Scheinbesetzung, und man machte unwillkürlich die Bemerkung: Ent-
weder ordentlich oder gar nicht. Unser kleiner Wagen mit seinem
Führer konnte von uns in der Soldatenstadt, so konnte man den
deutschen Teil von Paris jetzt nur nennen, nicht in einem Hause untergebracht werden, auf unsere Bitte gewährte uns ein bayerischer Hauptmann, Herr v. H., mit größter Liebenswürdigkeit die Erlaubnis,
denselben bei seinen Kompagniepferden einzustellen, und so mußten sie
denn auf dem Asphalt von Paris biwatieren. Wir stärkten uns bei
den freundlichen bayerischen Kameraden erst durch ein Glas vorzüglichen Bieres, das sie mit sich führten, dann machten wir uns auf die
Reise, um wenigstens das von den Straßen zu sehen, was uns möglich
war. Es wurde nach und nach Abend, die Soldaten hatten sich in
ihren Quartieren zurecht gefunden und promenierten mit ihren Tabaks-
pfeifen in den schönen Straßen herum. Auch wir mußten an ein
Nachtquartier denken, und durch Graf K.'s Bemühungen erhielten wir
auch eine nette Stube mit zwei Betten in einem palaisartigen Hause
in der Mac Mahon-Straße, dessen Besitzer in den französischen Teil
der Stadt übersiedelt war. Der Portier benutzte die Abwesenheit, um
wohl gegen den Willen des Eigentümers, die Zimmer für die Nacht
zu vermieten und machte gute Geschäfte dabei. Wir hätten als
Offiziere wohl auch ein Quartierbillet haben können, es war uns aber
zu weitläufig, und ging es auf die angegebene Weise auch. Ein herr-
licher Mondschein ließ uns aber noch nicht zur Ruhe kommen, und so
gingen wir noch in den halbdunkeln Straßen spazieren und versuchten
an den Demarkationslinien entlang noch mehr von der Stadt zu
erspähen. Der Zapfenstreich machte unserem Spaziergang ein Ende
und beendete auch die vielen deutschen Lieder, die an den Biwaks-
feuern von unseren Soldaten gesungen wurden. — Am anderen
Morgen waren wir früh auf, die Reveillesignale unserer Kavallerie
hatten uns geweckt, und nach einem recht primitiven bol, den wir

von unserem Portier erhielten, begannen wir unsere Wanderung von neuem. In der Nähe der Demarkationslinie waren fast alle Läden geschlossen, dafür lagerten vis-à-vis den unsrigen überall französische Truppen, und Posten standen an beiden Seiten, die einen Uebergang verwehrten. Der süße Pöbel war auch schon wieder in Menge vorhanden, als wir einen dann fragten, ob die Türme, die herüber sahen, zu den Tuilerien gehörten, fing sofort die Johlerei wieder an, und als einer der Bengels uns an unserer Uniform erkannte, da fingen sie an „des ulans" zu schreien und nur dem Umstande, daß unsere Wache antrat, verdankten wir es, nicht mit einem Steinhagel bedacht zu werden.

Am Louvre in der rue Rivoli war auch ein großer Straßentrawall. Da wo der Eingang von dieser Straße in die Tuilerien ist, wogte eine ungeheure Volksmenge hin und her, Schreien, Zischen, Heulen und Pfeifen erfüllte die Luft. Die hohen Gitterthore waren verschlossen, und Jungens kletterten an denselben in die Höhe. Als ich herankam, sah ich, daß es sich um eine neue Demonstration handelte gegen die deutschen Gardelandwehrmannschaften, welche kompagnieweise im Louvre herumgeführt wurden. Der Pöbel warf mit Steinen auf die unbewaffneten Riesenmänner und war entrüstet, als diese Prachtmenschen nur mit einem mitleidigen Lächeln auf diese jämmerlichen Kerle herabsahen. Einem armen hübschen Mädchen ging es schlecht genug, sie hatte wohl zu laut ihrer Begeisterung für diese germanischen Riesengestalten Ausdruck gegeben, der Pöbel umringte sie, und sie entging dem Gelynchtwerden nur durch eine Mobilgardenpatrouille, welche zufällig herbeikam.

Hier war es nicht gut sein; gesehen hatten wir, was zu sehen war, so beschlossen wir denn, dieses ungastliche Paris zu verlassen, das unseren Vätern damals 1815 solch einen prachtvollen Empfang bereitet hatte und wo jetzt nur der Janhagel regiere. Wir konzentrierten uns rückwärts, begrüßten unseren lieben bayerischen Hauptmann, tranken mit ihm ein Abschiedsglas Bier und schimpften weidlich mit demselben über diese vermaledeite Stadt. Der Bayer sagte empört, o wenn ich doch könnte, wie ich wollte, ich möcht' die ganze Stadt bis auf den Grund niederbrennen und verwüste.

Unser kleiner Brauner war bald wieder vor das Wägelchen gespannt, wir bestiegen ihn und fuhren schleunigst über den Pont

Neuilly, Sèvres und Meudon, wo Plon Plon's schönes Schloß in Trümmern lag, nach Versailles zurück. Unser Gesamt=Resultat des Besuchs von Paris drückte die Redensart aus: Tant de bruit pour une omelette.

Zu Mittag waren wir wieder in Versailles und beschlossen, uns den nächsten Tag für die Enttäuschungen des vorigen an den Sehens= würdigkeiten dieser jetzt „deutschen Kaiserstadt" zu erfreuen.

Ein sehr vergnügtes Diner um 6 Uhr im Reservoir vereinigte uns wieder mit den zahlreichen Bekannten. Sehr viele von ihnen waren gleich uns sehr enttäuscht von Paris zurückgekommen, und wir alle freuten uns, daß unter diesen Verhältnissen unser vielgeliebter Kaiser die Stadt nicht betreten hatte. Zu unserer Genugthuung wurde erzählt, daß bei dem Verlassen der heutigen Besatzung eine Husarenesladron, welche an der Queue marschierte, gegen die johlende Pöbelbande, welche zuletzt mit Steinen geworfen hatte, Front gemacht und mittelst Attacke die ganze jämmerliche Gesellschaft in den Schmutz geritten habe, wohin sie gehört.

Wir hatten an dem Abend bei des großen Schweigers Eintritt in den Saal Gelegenheit, die Wahrheit der Geschichte von neulich kennen zu lernen, nur mit dem Unterschied, daß nach dem Auffahren von den Stühlen auf einmal eine Stimme rief: Unser großer Feld= marschall lebe hoch, und ein begeistertes Hurra erschallte, das gar nicht aufhören wollte. Erfreut dankte der große Mann mit liebens= würdigem Neigen des Kopfes nach allen Seiten. Der den Moment richtig auffassende Toastausbringer war unser bekannter lieber Major v. Gr. von den Husaren, und saßen wir mit ihm noch lange am Abend zusammen und beglückwünschten ihn wegen seiner Idee. —

„O Welt, wie bist du so wunderschön!" So konnte man aus= rufen, wenn man, wie wir, am andern Morgen in dem großen Park von Versailles spazieren fuhr. Der l'état c'est moi König mag sonst gewesen sein, wie er will, hier hat er ein Wunder geschaffen, wie es wohl kaum ein zweites giebt. Und wenn es auch nicht seine eigenen Ideen sind, die dort zur Wirklichkeit geworden, so hat er doch in Künstlern, wie der große Le Notre und Favier die richtigen Leute zu finden gewußt und das ausgeführt, was sie erdacht. Diese Durch= blicke durch den prächtigsten Wald, diese sammetenen Rasenflächen, diese wundervollen Wasserkünste, es giebt nichts schöneres auf der

Welt. In diesen Grotten am See, in diesen Teichen, in den heim=
lichen, grünen Waldgründen ist die ganze griechische Welt verkörpert
und der weiße Marmor ihrer Statuen wirkt wahrhaft zauberisch und
unvermutet auf die Beschauer. Groß und klein Trianon, wo die
schöne letzte Königin Antoinette ihre ländlichen Idyllen träumte, sahen
wir uns an, und dem Zauber dieser entlegenen Waldidylle konnte ich
mich nur schwer entziehen. Auch hiervon macht man sich eine ganz
falsche Vorstellung. Ich hatte geglaubt, eine kleine ferme zu finden,
wo die Königin im Kostüm der Bäuerinnen ländliche Feste der
Einfachheit feierte, anstatt dessen ist es eher ein achteckiger Pavillon,
entzückend gelegen in seiner Waldeinsamkeit, von den Wellen eines mit
Schwänen und Lotosblumen bedeckten kleinen Sees umrauscht. Unter
Ludwig XVI. wurde Klein Trianon von dem Landschafter Robert für
die Königin umgebaut. Geschaffen war es bereits unter Ludwig XV., der
wie sein Vater zum Unterschied vom großen Versailles Trianon, so von
Trianon Petit Trianon haben wollte. Der Architekt Gabriel hat es gebaut.
Man weiß nicht, soll man mehr die Künste des Erbauers der Wasser=
werke oder die des Gartenkünstlers anstaunen. Und nun diese meilen=
langen avenues mit ihrer eigentümlichen Perspektive, die sich noch
weit jenseits des Parkes in den Forst hinein fortsetzt. Es ist eine
wahre Schöpfung der Wunder, dieser herrliche Park. — Da tritt
man hinaus aus dem hochstämmigen Walde auf eine kleine Waldblöße
und sieht sich plötzlich auf eine Entfernung von vielleicht 200 Schritten
gegenüber einer baumbedeckten Felsmasse. In dieser befindet sich die
Oeffnung einer großen Höhle, zu beiden Seiten mit mächtigen Granit=
säulen begrenzt. In dieser Oeffnung aber sieht man eine Gruppe
aus weißem Marmor von 4 Figuren über menschliche Größe. Man
glaubt zu träumen und eine Vision von Göttern vor sich zu haben.
Und so ist es, es ist die sogenannte Jupitergruppe, Zeus mit der
Juno und Athene sitzt in würdevoller Haltung vor den erstaunten
Augen, und Hebe kredenzt ihm einen Trunk. Es ist ein ganz eigen=
tümlicher Kontrast, diese schneeweiße Gruppe gegen den dunkelen
Hintergrund der Höhle, und herum das knospende Grün des Frühlings.
Die wahre verkörperte Poesie. Um den Eindruck des Ganzen zu
erhöhen, steht eine zweite Gruppe 25 Fuß von der ersten, ein schnee=
weißes Marmorpferd, gehalten von einem Sklaven, der erwartungsvoll
zu dem Gebieter emporschaut. Daß die Züge des Zeus die des Königs

Ludwig XIV. tragen, bedarf bei dem Geiste der Zeit wohl keiner besonderen Erwähnung.

Von den übrigen Werken der Skulptur und Anlagen hat mir in dem Park die berühmte sogenannte Froschfontäne, die Poseidongruppe und vor allen Dingen die herrliche vue du château am besten gefallen. — Das Schloß von Versailles selbst ist ein mächtiger Kolossalbau in Form eines großen Hufeisens, in dessen Mitte abermals zwei mit Marmorsäulen und vielen Statuen und Marmorbüsten verzierte Flügel hinein gebaut sind. Daß unser erster Gang im Schloß natürlich dem salle des glaces galt, dem historischen Raum, in welchem unser teuerer Kaiser die Kaiserkrone auf sein ehrwürdiges Haupt setzte, brauche ich Dir, mein Mamachen, wohl nicht erst zu sagen. Es ist mehr eine riesige Galerie, wie ein Saal, auf der einen Seite eine Anzahl von Fenstern; die bogenförmige Decke sowie die Wände des Saales sind überdeckt mit Vergoldungen und Frescomalereien. Nach meinem Geschmack ist das Ganze zu bunt, das Auge findet zu viel Unterbrechungen, welche die schönen Größenverhältnisse stören.

Pour toutes les gloires de France, diese Riesengalerien voll Gemälden der französischen Siege, vornehmlich die der Siege Napoleons, wurden auch von uns durchwandert, Davids Gemälde und einige Meissoniers gefielen mir am besten. Die Säle waren jetzt wieder teilweise von den Lazaretbetten geräumt, in anderen aber lagen noch immer viele Schwerverwundete unserer Armee, vermischt mit Franzosen, die sich bei dem Anblick der großen Wandgemälde von der Vergänglichkeit alles Irdischen überzeugen konnten.

Ein eigentümliches Bild, das auch auf einigen Photographien, die ich Euch mitbringe, verewigt ist, war auch die Riesenstatue Ludwigs, des Königs der Könige, an dessen Piedestal unsere Infanteriemusik sich versammelte. Oben der Beherrscher der Erde, und darunter die ihr Pfeifchen rauchenden Preußen, das war die Revanche der Geschichte für Straßburg und Heidelberg.

Nun trieb es uns aber vor allem, unseres Kaisers Haus zu sehen, in das derselbe bescheidenen Sinnes, anstatt in das Schloß, gezogen war, welches er seinen Verwundeten überließ. Die Präfektur, in der er wohnt, ist ein schönes, schloßartiges Gebäude, bestehend aus einem Mittelgebäude von 11 Fenstern und 2 Flügeln von 9 Fenstern; entre cour et jardin gelegen, wird es gegen die Straße von einem hohen Eisengitter abgeschlossen, während hinter dem Hause ein schattiger Park sich befindet. Am Fenster sahen wir unseren geliebten Kaiser nicht, aber am Nachmittag hatten wir das Glück, ihm auf unserer Heimfahrt im Wagen (wir in unserem Einspänner) zu begegnen. Als wir ehrerbietig mit dem Wagen Front machten, ging ein freundliches Lächeln durch seine Züge, was wohl teilweise unserer Ausrüstung galt. Sonst sahen wir in der Stadt noch die ziemlich mangelhafte Statue des General Hoche, des Besiegers der Vendée und wohl besten Feldherrn der Republik 1797 vor Napoleon. Er soll wahrscheinlich an Gift gestorben sein, weil der Convent seine Macht fürchtete.

So schieden wir denn von dem schönen Versailles, das mir in der Erinnerung verbleiben wird, angenehmer, als das ungastliche Paris. Eins der vielen Gerüchte, die wir in diesen Tagen hörten, war, unser Regiment käme nach Wandsbeck bei Hamburg und die 11. Ulanen von dort würden nach Perleberg zurückversetzt. Ob es wahr ist, wer kann es wissen? Ueber Asnières kamen wir mittags nach St. Denis, von wo wir in zahlreicher Gesellschaft von Garde-Husarenoffizieren nach Amiens zurückfuhren. Wir benutzten dabei einen Train, in welchem zweistöckige Waggons liefen, wir saßen in der oberen Etage, nur mit einem Leinendach überspannt, sehr luftig da und konnten ungehindert das schöne Diseland überschauen.

In unserer Gesellschaft befand sich ein Lieutenant Graf Talleyrand, und war es komisch, wie er der dort oben mitsitzenden Franzosen wegen bat, ihn nicht bei Namen zu nennen. Er wollte wohl sein Inkognito wahren, um nicht als Verwandter des „sogenannten" großen Talleyrand von französischer Seite erkannt zu werden. In Amiens hatten wir noch ein sehr angenehmes Souper im Restaurant Perigord, wozu mein lieber Max v. Rump, Gott sei Dank wieder ganz genesen, sich mit Casper Weichs einfand. Dann erschien der brave Gebbert mit unserem Break, und kamen wir nachts 3 Uhr heute früh totmüde, aber doch sehr befriedigt von all dem Schönen, das wir gesehen, hier in unserem Brety wieder an.

Morgen sollen wir schon wieder fort, wohin weiß ich noch nicht, ich glaube auf die andere Seite von Roye, schon wieder auf die Wanderschaft, wo unser aller Wunsch jetzt wirklich nach Ruhe ist. Es heißt, daß viele Kavallerieregimenter jetzt formiert werden, wenn es sich bestätigt, werden wir wohl manchen von unserem netten Offiziernachwuchs dorthin abgeben müssen, da wir jetzt eine Menge Fähnriche und junge Offiziere haben; wenn es nach mir ginge, möchte ich lieber manchen von den Elementen abgeben, die zwar älter sind, aber absolut nicht hierher in unseren Kreis passen.

Unser lieber Jbing soll uns nun leider doch nicht erhalten bleiben, da er nur als jüngster Offizier angenommen werden sollte, was bei seinem Alter nicht angängig ist. Es thut mir sehr leid, sowohl für uns als auch für ihn. Vom Biber bekam ich gestern einen Brief, worin er schrieb, sie wollten alle eine Wallfahrt nach Werl machen, auf daß wir wieder nach M. kämen. Es ist sehr nett von ihnen, ich fürchte aber, alles Wallfahrten wird nichts helfen, wir kommen doch nicht dahin. Auf uns liegt immer der Alp der Okkupation, die gewiß 2—3 Jahre dauern wird. Wenn das nur nicht wäre, dann lieber noch in ein kleines Nest als Garnison. Wann ist denn nun H.'s Hochzeit? Ich habe noch keine Einladung dazu erhalten. Nun wird wohl bald hoffentlich eine Zeit der Ruhe für uns kommen, wir sehnen uns alle danach. Nach Deinem lieben Schreiben, mein Mamachen, muß aber noch immer ein Brief von Dir an mich unterwegs sein, Nr. 21 habe ich noch nicht erhalten. Lebe wohl für heute und grüße die liebe Tante Mile vielmals von Deinem

Dich innig liebenden M.

V.

Ham a. d. Somme, den 25. März 1871.

Mein teueres Müttchen!

Wenn ich den Termin meines Schreibens diesesmal etwas überschritten habe, so war nicht Krankheit oder etwas Aehnliches der Grund, sondern die verflossenen 14 Tage boten so wenig des Erzählens werten, daß ich erst einige Besuche in der Nachbarschaft und unsere große Parade abwarten wollte, um Euch wenigstens hiervon schreiben zu können.

Der Refrain der zwei Wochen war sonst im allgemeinen nur der: „Mangelhafte Bauerquartiere und Wandern von einem Ort zum andern".

Wenn ich sonst böse auf dieses fortwährende wenig motivierte Ortsverändern war, so hat dieses in den letzten Wochen doch mehr seinen Grund gehabt. Der Grund ist der, daß man die Bevölkerung allgemeiner belasten und die einzelnen Dörfer mehr entlasten wollte. Die kriegerische Belegung hat aufgehört und ist dafür mehr eine ökonomische eingetreten, bei welcher wir als Selbstbeschaffer gewissermaßen beteiligt sind. Für den Schwadronschef sind dadurch größere Mühen erwachsen, es hat denselben in ähnlicher Weise wie zu der Fridericianischen Zeit beschäftigt, indem er für die Verpflegung seiner Eskadron an Leuten und Pferden selbst zu sorgen hatte. Das heißt, wir mußten die Viktualien für die Leute und die Fourage für die Pferde im Ganzen selbst ankaufen. In der ersten Zeit erhielten wir hierzu bares Geld, nachher wurde die Sache mit Bons bezahlt. Da nun aber jetzt geordnetere Verhältnisse eingetreten sind, so ging das nicht mehr mit der bisherigen Bonwirtschaft, sondern es mußte alles genau bis auf Heller und Pfennig, oder vielmehr auf Frank und Centime stimmen. Du kannst Dir denken, mein Mamachen, daß solch ein großes Rechenexempel alle drei Tage ohne Zahlmeister sein Lästiges hat, und freue ich mich, daß die Zeit zu Ende ist, und wir hier in unserem Ham durch Anlegung von Magazinen und tägliche Ausgabe aus demselben, dieser Detailbesorgung enthoben worden sind. Bei derselben zeigte es sich aber, daß, ob in Frankreich oder in Deutschland, „Bauernschlauheit" dieselbe ist. Hier war es gradezu ein Kunststück, solch einen Handel perfekt zu machen, der paysan suchte möglichst viel Geld herauszuschlagen, und wenn man handeln wollte, so that er, als ob er unser Französisch nicht verstände. Da man nun nicht mehr grob werden durfte in dieser Art von Friedenszeit, so hatte die Sache ihre Unannehmlichkeit.

Was soll ich Dir nun erzählen von dem Detail dieser Wochen? Wir sind eben gewandert von einem Ort zum andern; interessante, des Schilderns würdige Verhältnisse giebt es eigentlich aus denselben nicht. Am 6. verließen wir unser liebes Brely, gingen von dort nach Ecuoilly und den nächsten Tag nach Beuvraignes. Hier lag ich wieder bei einem Curé. Wenn derselbe auch an und für sich durchaus kein geistloser, uninteressanter Mensch war, so machte er sich mir doch durch seine fortwährende Anwesenheit in meinem Zimmer lästig. Dabei hatte der Mann eine Sprechfähigkeit, die wahrhaft tötend war, namentlich da unsere Gespräche immer wieder von neuem die alten Disputations= objekte, Entstehung des Krieges, Suprematie der beiden streitenden Völker ꝛc. betrafen, und die utopistischen Ideen der Franzosen an und für sich lassen sich durch Gründe, ja durch die brillanteste Dialektik selbst nun einmal nicht besiegen. Da fragt man sich denn unwillkürlich, woher es kommt, daß eine ganze große Nation darin in sich so gleich ist. So erscheint uns der Nationalcharakter der Franzosen als das Resultat zweier von ihnen übernommenen großen Erbschaften von Alters her, deren eine sich noch auf die Vorgänger der alten Gallier, auf die Celten, die andere auf die späteren Eroberer des Landes und auf ihre sich gewaltsam aufdrängende Civilisation zurückführen läßt. Diese beiden Strömungen kreuzen sich fortwährend in der Entwickelung des franzö= sischen Geistes, ihre Verbindung kann uns den französischen National= charakter erklären. Bei den alten Galliern war das regens ihres ganzen Seins der Ruhm, besonders der Waffenruhm, das war eine Haupteigenschaft der Römer, die sich als die Herrscher des Universums ansahen. Diese Sucht nach Ruhm hat in der jetzigen amour de la gloire der Franzosen ihre höchste Blüte erreicht. Der Gedanke, daß irgend ein anderes Volk ihnen über sein könnte, ist den Franzosen unerträglich. Wenn wir die Beschreibung fremder Völker von einem Franzosen lesen, so ist es eine Kritik mit der vorgefaßten Meinung, daß Frankreich in jeder Beziehung weit über dem beschriebenen steht. Daher auch die merkwürdigen Urteile der französischen Buchschreiber über unser Deutschland und seine Gebräuche und Sitten, alles wird nach französischem Maß gemessen. Schon in der Schule wird dem Kinde die Weltgeschichte so gelehrt, wie wenn Frankreich der Mittelpunkt der civilisirten Erde, das Auge der Welt sei. Kein Wunder, wenn der später Erwachsene stets die anderen Völker unter= schätzt. Das Wort: Je suis Français hat bei ihnen dieselbe Bedeutung wie das civis Romanus sum der Römer, und der unverschämte Curé, der mir nach einer ihm gewordenen Abführung die Schmeichelei sagen wollte: „Sie müßten Franzose sein", begriff gar nicht meine Wut über diese beleidigende Aeußerung. Sie können aber kaum etwas dafür, es ist den Kindern seit vielen Generationen so beigebracht worden.

Mit der Begierde nach der gloire ist die Liebe des äußeren

Scheins auf das innigste verbunden. Das paraître geht ihnen bedeutend über das Sein. Ihr einziges Ziel ist: Genuß und Schein. Der Franzose braucht kein dauerndes, starkes Gefühl, das würde ihn aus seiner Ruhe bringen, er verlangt einen vorübergehenden Kitzel der Phantasie, Vernügen und vor allem die Kunst zu glänzen.

Jeder Franzose, welchem Stande er auch angehört, will für reicher, gebildeter, gelehrter gelten, als er es ist, daher die Ueberhebung auf jeglichem Gebiet, daher das Abschweifen, so wie die Basis seiner Unwissenheit blosgelegt wird, daher die Unmöglichkeit, eine Disputation jemals mit ihnen bis zu Ende führen zu können. So wie das Gefühl seiner Schwäche kommt, so schweift er ab und da hilft kein Versuch, ihn an der Stange zu halten, er entzieht sich bisweilen mit einer Schmeichelei, aber immer mit dem Gefühl, im Recht geblieben zu sein.

In der Haushaltung, um auf mein altes Thema zurückzukommen, wird alles dem Salon geopfert, eine ganze bürgerliche Familie wird in zwei engen kleinen Zimmern wohnen, essen und schlafen, um einen großen, schönen Empfangssalon zu haben. Die ganze Woche wird gefastet, um einen großen Empfangsabend sich leisten zu können. Und weshalb das alles? Nur aus Sucht zu glänzen und zu gefallen, das ist ihnen der Selbstzweck ihres Lebens.

Um nun nicht nur zu schimpfen, muß ich auch die zu diesem Gefallen angenehmen Seiten hervorheben, die Seiten, welche das Wort: „französischer esprit" geschaffen haben.

Es sind das wieder echt gallische Eigenschaften. Vor allem muß hier die frohe Lebenslust, der heiterste Humor von mir angeführt werden. In allen Sachen sucht der Franzose nur die heitere, die schöne Seite des Lebens, le beau coté de la vie, wie er es mit Vorliebe nennt. Man kann diese Neigung durch das milde Klima, die fruchtbare Eigenschaft des von der Natur so reich gesegneten Landes in etwas erklären. Zu dieser Eigenartigkeit gehört in weiterem die heitere Ironie, die fast Alle kennzeichnet. Sie wollen stets die komische, die lächerliche Seite anderer heraussuchen; dabei ist ihnen aber selbst nichts furchtbarer, als selbst etwa lächerlich zu erscheinen, und die Bezeichnung als „ridicule" ist ihnen viel beleidigender als selbst die eines böte, was doch auch gerade keine Schmeichelei ist. Die heitere Koserie ist eine weitere Eigenschaft, die sie gefallen läßt.

Der Franzose überhaupt, besonders der Pariser, ist ein Muster der Konversation, Anektoten, Bonmots und auch geistreiche Bemerkungen stehen ihm stets zu Gebote. Bei etwas pikanten Angelegenheiten genügt ihm die leiseste Andeutung und seine Zuhörer verstehen sofort die kleinste Anspielung. Nichts ist dem Erzähler unangenehmer, als bei seinen Erzählungen durch die Bitte der Erklärung unterbrochen zu werden, er will in seinem Sermon nicht unterbrochen sein, das bringt ihn aus der Fassung, er will g l e i ch verstanden sein. — Dann will er in jeder Beziehung, in jeder Handlung eine schnelle Entwickelung, deshalb ist ihm nichts furchtbarer, als ein klassisches Drama mit seinen Reden und Ergüssen; so wie dieselben ein tieferes Denken erfordern, wird ihm die Sache langweilig, er fängt an zu gähnen und verläßt das Theater, daher das geringe Verständnis für Hegel, das absolute Nichtverstehen Kant's und das Zurückweisen unserer Dramen von den französischen Bühnen. Aus diesem Zwiespalt zwischen celtischen und römischen Einflüssen ist allein das französische Wesen zu erklären, blendend oft durch seinen Witz und die Eleganz seiner Sprache, aber ohne jegliche Tiefe und logische Denkfähigkeit. Diese Eigenschaften erleichtern und erschweren das innige Zusammenleben mit dem sogenannten gebildeten Franzosen ungemein, sie erleichtern und verannehmlichen die leichte Gesellschaftskonversation, erschweren aber, ja machen unmöglich jedes ernstere Gespräch, jedes Eingehen auf philosophische oder auch religiöse Streitfragen. Doch revenons à notre curé. Bei diesem war die ironische Ader besonders ausgebildet und man wußte nie, wo bei ihm der Ernst aufhörte und der Scherz begann, ebenso umgekehrt.

Der nächste Tag brachte mich nach Ignaucourt, wo es ungastlich und unfreundlich war. Ich fuhr deshalb zu Tisch nach Guillaucourt, zu dem mir aus der Zeit vor Weihnachten bekannten, liebenswürdigen Msr. Lavallade. Die reizende Nichte Chantal Desmarquet, welche in den Tagen der Not so sicher und heldenmütig gewesen war, zeigte aber nicht in ihrem hübschen Gesicht die frohe Laune, die ich erwartet hatte, ob der Gedanke der Schmach von Paris, wo die Kommune ihr wüstes Haupt zu erheben anfängt und uns Feinden das Bild des Bruderkampfes vor unseren Augen zeigt, drückend auf ihr lag, oder ob die Anwesenheit eines widerlichen Parisers, welcher ihr zum Gatten bestimmt sein sollte und den sie verabscheute, verstimmend auf

sie wirkte, ich weiß es nicht. — Theodor Geyer, der mit mir herüber=
gefahren war, und dessen Herz bei meiner Vorbeschreibung Chantal's
schon heiß entbrannte, war ganz enttäuscht, als er sah, daß nicht
einmal seine schönen Augen eine Besserung der Stimmung hervor=
riefen.

Am 10. siedelten wir auf 10 Tage nach Warloy über, einem
größeren Dorfe, das mir aber mit seinem langweiligen Mairequartier
in keiner angenehmen Erinnerung geblieben ist. Selbst für meine
Kulturstudien bot sich wenig Gelegenheit, es ist eben, wie ich schon
früher Euch erzählte, immer dieselbe Geschichte, kennt man einen
dieser Franzosen und seine Lebensweise, so kennt man sie alle, alles
uniforme, ihr Leben, ihre Gespräche, der ganze Tagesverlauf. Es
war doch ein größeres Dorf, mein Maire entschieden ein wohlhabender
Mann, aber glaubt Ihr, daß in dem ganzen Dorfe nur ein lesens=
wertes Buch vorhanden war oder nur eine gute Zeitung? Kein
Gedanke, immer nur dieses fade Petit Journal und die Gazette du
Nord, die auch nicht viel besser ist. Aber natürlich in dem kleinsten
Dorfe stets mehrere Café's mit Billards, da sitzen die braven paysans
dann den ganzen Tag und ärgerten sich, daß wir die letzteren mit
Beschlag belegten. Billard haben wir nämlich spielen gelernt, einige
von uns wie v. R. z. B. vorzüglich, aber den Franzosen darin gleich
thun werden wir es nie, denn so etwas habe ich nie für möglich
gehalten, was die für Bälle machen. Es ist aber auch kein Wunder,
sie liegen ja den ganzen Tag in ihren Café's herum und trinken dabei
ihren scheußlichen Absynth, ein Genuß, der uns ganz unverständlich ist.

Ein Tag, auf welchen wir uns schon lange gefreut hatten, wurde
uns leider nicht so erfüllt, wie wir gehofft, es war der 13. März,
der Tag der Parade der ganzen I. Armee vor unserm geliebten
Kaiser bei Amiens. — Am 11. war die Vorparade, wir hatten uns
geputzt nach Möglichkeit, die Pferde und Leute sahen spiegelblank aus
und alles jubelte dem Kaiser entgegen. Da kam die Enttäuschung
auf dem Marsch zur Parade, am 13. erfuhren wir die für uns so
schmerzliche Nachricht, daß unser teuerer Herr wegen Hexenschusses
nicht käme, sondern der Kronprinz die Parade abhielte. Das war
ja nun auch sehr schön, aber unser alter Heldenkaiser war es doch
nicht, und die Belohnung unseres Feldzuges wurde uns dadurch ge=
nommen. Die Parade fand bei Querrieux statt und verlief sehr günstig

obgleich ein heftiger Schneeschauer uns den letzten Teil verdarb. Eine Menge Bekannte sah ich natürlich an dem Tage, der alte Mutz kam auch an das Regiment herangeritten und begrüßte die alte Couleur. Er trug die Uniform des 1. Kürassierregiments, wie er da hinein kam, weiß ich nicht. Zuletzt hatte er die Führung eines schweren Landwehr=Reiterregiments mit grünen Kragen und Lanzen, da soll er bei der Belagerung oder vielmehr Cernierung einer kleinen Festung, ich weiß nicht, ob es La Fère war, irgendwie Unglück gehabt haben, und von seiner Führung abgelöst sein, jetzt hat er sich irgend einem Stabe angeschlossen. Wir freuten uns aber Alle, den Genossen so vieler fröhlicher Stunden aus M. wiederzusehen. — Als nach Schluß der Parade die Regimenter auseinander gingen und einzeln ihren Kantonnements zuzogen, war es für uns gewissermaßen ein trauriger Akt, die Parade war der letzte Moment, wo die I. Armee unter ihrem großen Führer als Ganzes zusammen war, nun zog ein jedes Regiment seiner neuen Bestimmung entgegen, wir einer solchen, von der wir noch nicht die leiseste Ahnung haben, wo dieselbe liegen mag. Wohin wir aber auch dereinst gehen, in welchen neuen Verband wir eintreten werden, die Erinnerung an die Vereinigung der I. Armee wird mit uns ziehen, und wir werden ihrer und des großen Führers gedenken, so lange wir leben. Nach der Parade ließ ich die Schwadron nach Haus marschieren und ritt mit M. v. R., der Gott sei Dank wieder vollständig hergestellt war, August Tw. und Theodor Geyer nach Amiens, das nur $^3/_4$ Stunden entfernt war; hierher hatten wir unsere Ordonnanzen voran geschickt, welche die Pferde mit zurück nahmen. Um 3 Uhr hatten wir mit einer Anzahl bekannter Leute ein sehr angenehmes Diner im Hotel Perigord; es hatten sich fast nur Westfalen dazu eingefunden und machten wir, als die Stimmung heiterer wurde, unsern gewohnten Münsterschen Mords= spektakel. Jeden Augenblick erschien ein bestürztes Garçongesicht in der Thür und glaubte, es sei bei uns Mord und Totschlag, zog sich aber beruhigt zurück, als es sah, es sei nur heitere Lustigkeit. Die westfälische Mimik zog aber nach und nach eine Menge lieber Menschen herbei, namentlich waren es Königshusaren, mit denen wir immer engere Fühlung gehabt hatten, unter ihnen Prinz B., Rittmeister M., außerdem ein liebenswürdiger Herr v. Dertzen, der bei der Präfektur angestellt war. So ging der Abend fröhlich dahin, als wir aber in

unserem Krümperwagen schließlich nach unseren Kantonnements zurück=
fuhren und Amiens Türme im zitternden Mondlicht unseren Blicken
entschwanden, da sagten wir uns, daß es wohl das letzte Mal im
Leben sein würde, wo wir diese von uns in den Monaten des
Krieges so oft durchkreuzte Stadt sehen möchten.

Die nächsten Tage vergingen mir in Warloy langsam genug,
durch das schöne Frühlingswetter der letztvergangenen Wochen hatte
man schon alle Wintergedanken bei Seite gelegt, nun zeigten uns
heftige Schneestürme, 3 Tage andauernd, daß wir doch immer noch
im März waren, und daß dieser launige Monat doch auch im sonnigen
Frankreich nicht anders sei, als wie bei uns zu Hause. Es war ein
solch furchtbares Schneewehen, daß der Eisenbahnverkehr unterbrochen
wurde, und infolge dessen wir auch keine Zeitungen erhielten, da mußte
denn das treue Skizzenbuch heraus, alte Aufnahmen wurden ver=
vollkommnet und das ganze Hauspersonal mußte sein Konterfei zu den
Erinnerungsbildern hergeben. Mein armer Wolf v. B. litt unter
diesem Wetterwechsel am meisten, er hatte sich durch irgend einen
Zufall eine böse Knieentzündung zugezogen mit Kniewasser, woran er
große Schmerzen litt. Die Tage hatten es so verschlimmert, daß vom
Reiten keine Rede sein konnte, so mußte ich ihn denn leider am 18.
nach Amiens in das Lazarett befördern, und der Oberstabsarzt zweifelte
daran, ob er überhaupt wieder dienstfähig werden möchte. Es war
ein großer Verlust für mich, erstlich habe ich den guten Wolf persönlich
so gern, habe in seinem elterlichen Hause so frohe Stunden verlebt
und als seine Mama ihn mir vor dem Kriege übergab, hatte ich ihr
versprochen, ihn möglichst unversehrt zurück zu bringen, nun mußte es
so kommen.

Endlich kam die Scheidestunde von diesem langweiligen Warloy
heran, und ich begrüßte die Nachricht mit Freude, daß meiner Eskadron
für längere Wochen das uns bekannte Ham als Garnison bestimmt
sei. Hier hatte unsere nordische Expedition begonnen, hier sollen wir
auch in der letzten Zeit nun voraussichtlich bleiben. Wir kamen am
21. dort an und wurden in den Vorstädten St. Sulpice und Eppeville
einquartiert. Dort waren auf unseren fermen so große Ställe, daß
sie fast den Schwadronsställen in unserem lieben westfälischen Hamm
glichen. Exerzier= und Reitplätze wurden mir angewiesen, und die

Verpflegung von Mann und Pferd kommt aus großen Militärmagazinen, die für den Ort und die Umgebung dort errichtet sind.

Das Regiment liegt in Kantonnements eine Meile im Umkreise, und wurde im hôtel de France auf dem Markt mit dem Wirt ein Abkommen getroffen, daß derselbe für 2 Francs sich täglich für ein Mittagessen von ungefähr 20 Personen einrichten solle für die Offiziere, welche eventuell hereinkämen.

Meine erste dienstliche Beschäftigung bestand in Aufsuchung eines größeren Lokals, in welchem das ganze Offiziercorps im Verein mit den Offizieren des Bataillons, welches auch hier liegt, den Geburtstag unseres teuren Kaisers am 22. feiern konnte und fand sich dasselbe im café du commerce.

Hier wurde denn auch dieser schöne Festtag gefeiert und bot die Gelegenheit, den Herrn Vetter in einer seiner schönsten Reden zu hören; im allgemeinen habe ich sonst schon größere Beredsamkeit im Leben mit anhören dürfen. Meiner Schwadron hatte ich in der Vorstadt ein nettes Fest bereitet, wohin wir abends gingen und merk= würdigerweise konnte sich daran ein Tanzfest anschließen. Die Weib= lichkeit der Quartiergeber hatte sich ziemlich zahlreich eingefunden und schwenkte sich tapfer mit meinen lanciers herum. Wo die Fiedel ge= strichen wird, schweigen die Schmerzen der Besiegten. Das Leben hier läßt sich ganz gut an.

Gestern Morgen fuhr ich mit den Krümperpferden in Begleitung des lieben Theodor Geyer nach Noyon herüber, wo mein liebes altes Kürassierregiment im Quartier liegt. Welche Freude war es für mich, alle meine lieben alten Kameraden wieder zu sehen nach so bewegter Zeit. Zwar war manche Lücke im Offiziercorps durch den Tag von Vionville entstanden, mehrere waren gefallen, manche noch nicht von ihren Wunden genesen, die anderen aber waren dieselben in gewohnter Frische; der brave Huc ganz der alte, Wuthenau in seinem bekannten Humor, Puma noch ebenso wie immer, und Alle freuten sich sehr, mich wieder zu sehen. Graf Schm., der Führer der Seydlitzattacke, hatte leider ein Regiment, die 8. Kürassiere, bekommen, und war der eigent= liche Kommandeur v. L. post festum wieder angerückt, das Regiment hätte, wie ich glaube, lieber den provisorischen Führer behalten. v. L. ist übrigens ein alter Regimentskamerad des Herrn Vetters: similia similibus.

Wenn sich nur nicht die Nachricht bestätigt, daß wir nach A. und J. nach dem Feldzug kommen, letzteres würde wohl meine Bestimmung werden, und soll es ein furchtbares Nest sein. Die einzige traitable Wohnung hat Fr. v. Str. dort gehabt, und werde ich vorsichtigerweise mit dem alten Freunde sprechen, daß er sie mir eventuell reserviert. Doch die ganze Zukunft liegt ja für uns noch hinter einem dunkelen Schleier, bestimmtes erfahren wir nicht. Zu meiner Freude las ich in der Kreuz-Zeitung vor einigen Tagen einen Bericht über die Schlachten bei St. Quentin am 18. und 19. Januar, den unsere Kavallerie-Division hat hineinsetzen lassen, darin war in überaus hervorragender Weise meine Attacke erwähnt, es ist immer angenehm, einmal so etwas zu lesen, die Neider werden ja nie alle. Trotz Schnee und Eis entdeckte ich gestern in meinem Garten das beifolgende erste Veilchen, möge es Dir, mein teueres Mamachen, ein Frühlingsbote sein.

Heute früh bin ich einmal wieder auf die Citadelle hinaufgeklettert und habe mir das Napoleonzimmer genau angesehen. Es ist so recht der Ort zum Nachdenken über die Vergänglichkeit alles Irdischen. Als der brave Napoleon hier lange Jahre gefangen saß, was war er damals, als ein mißglückter Usurpator, ohne Aussicht, ohne Geld und ohne Hoffnung? Als er nun in der Kleidung eines Dachdeckergehilfen aus seiner Zelle entfloh, wer hätte es ahnen können, daß er damals doch dem französischen Kaiserthrone entgegenging, um 20 Jahre gewissermaßen Europa zu beherrschen? Und nun ist er wieder ein Gefangener, wenn auch nicht in der kleinen Festungszelle, aber doch Gefangener, obgleich sein Gefängnis das stolze Königsschloß Wilhelmshöh ist. Wird ihm da nicht manchmal in seinen Träumen der „Morgen wieder lustif" Onkel König Jerome erscheinen, der dort im Schlosse Napoleonshöh residierte?

Das kleine Ham ist sonst ein ganz nettes, freundliches, arbeitsames und industriereiches Städtchen. Wenn wir so am Abend auf unserem Platze vor dem hôtel de France in unserer Glasveranda sitzen, die braven Spießbürger an uns vorüberziehen, an heiteren Abenden die jungen Mädchen mit vieler Grazie ihr Federballspiel spielen sehen, dann kann man denken, es wäre unsere deutsche Garnison, und nur die wälschen Laute erinnern uns daran, daß es kein Traum ist, daß wir noch immer in Feindesland uns befinden. Soeben kommen die Quartiermacher der 11. Ulanen hier durch, das Regiment ist auf dem Rückmarsch nach Deutschland. Die Glücklichen! Morgen kommen die Schwadronen hier ganz in der Nähe in das Quartier und kann ich gar nicht sagen, wie ich mich freue, meinen alten Freund R. v. Str. wieder zu sehen. Nun adieu für heute, mein geliebtes Mütterchen. Schreibe mir bald.

In treuester Liebe

Dein M.

VI.

Noch immer **Ham**, 20. April 1871.

Meine liebe teuere Mama!

Gewiß hast Du schon einige Tage bei dem Erscheinen des Briefboten auf einen Brief von mir gewartet und Dich gewundert, weshalb Dein pünktlicher Korrespondent nicht schon längst Dir geschrieben. Aber es war wirklich nicht etwa Vergeßlichkeit, nicht etwa ein Zeichen des Nichtdenkens an Dich, welches mich vom Schreiben abhielt, sondern das absolute Ereignislose dieser eigentümlichen Zeit, in welcher wir uns befinden, war die Veranlassung. Wir leben hier wie in einer kleinen ländlichen Garnison Deutschlands, nur daß wir gänzlich abgeschlossen sind von einem Verkehr mit der Umgegend, leben ohne die geistige Beschäftigung von zu Hause, und nur des Dienstes regelmäßige Beschäftigung füllt die Tage aus. Zwar sind wir hier gewissermaßen noch bevorzugt, indem die Offiziere der anderen Eskadrons oft hereinkommen, um hier Zerstreuung zu suchen, aber Neues, Anregendes bringen auch sie nicht und da bleibt dann nichts anderes übrig, als Essen, Trinken und Kartenspiel. Du weißt, mein Mamachen, so gern ich hier und da daran teilnehme, so wenig liegt mir an der täglichen Beschäftigung mit den Karten, und andere geistige Abwechselungen giebt es absolut hier nicht. Das Studium der Bevölkerung, das mir das halbe Jahr viel Interesse bot, ist auch nicht weiter interessant, da der eine Kleinstädter hier so sehr dem anderen gleicht, daß, wenn man einen hat kennen gelernt, man sie wirklich alle kennt. Da ich nun bis auf die Zeitungen und einige illustrierte Journale, welche mir nach wie vor meine liebenswürdige Freundin Fr. schickt, ohne alle Lektüre bin, wir außerdem nicht wissen, wie lange wir noch hier bleiben, so habe ich mich mit meiner Buchhandlung in M. jetzt in Verbindung gesetzt und erwarte täglich eine Sendung Bücher, die mir über meine einsamen Stunden hinweg helfen sollen. Ein Tag vergeht hier ja wie der andere, morgens wird auf dem Viereck in Abteilungen geritten oder manövriert, um 12 ist Frühstück im hôtel de France, dann ist Nachmittagsdienst wie zu Hause in der Garnison. Um 5 ist Diner im Hotel, mit der einzigen Abwechselung, daß wir, wenn sich einmal mehrere befreundete Offiziere ansagen, uns ein Diner apart im hôtel du Nord bestellen. Das dauert bis um 7 oder 8 und nachher geht es Tag für Tag in das Café, wo Billard oder Karten gespielt wird. Dabei empfinde ich es besonders schwer, daß nie in unserm Kreise eine Dame erscheint, man nie ein entsprechendes Gespräch mit einer solchen haben kann, eine flüchtige Unterhaltung mit der redegewandten zierlichen dame du comptoir unseres Cafés bildet die einzige Ausnahme, wenn man sie als solche bezeichnen will.

So geht das Leben hier dahin, ein Tag gleicht dem anderen und wenig neues kommt in demselben vor. Die Anwesenheit der 11. Ulanen, von denen ich Dir das vorige Mal schrieb, war für mich eine sehr angenehme und bot für uns wirklich mehrere sehr amüsante Stunden. Ich hatte meinen alten Freund R. v. Str. wohl 10 Jahre lang nicht gesehen, da waren die Stunden unseres Zusammenseins denn sehr der Erinnerung an frühere Zeit geweiht, und die interessanten Erzählungen seiner Erlebnisse hier im Lande zeigten recht, daß seine gewandte Beobachtungsgabe von Personen und Verhältnissen, die Du, liebes Mamachen, ja auch aus seinen früheren Kriegstagebüchern kennst, noch dieselbe geblieben ist. Auch er war ganz derselbe geblieben im Aeußeren wie überhaupt, und waren die 10 Jahre spurlos an ihm vorübergegangen. Das Offiziercorps seines Regimentes, welches zum großen Teil mit bei uns war, hat mir auch sehr gefallen, es waren lauter nette Leute, von guter Erziehung,

meistens Brandenburger und Mecklenburger, so ganz der Schlag, wie
ich sie vom alten Regiment her gewohnt bin, nicht wie bei uns, wo
alles zusammengewürfelt ist und doch recht große Verschiedenheiten
existieren. Mir hat am meisten ein Herr v. O. gefallen, ein außer=
ordentlich liebenswürdiger, komischer Herr, dessen einzelne Geschichten
so originell, daß sie in der ganzen Armee bekannt sind; z. B. diese:
Derselbe sieht etwas schlecht; da reitet er denn einmal die Hubertus=
jagd im Grunewald mit; nach derselben findet bekanntlich das Jagd=
frühstück in Gegenwart der Allerhöchsten Herrschaften statt, welches
Letzteren in einem besonderen Zimmer serviert ist. O., bei seinem
wirklich sehr geringen Sehvermögen sucht nach der Jagd auch seinen
Frühstücksplatz zu finden, verirrt sich aber dabei in das königliche
Zimmer. Majestät, der ihn persönlich kennt, ruft ihm zu: „Nun,
lieber O., wollen Sie auch frühstücken?" und O. soll geantwortet
haben: „Zu Befehl, Euer Majestät, doch hier scheinen sich nur die
Allerhöchsten Spitzen der Gesellschaft aufzuhalten." Majestät soll die
Geschichte solchen Spaß gemacht haben, daß er sie in seiner großen
Leutseligkeit noch oft wiedererzählt hat. — Das war also O., und
nachdem ich ihn kennen gelernt, glaube ich wohl, daß die Sache wahr
sein kann. — R. erzählte, sie marschierten zurück, weil die erste Mil=
liarde der Kriegskosten bereits bezahlt sei. Wie glücklich sind sie!
Und dabei kommen sie in ihre alte Garnison zurück, während wir
Armen noch immer ungewiß über unser Schicksal sind. — Ich habe
viel Korrespondenz mit den westfälischen Bekannten in letzter Zeit ge=
trieben. Vom Biber hörte ich, daß Ibing's Vater wieder hergestellt
sei, so daß wir die Rückkunft Ibing's wohl bald erwarten können, er
war an das Krankenlager des Vaters geeilt. Auch Freund Waldemar
ist endlich zurückgekehrt, der damals hier die schneidige Patrouille zu
Anfang unseres nordischen Feldzuges ritt und das Feuer der ganzen
Besatzung auf sich zog. Er sieht zwar sehr entstellt aus und die
Narbe des Hufschlages seines Pferdes geht über die ganze Backe,
sonst ist er aber ganz der alte an Liebenswürdigkeit und Freundschaft;
er brachte mir eine ganze Menge kleiner angenehmer Geschenke aus
der Heimat mit, die mich sehr erfreuten. Von hier ist er damals
abgereist, hierher kam er zurück. Gestern bin ich mit ihm einmal nach
der Vorstadt seiner damaligen Patrouille geritten, und ist es ganz
wunderbar, daß weder er noch seine Ulanen dort angeschossen worden

sind. Sehr hat es mich gefreut, daß W. auch das Kreuz bekommen hat, es ist das doch ein nettes Pflaster auf sein Mißgeschick und verdient hat er es wohl eben so sehr, wie mancher andere. Er hat in Berlin, als er mit seinem Kreuz und seiner großen Narbe auf den Straßen ging, kaum den Ovationen der Bevölkerung ausweichen können, was ihm sehr unangenehm war, da er doch nicht jedem erzählen konnte, das diese Narbe nur von einem Pferdeschlag und nicht von einem Feindeshieb herrühre. — Das schauerliche Drama in Paris nähert sich denn nun wohl auch bald seinem Ende, und kann man erst jetzt, nachdem die Ereignisse dort vor aller Augen liegen, sich ein klares Bild der ganzen entsetzlichen Episode machen. Es steht in der Geschichte wohl bisher einzig da, daß ein besiegtes Volk, nach dem Friedensschluß mit dem Feinde, vor den Augen desselben sich untereinander in wilden Kämpfen zerfleischt, daß eine aus der Gefangenschaft zurückgekehrte Armee schleunigst von der Regierung der Ordnung neu bewaffnet werden muß, um eines bis dahin siegreichen Aufstandes in der Kapitale des Landes Herr zu werden. Aber nicht das allein, die landesfeindliche Armee dient sogar gewissermaßen als Bundesgenosse der französischen Regierungstruppen, indem sie in ihren Stellungen in der ehemaligen Cernierungslinie, z. B. bei St. Denis, einen allerdings neutral bleibenden, aber durch ihre Stellung als solche schon wirkenden Widerstand gegen eventuelle Ausbrüche der Insurgenten nach der Richtung hin bietet.

Das furchtbare Schauspiel einer sich selbst zerfleischenden Stadt, welche die Hauptstadt und der Mittelpunkt der Civilisation zu sein vorgiebt und nun die Roheit und Verwilderung des Menschen in ihrer furchtbarsten, scheußlichsten Gestalt zeigt, wird von unseren Truppen in ihren Stellungen gleichsam aus der Prosceniumsloge mit angesehen.

Wie lange die Belagerung der aufrührerischen Stadt noch dauern, wann der ganze Aufstand dieser greulichen sogenannten internationalen Regierung niedergeschlagen werden wird, entzieht sich vorläufig noch unserer Beurteilung. Aber ich fürchte, es wird noch arge Kämpfe geben; die armen Bürger, welche von dieser Bande von Abschaum der Menschheit sich terrorisieren lassen, werden noch viel auszuhalten haben, ehe Ordnung und geregelte Verhältnisse wieder in die Mauern der Stadt einziehen. Diese arme Bevölkerung, binnen Jahresfrist hat sie zwei Belagerungen hintereinander zu ertragen. Aber, was waren die Tage und langen Monate der deutschen Belagerung trotz ihres Hungers und Elendes, trotz der Beschießung und all ihrer Not, gegen die Greuel, welche sie jetzt zu bestehen hat? Jetzt herrscht die Willkür einer Pöbelbande in der unglücklichen Stadt, und keiner ist seines Lebens und Besitzes sicher.

Es sind Verhältnisse, welche ganz an die Schreckenszeit von Robespierre und Danton erinnern, nur daß die Vertreter von Gleichheit, Freiheit und Brüderlichkeit jetzt Rochefort, Delescluse, Cournet, Assi und andere heißen. Jeder von ihnen ist bereit, den anderen zu verhaften, nur um nicht selbst von jenem verhaftet zu werden. Aber es ist doch nur eine jämmerliche Kopie von 1793, es fehlt dieser Revolution ganz der große Styl, der der damaligen nicht abgesprochen werden kann, es ist nur das Bild einer Nation, die sich selbst den Todesstoß giebt, nachdem der Feind ihr das Bitterste noch erspart und nicht ihre Hauptstadt besetzt hat, sie hat sich selbst gerichtet. — Es ist interessant, mit den Herrn Franzosen über diese Kommune selbst zu sprechen; mein schlauer Curé von neulich wand sich wie ein Wiesel um die Sache herum, das wären gar keine Franzosen, diese Kommunisten, das sei ein internationales Gesindel, zu dem alle Nationen beigetragen hätten, „auch Ihr Deutschland, monsieur le capitain, ist dabei beteiligt", und dabei wollte er uns dieses Scheusal, den Arnauld, als Landsmann, als geborenen Deutschen aufhalsen. Ich bat ihn aber, daß er seinen internationalen Judenbengel selbst behalten solle. Vor einigen Tagen kam mein lieber Cousin W. zum Regiment zurück; er war damals als Ordonnanzoffizier dem General M. zu seinen südlichen Operationen gefolgt und hatte den Rückweg über Versailles gewählt. Derselbe erzählte von den Beobachtungen, die er in bezug auf Paris und seine neue Belagerung dort gemacht, sehr interessant. Durch den Krieg, welcher nun fast ein Jahr dauert, an den Kanonendonner gewöhnt, betrachtet die Besatzung von Versailles die einzelnen Szenen des blutigen Dramas zu Füßen der von uns besetzten Forts. Man schaut hinüber nach dem hellblauen, fast im Aether verschwindenden Kegel des Mont Valérien und erkennt, ob gutes oder böses Wetter für die Pariser ist an den kurzen, weißen Rauchwolken, welche von seinem Gipfel aufzucken. Dann beginnen die Batterien bei Meudon und Clamart, welche früher mit deutschen Geschützen besetzt waren, gegen die unglückliche Stadt zu arbeiten, und die Batterien am point du jour, auf den Forts und am Trokadero antworten. Der Donner der Geschütze dröhnt zu uns herüber, und jeden Morgen fragen sich die Versailler: Wie steht es? Aber wie früher unsere Depeschen Podbielski's: „Nichts neues vor Paris", so lautet auch hier die Antwort fast immer: „Nichts neues in Paris", denn die Regierungsarmee dringt kaum merklich vorwärts, und wir werden sehen, daß sich die zweite Belagerung noch Monate hinzieht, ehe sie die Meuterer zur Uebergabe zwingt. Für uns aber hat die Sache auch sein Gutes, es hilft die jetzige französische Regierung doch in der Stimmung des Landes konsolidieren; man sieht, was die gleißnerischen Versprechungen der Kommune bedeuten, und neigt sich mehr und mehr der Regierung der Ordnung zu. Je mehr diese aber an Macht und Bedeutung gewinnt, desto mehr wird sie in die Lage gesetzt, ihren Verpflichtungen uns gegenüber nachzukommen, die Schulden an uns abzuzahlen und endlich den Frieden selbst abzuschließen, über dessen Präliminarien sie nun nachgerade sich selbst wohl schlüssig gemacht haben könnte.

Der arme v. D. hat auch Malheur gehabt, er ist mit dem Pferde gestürzt und hat sich dabei zwei Rippen eingebogen; er wird wahrscheinlich nach M. gehen und sich dort auskurieren.

Jetzt habe ich denn nun auch endlich einen Brief von H. bekommen und die Einladung zu seiner bevorstehenden Hochzeit. Dieselbe wird also nur in ganz kleinem Kreise bei Euch stattfinden. Ich glaube doch, ich werde nicht zu derselben kommen können, nun ist D. also auch nicht da und Deinen Herrn Vetter um eine Gefälligkeit zu bitten, widerstrebt mir auch, da wird Fr. mich wohl vertreten müssen, die Reise ist doch auch zu weit, und wenn ich zurückkäme, dann sind wir gewiß in einem anderen Landesteil, denn hier bleiben können wir nun doch wohl nicht lange mehr. Vorläufig richtet sich alles nach der französischen Regierung; hält sie den Termin zur Erfüllung ihrer Verbindlichkeiten inne, das heißt, zahlt sie auch die zweite Milliarde so pünktlich wie die erste, dann werden wir auch bald uns aus diesem noch besetzten Landesteil zurückziehen und erfahren, was unser zukünftiges Schicksal sein wird. — Eine Milliarde, wie leicht spricht sich das aus, und welch' eine riesige Summe repräsentiert das kleine Wort. Es ist kaum auszudenken. Habt Ihr Euch, meine Lieben, schon einmal die Größe dieser Zahl vergegenwärtigt? Es ist eine neue Aera, welche dadurch in unser Vaterland eingeführt wird, möge sie zum Wohle unserer teueren Heimat dienen. Hoffentlich wird von der Regierung ein großer Teil dieses unerschöpflichen Kapitals zur Verwendung als Entschädigung für die Witwen und Waisen derer kommen, welche dieses Kapital für Teutschland erringen halfen, und als Invalidenpension für die aber- und abertausende, welche Gesundheit und Gliedmaßen auf dem Altar des Vaterlandes geopfert haben. — Ein Teil, fürchte ich, wird aber gewiß davon wieder in die Hände der Juden fallen, in die Hände dieser Manichäer, welche aus dem Blut und Schweiß der Bevölkerung stets das Beste für sich abzuschöpfen wissen und zur Vermehrung ihres jüdischen Kapitals immer die Kräfte der Nation arbeiten lassen. Könnte man doch aus dem Kriegsschatz ihnen ihr Königtum Jerusalem zurückkaufen, dann möchte man ihnen dort einen König geben, und könnten sie unter James Rothschild I. sich dann gegenseitig das Geld abnehmen und einer den andern bewuchern. Die deutsche Nation aber würde von ihrem Drucke aufatmen, von der Erpressung dieses Volksstammes, der mir widerlicher ist, als die Kröten.

Merkwürdigerweise sieht man hier zu Lande viel weniger Krummnasen, als bei uns, namentlich in den östlichen Provinzen; haben sie es verstanden, sich mehr mit der Nation zu amalgamieren, daß ihre Existenz weniger auffällt, oder giebt es hier überhaupt weniger davon? Genug, der Kontrast zwischen Juden und Christen springt hier lange nicht so ins Auge, als bei uns zuhause. — Jetzt will ich einmal hingehen und meinen lieben Theodor Geyer besuchen, derselbe ist für einige Tage Stubengefangener; er hatte sich durch sein heftiges Temperament verleiten lassen, seinem Burschen etwas zu thätlich seinen Aerger über ein durch dessen Schuld verletztes Pferd klar zu machen und hatte ihm einige Maulschellen gegeben, darüber muß er jetzt in der Stille seines Zimmerchens nachdenken. Haut einmal ein Meister seinen Lehrjungen wegen dessen Dummheit oder Faulheit, dann findet das jeder Mensch sehr zeitgemäß, thut es aber ein Offizier, dann heißt es: „Ja Bauer, das ist ganz was anderes", und er muß brummen. Natürlich will ich nicht etwa damit dem Prügeln der Untergebenen das Wort reden, aber ein etwas genauerer Einblick in die Verhältnisse bei der Rechtsprechung, weshalb einmal thätlich gestraft ist, wäre doch wünschenswert, und ein „Ueber einen Kamm scheeren" ist dabei ein Uebel. Jetzt muß der geschädigte Theodor, dessen Pferd durch die Dummheit oder Faulheit des Burschen auf Wochen unbrauchbar geworden ist, im Arrest sitzen, der faule Bursche aber lacht sich in das Fäustchen, nachdem er seine drei Tage abgesessen hat. Lange soll er aber nicht lachen, denn natürlich tritt er in die Schwadron zurück, und da wird es wohl für ihn in der nächsten Zeit keine Gelegenheit zur Heiterkeit geben. — Gestern bekam ich die Nachricht von der Verlobung unseres lieben Hofmarschalls Friedrich O. mit einer Komtesse K.; möge aus dieser Verbindung ein Nachwuchs entstehen, der unseres geliebten Bummels würdig ist... Einliegend erhältst Du, mein Mütterchen, ein Bild von mir im Winter-Kriegsschmuck. Wir haben uns so photographieren lassen zur Erinnerung daran, wie räubermäßig wir aussahen. Erschrick deshalb bei dem Anblick desselben nicht zu sehr, jetzt ist der große Kutscherbart unter den Händen des hiesigen ami de la tête wieder gefallen und der alte Marquis fängt wieder an, sich zu entpuppen. Damit für heute denn Lebewohl, mein teueres Mütterchen, grüße H. und M. recht vielmals von mir und sage ihnen, daß ich am Hochzeitstage treu in Gedanken bei ihnen sein würde. Die besten Grüße an die liebe Tante Mile.

Ewig Dein M.

VII.

Château Billancourt, den 20. Mai 1871.

Mein liebes Mamachen!

Wieder sind einige Wochen für Dich ohne einen Brief von Deinem Aeltesten vergangen, sei mir aber nicht deshalb böse; Du weißt, wenn ich schreibe, hole ich es durch desto größere Ausführlichkeit nach. Dein letzter Brief mit der detaillierten Beschreibung von H.'s Hochzeit hat mich natürlich ganz außerordentlich interessiert; ich bekam drei Briefe, welche mich über Alles in den Tagen vollständig orientiert haben, von H. selbst und von Fr. Wie nett ist der Tag verlaufen, und alle die Deinen hast Du, mein Mamachen, um Dich gehabt, nur ich mußte in dem Kreise fehlen. Ich mache mir rechte Vorwürfe, nicht allen Unannehmlichkeiten getrotzt zu haben und doch gekommen zu sein. Mein Telegramm ist hoffentlich richtig eingetroffen; Du schreibst nichts darüber.

Wenn meine im letzten Brief ausgesprochene Hoffnung, Ham recht bald verlassen zu können, sich auch nicht so schnell erfüllte, als ich dachte, so hat uns doch das Schicksal nur noch wenige Tage dort gelassen und am 25. kam die Ordre zum Ausmarsch. Die wenigen Tage, welche ich nach meinem letzten Briefe noch dort erlebte, brachten nicht viel Neues. Einige nette, kleine Diners bei den Schwadronen in der Umgegend, durch welche sich die Offiziere derselben für unsere Einladungen revanchierten, bildeten eine angenehme Abwechselung, namentlich waren zwei, eins bei Graf Jbing in Cuivières, und eins bei Major v. Str. in Hombleur, sehr angenehm; wir waren sehr vergnügt zusammen, und erfreute uns bei beiden der Cousin W. durch seine hübschen musikalischen Vorträge. Mit den Offizieren des Bataillons hatten wir uns auch angefreundet, und begleiteten uns einige, namentlich ein Hauptmann und ein Herr v. Kr. häufig auf unseren Ritten. Ich selbst durchstreifte auf der Oueen meilenweit die Umgegend; scheute man die Entfernung nicht, so konnte man stundenlang im Walde reiten, der in seinem Frühlingsschein jetzt prachtvoll war. Er erinnerte in seinen Verhältnissen ganz an die Gegend von M., auch hier waren die mit Bäumen besetzten Knicks, das buschreiche Land wie dort; und den einen Tag, als ich auf schönen Waldwegen dahingaloppierend plötzlich einen einsamen Kobben am Waldessaum vor mir sah, wurde ich recht lebhaft an einen Tag erinnert, den ich ähnlich vor zwei Jahren dort aber in angenehmerer Gesellschaft verlebte. Es war damals ein prachtvoller Herbstmorgen, ich hatte mich mit meinem alten Freunde Fr. und seiner Tochter zu Pferde auf unserem Exerzierplatz der Loddenhaide getroffen, und wollten wir zusammen einem Koddenhaus D., welches Fr. gehörte und mitten im Busch lag, besuchen. Ich war noch nie in der dortigen Gegend gewesen, weite Sandwege lagen vor uns, das Laub des Waldes hatte begonnen sich braun und rot zu färben, ein goldener, klarer Herbsthimmel war über uns und sie an meiner Seite. In langem Galopp flogen wir dahin. Gab es etwas herrlicheres auf dieser Welt? Und nun als wir an=

kamen auf dem kleinen Gehöft und uns die Frau des Verwalters in ihr kleines Zimmer führte, Fr. nach den Pferden sah, die liebliche Tochter aber selbst in dem Kamin ein Feuer machte, dort das Warm= bier mit der Wirtin bereitete, mit ihren lieben Händen hierauf den kleinen Frühstückstisch deckte, und ich an ihrer Seite das einfache Essen einnehmen durfte, es war ein Tag, wie es deren wenige im Leben giebt. Die alte westfälische Wanduhr tickte in altgewohntem Rythmus, das Weinlaub am Fenster guckte mit neugierigem Auge hinein, und die Sonnenstrahlen spielten auf dem lieblichen Antlitz, während das Schweigen des Waldes uns umgab; es war ein Idyll, das in seiner Lieblichkeit die Zeit überdauern und mir eine Erinnerung bleiben wird für alle Zeit. Ob auch sie sich des Tages erinnern möchte, wenn ich sie fragte: Weißt du noch?

Und nach einer Stunde Aufenthalt ritten wir damals zurück, sie auf ihrem kleinen Fuchs uns beinahe stets voran, Gräben und Schlagbäume wurden im Fluge genommen: sie ritt mit einer Bravour, wie ich kaum je eine Dame reiten gesehen, und leider schnell genug lagen die alten Thürme M.'s wieder vor unseren Augen. So war der Tag, von dem ich in der Erinnerung mit Stachwitz ausrufen konnte: „Wie ist so schön die Erde!" An ihn erinnerte mich der Wald von Hombleux, wie mich alles an sie erinnert, was ich Schönes und Herrliches später ähnlich erlebt.

Doch wohin schweifen wieder meine Gedanken? Mein Mütterchen wird sich wundern; aber wenn ich Dir schreibe, so mußt Du auch Mitwisserin meiner Gedanken und Träume sein, deshalb verzeihe auch diese Träumerei, die damals im einsamen Walde über mich kam. Am 24. erschien dann der Befehl, den nächsten Morgen von Ham abzu= ziehen. Erst wurde an dem Tage ein Abschiedsfest mit den Offizieren der Infanterie gefeiert und im Anschluß hieran fuhren wir nach Voyennes, wo R. lag, und verlebten bei dessen freundlichem Wirt diesen letzten Abend.

Am andern Morgen ging's dann fort, und kamen wir nach Brouchy und darauf am übernächsten Tage hierher. Wie oft geht es im Leben so, daß, wenn man glaubt, etwas recht Gutes zu erlangen, dann unsere Hoffnungen nicht erfüllt werden und vice versa. In Brouchy war es prachtvoll, ein reizendes Schlößchen, dessen liebens= würdiger Besitzer Mr. Lot in keiner Weise von irgend welchem

Racenhaß angesteckt war, sondern uns die beiden Tage bei ihm wirklich so angenehm machte, wie nur möglich. Alter Junggeselle, viel gereist, mit liebenswürdigen Formen und gutem Magen, dabei scheinbar in glänzenden Verhältnissen, großer Pferdefreund, wie kann ein Kavallerieoffizier sich einen besseren Quartiergeber wünschen? „Hier laßt uns Hütten bauen", war unser Ausruf, als wir am Abend des ersten Tages in unsere spitzenbesetzten plumeaus krochen. Aber es wurde nichts daraus, am anderen Morgen hieß es weiterziehen für den nächsten Tag nach Cressy und Billancourt. Mjr. Lot behauptete dabei als recht mangelhaften Trost, daß Cressy ein kleines Dorf mit einem guten Gasthause wäre. — Die Sache kam aber ganz anders, wie ich befürchtet hatte, Cressy selbst war zwar schrecklich, als aber der Quartiermacher meinte, dafür sei ja Billancourt desto schöner, ein Schloß mit einer liebenswürdigen chatelaine darin, da schwankte ich bei der Länge der Zeit (der Quartiermacher sprach von sechs Wochen) auch nicht einen Augenblick, mit der kleineren Hälfte der Schwadron dorthin zu gehen und meinem Premierlieutenant das Eskadronsstabsquartier Cressy zu überlassen. R. machte zwar ein verzweifelt komisches Gesicht bei dieser Verfügung, aber was half es? er mußte sich dem sogenannten commando fatigue unterziehen.

Von einem Hügel herab grüßten die Zinnen Billancourts freundlich, als ich mit meiner Abteilung, ich hatte mir zu derselben wieder meinen kleinen Freund Theodor mitgenommen, dem neuen, vielversprechenden Quartier entgegenritt. Unsere kühnen Erwartungen wurden in Bezug desselben noch in jeder Weise übertroffen. Ein schattiger Park umfing uns, an dem wappengeschmückten Portal kam uns ein alter, weißhaariger Diener freundlich entgegen und führte uns in unsere im ersten Stock befindlichen, gut montierten Zimmer. Auf meine Frage nach der Besitzerin, sagte er, daß dieselbe eine Baronne de Bequincourt, née marquise de Latonbelle sei, Witwe, der Herr Baron sei vor zwei Jahren durch einen Sturz mit dem Pferde verunglückt. Die Baronin habe 2 Kinder, eine Tochter, welche in Sacré coeur in Amiens sei und einen kleinen Knaben von 8 Jahren. Madame erwarte uns um 3 Uhr zum Diner. — Die ganze Aufnahme war sehr vielversprechend. Um 2 Uhr rüsteten Theodor und ich uns so gut wir konnten, die Verbindung mit Berlin ist ja wieder hergestellt, und unser dortiger Schneider infolgedessen wieder ein wichtiger Mann geworden, und ließen uns von dem alten Jean hinabführen. In einem reizenden blau dekorierten Boudoir empfing uns Madame, eine Dame in Schwarz von ungefähr 40 Jahren, gut konserviert, welche mich in ihrem ganzen liebenswürdigen Wesen auffallend an die Gräfin F. H., geb. Baronesse de St., erinnert, nur daß deren schönen blonden Haare hier schwarz sind. — Du kannst Dir denken, mein Mütterchen, daß wir unsere ganze Liebenswürdigkeit bei diesem ersten Rencontre aufboten, denn nach dem alten Sprichwort des premier instant kam bei einem voraussichtlich so langen Zusammenleben doch viel darauf an, welchen Eindruck wir gleich machten. Und unser Streben schien erreicht, wir schienen zu reüssieren, so daß Madame bald aus ihrer Reserviertheit heraustrat und freundlich und liebenswürdig wurde. Sie ist eine wirklich vornehme Frau aus jenen mir so angenehmen legitimistischen Kreisen, und ihre Konversation anregend und fesselnd, um so mehr, weil sie es vermeidet, irgendwelche Themata zu berühren, welche unsere Feindesstellung ꝛc. auch nur streifen können, sie behandelt uns nicht als aufgezwungene Einquartierung, sondern als angenehme Gäste. Theodor, dessen Französisch sich noch recht in den Kinderschuhen befindet, macht die besorgniserregendsten Schnitzer, in der Mühe sich angenehm zu machen, aber mit größter Liebenswürdigkeit sieht sie darüber hinweg, und wenn seine Ausdrucksweise gar zu halsbrechend wird auf der Suche nach einer fehlenden Vokabel, dann bin ich ja als Dolmetscher da. — Auf die Meldung des alten Jean: Madame est servis, führte ich diese in einen nah gelegenen, mit gediegener Pracht ausgestatteten Eßsalon und nahm neben ihr an dem mit reichem Familiensilber besetzten Eßtisch Platz. Vorher machte Madame uns mit ihrem hübschen Jungen Gaston und dessen vielleicht zwanzigjährigen Erzieherin, einem blonden, bescheidenen jungen Mädchen aus der französischen Schweiz bekannt. Beide nahmen an unserem Diner, das in jeder Weise das vorzüglichste bot, teil. — Madame erklärte mir, daß ihr unsere Einquartierung wirklich auf 4 Wochen angesagt sei, und hatten wir nun dadurch die angenehme Aussicht, in diesem liebenswürdigen vornehmen Hause längere Zeit zubringen zu dürfen, und so auch eingehend diese französischen Zustände näher kennen zu lernen. Sie fügte hinzu, daß wir uns in ihrem Heim wie zu Hause fühlen möchten, und würde sie sich gern mit Dinerstunde ꝛc. unseren Wünschen fügen.

Natürlich sagte ich, daß es uns am liebsten wäre, wenn alles in der gewohnten Weise weitergeführt würde. — So hatten wir denn nun unser schönes Schloßquartier auf lange Zeit, und was wir als Waffen=stillstandsruhe entbehrt hatten, das ward uns nun im soi disant Frieden die Hülle und Fülle. Auf eins aber bin ich neugierig, das ist, was der Herr Vetter zu unserem château sagen wird, er hat sich natürlich wieder bei dem Bauer einquartiert, nun chacun à son goût. Vorläufig wird monsieur le cousin uns leider auf 14 Tage hier entzogen werden, da er die Führung der Brigade übernehmen muß, Major v. Str. teilte uns das heute früh schmerz=bewegt mit.

Ad vocem der Gräfin J., die ich vorhin erwähnte, habe ich Euch neulich noch vergessen, viele Grüße von meinem alten Freunde Graf Max Schm. zu bestellen. Als wir den Abend in Versailles im Reservoir mit Major v. Gr. zusammensaßen, öffnete sich plötzlich die Thür und meines alten Freundes lange Figur erschien in der=selben. Das war einmal eine Freude, 4 Jahre hatte ich ihn nicht gesehen, ihn, mit dem ich 7 Jahre bei einer Schwadron gestanden, mit dem ich in all den Jahren Freud und Leid geteilt. Dessen Pferde ich Jahre lang auf den Rennbahnen geritten, und dem ich so befreundet geworden war. Was hatten wir uns alles zu erzählen! Gr. war auch ein alter Freund von ihm, da kam das Gespräch natürlich auch auf die alten Zeiten in M., und Beide ergingen sich in den schönsten Erinnerungen, in denen drei schöne Frauen der damaligen Zeit in M., die Gräfin J., Fr. v. L. und die Gräfin S. H., eine besonders große Rolle spielten. Schm. ist ja eine von manchen Seiten angefeindete Persönlichkeit, der ja wie jeder Mensch auch seine Schwächen hat, mir ist er aber stets ein treuer Freund geblieben. Eine seiner Schwächen ist seine große Eitelkeit; dieselbe hat sich wohl jetzt wieder in seinen vielen veröffentlichten Artikeln in den Zeitungen über Vionville ꝛc. gezeigt, und das hat man ihm höheren Orts wohl auch sehr verdacht. Aber einen eigentümlichen Eindruck machte es mir doch, ihn, den Führer der berühmten Reiterattacke, ohne das Kreuz I. Klasse zu sehen, das so manche tragen, die nichts weniger, als berühmte Attacken=führer gewesen sind.

Sei das nun aber wie es sei, der brave Max Schm. ist ein vollendetes Bild eines kraftvollen Reiteroffiziers und Führers und ihn davon erzählen zu hören, wie er mit wuchtigem Hiebe dem capitain der eroberten Batterie, nachdem derselbe ihn über den Kopf gehauen, das Haupt gespalten habe, erinnert an Thaten der alten Recken. Nicht nötig war es ja, daß er noch nachher Wochen lang mit durchschlagenem Helm herumritt, aber wo Licht ist, da ist auch manchmal eine kleine Finsterniß. Ueber sein Leben da müßte einmal einer in poetischer Form ein Epos schreiben, es würde sich genug an Stoff für große Höhen und kleine Tiefen finden.

Er läßt Euch, Ihr Lieben Beide also recht vielmals grüßen, und habe ich somit mein Vergessen nachgeholt.

Was der Anfang unseres Aufenthaltes hier versprach, das hat er bis jetzt in vollstem Maße gehalten. Unser Verkehr mit Madame ist der denkbar angenehmste. Sie gehört zu den sich stets gleich= bleibenden, liebenswürdigen Naturen, die in allen Lebenslagen dieselben bleiben, das sind zu einem solchen Verkehr die bequemsten. Der Morgen gehört uns allein, und vergeht derselbe mit Exercieren, Reiten in Abteilungen 2c., in gewohnter Weise. Um 12 Uhr nehmen wir das Frühstück auf unserem Zimmer ein, dann reiten wir in der Umgegend herum, besuchen einzelne uns näher stehende Kameraden, oder finden uns auch wohl ein Stündchen zu einer Plauderei auf der Veranda im Park ein, wo die Baronin mit ihrer Gesellschafterin an schönen Frühlingstagen zu sitzen pflegt.

Nachher wird dann Dinertoilette gemacht, das Diner in anfangs beschriebener Weise eingenommen und darauf der Abend plaudernd oder auch Karten spielend mit Madame zugebracht. Wir spielen gewöhnlich bézique, oder auch piquet à la poule und einigemal haben wir es auch schon mit einem Whist mit dem Strohmann versucht, was auch ganz gut ging, wenn nur der Jong Theodor nicht ein so verzweifelt schlechtes Whist spielen wollte. Gleich zu Anfang hatte die Baronin uns gesagt, wenn wir Bekannte zum Besuch bekämen, möchten wir sie doch mit zum Diner bringen, und so machen wir denn von dieser freundlichen Erlaubnis Gebrauch und fordern unsere näherstehenden Kameraden hier und da dazu auf, allerdings mit einer Auswahl Madames wegen. So sind denn bisher schon v. R., Graf Sch. und v. Br. von den 5. Ulanen, Jbing, der Cousin v. W., Max B., v. W. hier gewesen, allen gefielen unsere Verhältnisse hier in jeder Beziehung vorzüglich, und kein Mißton störte unser Zusammensein.

Am gemütlichsten sind aber doch eigentlich unsere Abende, wo wir allein, gewissermaßen in der Familie mit der Baronin und ihrer Gesellschafterin zusammen sind. Letztere hat sich als eine sehr liebenswürdige Dame entwickelt, welche auch ganz nett ihre Partie Ekarté mitspielt und sich sehr graciös an der Unterhaltung beteiligt. Welche Gesprächsthemata haben wir nicht schon berührt, wenn wir so abends am kleinen, für das Auge angezündeten Kaminfeuer sitzen, Du glaubst es nicht, mein liebes Mamachen. Sogar eine Cigarette hat uns die liebenswürdige Frau dabei gestattet, und wenn wir dann so in eifrigster Konversation zusammensitzen, dann röten sich bisweilen die Wangen der Baronin, ihre schwarzen Augen blitzen, und man kann sich denken, daß die Frau einst schön gewesen ist, bis sie das Unglück ihres Lebens traf.

Ein Thema bildete neulich auch ihre Tochter, ihre Erziehung in Sacrécoeur und ihr voraussichtliches gänzliches Scheiden aus der Welt und Uebertritt des jungen Mädchens in irgend ein Kloster. Es ist dies ein Punkt, für den ich bereits in M. so manchmal die Lanze für die junge Damenwelt geschwungen habe, leider aber immer vergeblich. Ja, wenn man die ganze Sache, wie bei uns in den Fräuleinstiften, als eine Versorgung für die Mädchen ansehen wollte, welche bedürftig im späteren Alter sein möchten (und welche sind das in unseren Familien jetzt nicht, wenn sie sich nicht verheiraten?), dann wäre es etwas ganz anderes, aber ein junges Mädchen von Jugend auf auf das Entsagen allen fröhlichen Weltlebens zu erziehen, wie wir unsere Kadetten auf den Militärstand, das, finde ich, ist eine furchtbare Härte, ja Barbarei, die unserer Zeit nicht mehr angemessen ist; man müßte den erwachsenen jungen Mädchen erst Gelegenheit geben, das Leben kennen zu lernen, dann aber die Selbstbestimmung ihrer Zukunft ihr überlassen. So aber müssen in größeren Familien mit mehreren Töchtern immer einige in das Kloster, und oft werden die Armen dazu ausgesucht, welche sich nicht durch körperliche Schönheit auszeichnen. Was die jungen Mädchen selbst dazu sagen, welchen Schmerz sie selbst dabei empfinden, wie manche in jungen Jahren darüber hinwegstirbt, danach wird nicht gefragt. Und das nennt sich dann Religion! Welche Fälle habe ich in dieser Beziehung schon erlebt! Einmal tanzte ich mit einer Fräulein M. K. auf dem Balle bei dem Grafen G. den letzten Tanz des Abends. Als der Tanz sich

seinem Ende näherte, da sagte das junge, frische, lebenslustige Mädchen
zu mir: „Das ist nun der letzte Tanz in meinem Leben für mich,
denn in diesem Jahr werde ich eingekleidet, ich muß in das Kloster."
War es nicht zu traurig? Und die reizende, liebenswürdige C. B.,
die so graziös tanzte, die so zum Beglücken eines Mannes geschaffen
war, auch sie mußte die Kutte anziehen und allen Freuden des Lebens
entsagen. Madame führte in unseren Gesprächen über diesen Gegen=
stand zwar stets die mir so aus M. bekannte Redensart an, die
Nonnen und Schwestern entsagten durchaus nicht den Freuden des
Lebens, sie suchten sie nur auf anderem Gebiet, in der irdischen Vor=
bereitung zum himmlischen Leben. Ob sie aber alle gleichmäßig hier=
zu disponirt sind, das möchte mir doch recht zweifelhaft erscheinen. —
Hier bei der Baronin konnte nur von einer pekuniären Notwendigkeit
zur Unterbringung der Tochter bei den mehr als glänzenden Verhält=
nissen keine Rede sein, es blieb mir deshalb ein Rätsel, daß der Ent=
schluß des Geistlichwerdens trotzdem unwiderruflich war. Was habe
ich in den Tagen schon für Beweismittel in das Treffen geführt, es
half aber alles nichts. Manchmal schienen meine Argumente durch=
dringen zu wollen, daß wenigstens die Tochter mit ihrem 20. Lebens=
jahre, jetzt ist sie 17, ein Jahr außerhalb des Klosters zubringen
solle, einmal hatte ich fast das Versprechen der Baronin hierzu, da
wurde der Hausgeistliche gemeldet, ein mir widerlicher, jesuitisch an=
gehauchter, frömmelnder Mensch; sie zog sich mit ihm zurück und seit
der Zeit ist der Entschluß scheinbar unwiderruflich, das junge Mädchen
soll im Kloster bleiben. Die Blicke des Paters aber sind seit der
Zeit noch giftiger geworden, wenn sie die meinen kreuzen. Der gute
Magen der Kirche will die reiche Mitgift verspeisen, wehe aber, drei=
mal wehe dem armen Mädchen.

Diese Meinungsverschiedenheit zwischen mir und der Baronin
ist aber auch die einzige, welche mich bisher zu einer Differenz mit
ihr geführt, im übrigen sind wir durchaus d'accord. Und im Grunde,
was geht mich das Mädchen und ihr Schicksal an, das ich noch nicht
einmal gesehen?

Außer diesem Heim haben wir noch ein zweites hier in der
Nähe gefunden, das zwar nicht so vornehm ist, dafür aber andere
Vorzüge hat. Die Abende mit der Baronin sind zwar sehr gemüt=
lich, aber auf die Dauer doch etwas einförmig, hierfür bietet der andere

Aufenthalt eine vorzügliche Abwechslung, da es dort sehr viel des Interessanten giebt.

Mein Freund Waldemar liegt in Breuil im Quartier, ungefähr eine halbe Stunde von hier. Schon Mjr. Lot in Bronchy hatte uns das Haus dort sehr empfohlen und unseretwegen an den Docteur Barciller, dem Besitzer des Gutes in Breuil geschrieben. Als wir nun Waldemar dort besuchten, wurden wir von dem alten 80 jährigen, aber noch sehr rüstigen Docteur wahrhaft mit offenen Armen empfangen. Das ganze Haus dort gefällt mir ganz außerordentlich. Mjr. Barciller ist, wie gesagt, ein ganz charmanter, liebenswürdiger, alter Herr. Zum Besuch bei ihm ist ein Mjr. Vilain, ein Neffe des Docteurs mit seiner Frau, derselbe war während der Belagerung von Paris Kapitänlieutenant im Geniecorps. Die Frau ist eine höchst interessante, nicht hübsche, aber sehr chike Dame in den Dreißigern. Beide sind schon in allen Weltteilen gewesen, in Algier, Asien und zuletzt in Brasilien und Mexiko. Sie haben keine Kinder, selten habe ich aber das Verhältnis der guten Kameradschaft in der Ehe so ausgebildet gesehen, wie in der dieses Ehepaares Vilain. Die Frau hat ihren Mann auf allen seinen Reisen, allen militärischen Expeditionen, allen Märschen und selbst in den Gefechten begleitet und stets treu zu ihm gehalten; Du kannst Dir denken, mein Mamachen, was die Menschen zu erzählen wissen. Dabei sind sie sehr international, nicht engherzige Franzosen und Deutschenfeinde, zwar enragirte Anhänger der Republik, dabei aber nicht blind gegen die Vorzüge einer Monarchie mit einem König wie unser erhabener Kaiser an der Spitze. Wenn diese drei Menschen die Familie allein schon zu einer höchst interessanten machen können, so kommt last not least noch eine vierte Persönlichkeit dazu, welche zu dem Interessanten auch noch die Anmut in Person hinzufügt. Dieses ist eine Cousine der Madame Vilain, eine Madame Killerick aus Paris. Sie ist eine Dame von ungefähr 35 Jahren, doch will ich ihr Alter nicht so bestimmt hier feststellen, gut zurecht gemacht kann sie namentlich abends auch wie 25 aussehen. Ihr Mann, von Geburt Schwede, ist Besitzer eines der größten Klaviergeschäfte in Paris, in der Rue Helder und ist trotz des Grauens, das dort jetzt herrscht, in der Stadt geblieben, weil Hunderttausende im Geschäft und im Hause dort stecken, und er fürchtet dieselben zu verlassen wegen des guten Magens der Kommune. Die kleine Frau aber hat sich glücklich hier heraus zu den Verwandten gerettet, wie, sagt sie nicht, es schwebt ein gewisses Duster über dieser Flucht. Ob Madame Killerick schön ist, kann ich nicht sagen, die schwarzen Augen sind prachtvoll, Nase und Mund zierlich, aber schön trotzdem ist sie nicht. Aber interessant, das ist der richtige Ausdruck für sie und der muß für sie bleiben, selbst wenn man sie am Morgen sieht, wo die helle Beleuchtung doch den Unterschied zwischen frischem und künstlichem Teint ꝛc. klarer hervor= treten läßt. Was sie aber wirklich schön erscheinen läßt, das ist ihre Liebenswürdigkeit und vor allem ihr wahrhaft prachtvolles Klavier= spiel und ihre herrliche Stimme im Gesang. Nach ihrer Flucht und den ersten Tagen ihres Hierseins war sie noch still wie betäubt von dem Grauen der Bilder, die sie dort mit hat ansehen müssen, und von der Schmach ihres Vaterlandes, denn sie ist Französin mit Leib und Seele, jetzt aber fängt sie schon wieder an, zu sich zu kommen, und als sie vor einigen Tagen ihr erstes Lied sang, da waren wir so hingerissen von diesen Tönen, daß, anstatt des ihr wohl gewohnten Applauses, eine tiefe Stille ihrem Gesange folgte.

So sind die Menschen in diesem Breuil beschaffen, mein liebes Mamachen, Du kannst Dir denken, daß die Vielseitigkeiten des Inter= essanten uns oft dahin zieht und in Wirklichkeit vergeht auch selten ein Tag, an dem wir nicht wenigstens ein Stündchen dort zubringen. Das Komische ist, daß grade Freund Waldemar da sein Quartier finden mußte, er, dem die französische Sprache nicht sehr geläufig ist, und welcher infolge dessen leider von dem Hauptreiz dieser Gesellschaft, der Konversation, wenig Vorteil haben kann. Doch auch er hat einen modus vivendi eingeführt, und wenn wir nicht dabei sind, soll er doch einen Verkehrston gefunden haben; die interessante Familie hat ihn wenigstens sehr gern.

Was die Menschen oft am schnellsten zusammenführt und am leichtesten mit einander bekannt macht, das ist eine gemeinschaftliche kleine Reise. So war es auch hier. Mſr. Lot hatte einmal sehen wollen, wie wir uns miteinander eingelebt hätten, und war deshalb eine Einladung an uns alle nach Bronchy erfolgt. Wir fuhren in zwei großen Landauern dahin, verlebten einen sehr interessanten Tag und amüsierten uns so gut, daß unser Gastgeber abends noch mit nach Breuil genommen wurde, wo wir den Thee einnahmen.

Das Schloß dort ist nicht in der Ausdehnung unseres großen

Billancourt, es ist überhaupt mehr ein großes Landhaus mit musterhaft verwalteter Oekonomie. Wenn aber die großen Räume dort fehlen, nicht ein solch riesiges Treppenhaus den Ankommenden empfängt, so sind die Räume desto freundlicher, und der Empfang ist, auch was das Materielle anbelangt, der angenehmste, den Du Dir vorstellen kannst. Schade ist es, daß zwischen beiden Hausherren so gut wie gar kein Verkehr besteht, es mag wohl die politische Richtung der Grund hier= von sein. Als wir zuerst der Baronin von unserem Besuch dort erzählten, rümpfte sie das Näschen, und müssen wir jetzt sehr vor= sichtig in der Annahme von Diners in Breuil sein, da Madame sonst leicht etwas Eifersucht auf unsere häufigen Besuche dort zeigt; sie ist eben strenge Legitimistin und die dort Republikaner, das sind sehr heterogene Gegensätze, hier fast noch mehr, wie anderswo: für uns ist es aber desto interessanter, hier in dem fremden Lande bei beiden heimisch zu sein.

Mit der Baronin habe ich übrigens auch schon einen kleinen gemeinschaftlichen Ausflug unternommen, es war am Todestage ihres verstorbenen Mannes, an welchem in dem benachbarten Städtchen Nesle eine Totenmesse in der Kirche gehalten wurde, dieser wohnte ich bei. Nachher frühstückten wir bei dem Schwager Madames, Msr. Adolph, der dort ein kleines Gut hat. Er war ein lebenslustiger Herr mit zwei erwachsenen Töchtern, und war es für mich amüsant, hier wieder die Spuren des kleinen blonden Mannes vorzufinden. Derselbe hatte mit seinem hohen Chef hier acht Tage im Quartier gelegen und soll den beiden Töchtern, zwei hübschen Mädchen, furchtbar die Cour gemacht haben: ja das steinerne Herz des Chefs selbst soll nicht ungerührt geblieben sein. Na warte, mein Blonder, wenn ich Dich wiedersehe!

Nach dem Frühstück fuhren wir nach Champian, dem Schlosse eines alten Comte d'Hautefort, aus der Familie, welche einmal eine Tochter für die Regentschaft hergab, ich glaube bei Ludwig XV. Die Gräfin hatte mir viel von der schönen Kupferstichsammlung des Grafen erzählt und mich ganz neugierig darauf gemacht. Leider fanden wir dort auch Einquartierwohnung, unsere brave Artillerie. Wir haben uns aber nicht um dieselbe bekümmert, sondern uns nur mit dem alten, fast 90 jährigen Grafen befaßt. Die Sammlung war allerdings prachtvoll, die schönsten englischen alten Stiche, die ich je gesehen; der

Graf selbst aber war bis auf seine Kenntnis der Bilder halb verrückt. Er lebte und webte nur in der Sammlung und klagte uns sein bitterstes Leid, er müsse jetzt sterben, da ihm während des Krieges sein schönstes Stück „lendemain" genannt, geräubert sei. Ich sagte nichts, aber mir fiel dabei ein, daß ich von dem Bilde schon gehört hatte. Der jetzige Besitzer behauptete, dasselbe für 20 Franks von einem alten Kastellan gekauft zu haben. Nun, vielleicht war es ein anderes.

Als wir abends zurückkamen, war ich recht zufrieden mit dem Verlauf des Tages und des Zusammenseins mit dieser liebenswürdigen, vornehmen Frau.

Du siehst, mein Mamachen, aus allem diesem, wie unser Verkehr hier ist, und daß wir es verstehen, uns hier einzuleben; es ist uns, wenn wir so eine Verabredung mit den Menschen hier für den kommenden Tag treffen, fast so, als wenn wir zu Hause im lieben Westfalen uns über eine Partie besprächen, die wir nach Loburg, Buldern und Ermelinghof machen wollen. Aber doch möchte ich, wir wären dort und nicht hier.

Vor einigen Tagen habe ich in St. Quentin das beifolgende Bild von Waldemar, v. R., Th. G. und dem Cousin W. anfertigen lassen, um Dir zu beweisen, mein Mamachen, daß wir doch wieder ziemlich civilisiert aussehen und die Kriegsform beiseite gelegt worden ist. Das Bild selbst ist zwar etwas durch die Umstände entstellt, ich hatte ein Gerstenkorn am Auge, v. R. eine dicke Backe, Waldemar hatte sich, um imposanter auszusehen, auf eine Fußbank gestellt und die beiden anderen verziehen ob aller dieser Verhältnisse grinsend ihre schönen Gesichter; als Erinnerung ist es aber doch zu brauchen.

Wir waren vor einigen Tagen einmal zusammen dorthin gefahren, teils um die Stadt kennen zu lernen, die uns so lange als steter Sammelpunkt des Feindes vor unserer Front lag, teils um die Schlacht=
felder des 18. und 19. noch einmal zu sehen. Es war eine lange, lange Fahrt, die wir mit Relais aber doch in 5 Stunden zurücklegten; die Krümperpferde von 2 Schwadronen waren tags vorher voran=
geschickt, und da sie außerordentlich fix sind, war die Fahrt an dem herrlichen Frühlingsmorgen ein wahrer Genuß.

Aber ganz verschieden war der Eindruck, den wir von den be=
kannten Dörfern und den Schlachtfeldern selbst erhielten. Erstlich war

Frühjahr anstatt des Winterwetters, die Saaten grünten schon auf den Feldern, und dann kamen wir von der feindlichen Seite angefahren, da sah alles ganz anders aus. Mit Mühe fanden wir den Punkt, wo Alexander Sch. gefallen war, und weihten eine Thräne der Erinnerung unserem jugendlichen Helden. Ein kleines Holzkreuz stand an der Stelle, es ist, wie ich glaube, von der Familie dort hingestellt, später wird wohl ein Denkmal dahin kommen. Und wie viel solcher Kreuze sahen wir erst bei Tertry und Soyécourt selbst! Alle die braven 40er und viele, viele Franzosen lagen dort. Aber die Pietät hatte gleichmäßig für Freund und Feind gesorgt, die Bauern hatten überall die Stätten geschont, und auf einem großen Massengrabe, in dem die erbitterten Gegner jetzt friedlich miteinander schlafen, sahen wir sogar Blumen und Kränze befestigt. Ja, „über das Grab hinaus währt nur selten die Feindschaft."

Von diesen Erinnerungsstätten des 18. fuhren wir zu denen des 19. Januar, die besonders mein Interesse erregten, weil ich ja nicht dabei gewesen war. Wir fuhren gleich zu dem besten Uebersichtspunkte, der historischen Windmühle bei St. Quentin, wo General Faidherbe während der Schlacht seine Aufstellung genommen und das Gefecht geleitet hatte. Von hier aus ließ ich mir den ganzen Anmarsch unserer Armee und die einzelnen Gefechtsmomente erklären. — Unser Urteil über die guten Feldherrneigenschaften des Generals Faidherbe fand sich von neuem bestätigt durch die gewandte Besetzung dieses Abschnittes. Die Stellung wäre kaum einnehmbar gewesen, hätte der General andere Truppen gehabt, aber mit der Sorte, die ihm damals nur noch zur Verfügung stand, dieser schlecht ausgebildeten, schlecht genährten und sehr mangelhaft bekleideten, dabei noch moralisch vollständig niedergedrückten mobile garde hätte kein General der Welt mehr leisten können, als er es that. Zu bewundern ist und bleibt es für uns alle von der 1. Armee, wo der tapfere General überhaupt in sich noch die geistige Widerstandsfähigkeit hernahm, nach allen diesen Mißerfolgen, diesen Niederlagen, dieser Undisziplin seiner Truppen und der gänzlichen Aussichtslosigkeit aller seiner Bemühungen. Und doch war er immer wieder da, wenn er eben geschlagen war, und wir ihn weit zurückgegangen glaubten, immer wieder führte er neu geschaffene Cadres in die Treffen hinein und seine Zähigkeit war ohne Ende.

Ich bin nur neugierig, ob die Pariser Bande auch diesen tapferen

Helden unter die Schar der sogenannten „Verräter" aufnehmen wird. Thut sie es, und wie weit geht nicht die verblendete Eitelkeit dieser Nation?, so wird die Geschichte dereinst ihren Verleumdungen in's Gesicht schlagen und wird dem tapferen Helden der Nordarmee ein Denkmal setzen, das ihm die undankbare Mitwelt verweigert.

Gegen zwei Uhr kamen wir in der Stadt St. Quentin selbst an, einer freundlichen Mittelstadt von 16000 Einwohnern; sehenswertes außer der Kathedrale, die, wie fast immer in diesen Städten rein gothisch ist und mit ihren beiden prachtvoll verzierten Türmen und ihrem wundervollen Portal hoch empor ragend die Stadt überschaut, ist wenig dort; der frühere Wallgraben ist zugeschüttet und bildet nun mit großen, schattigen Bäumen und geschmackvoll arrangierten Blumenanlagen eine hübsche Spaziergangsplantage um die Stadt herum. Als wir ankamen, bliesen die Trompeter der blauen sächsischen Gardereiter, die dort jetzt in Garnison stehen, ihre munteren Reiterstücke und die schöne Welt promenierte dort herum, während die blauen Lieutenants in der Menge herumkokettierten, ganz wie überall. Man merkte auch seitens der Einwohner keinen Unterschied, und sie schienen die Blauhosen ihren früheren Rothosen fast gleich zu stellen. Als wir in einen guten Gasthof einkehrten, dessen Wirt ein Italiener war und nachher um 5 mit den Offizieren der Reiter zusammen dinierten, erzählte uns die schöne, schwarzhaarige Frau des Italieners in ihrem komischen Kauderwelsch: Die Sachsen, das wären prachtvolle Menschen, die möchten sie noch lieber leiden als die alten Preußen, die hätten doch 1866 auch noch gegen uns gefochten. Das war allerdings hart und alle Beteuerungen der Sachsen, daß wir ja nicht Sachsen und Preußen, sondern daß „Eindeutschland" jetzt sei, alle Bemühungen Geyer's, die er mit den schönen Augen machte, ja selbst des Cousins W. Silbertenor, den er am Klavier nach Tisch erschallen ließ, konnten sie scheinbar von ihrem Urteil abbringen. Da war namentlich ein kleiner, blauer Lieutenant der Sachsen, ein Baron Zedwitz oder Zeschwitz oder wie er hieß, der hatte bei der Signora den Vogel abgeschossen, dem gegenüber war selbst Geyer nichts; es war übrigens auch ein netter Kerl, und wir verlebten den Abend sehr munter mit den braven Stammesgenossen. Erst gegen Morgen kamen wir in unserem château wieder an.

Ulanenbriefe. 15

Unseres lieben Jbing's Entlassung als Reserveoffizier ist nun auch gekommen, und muß er morgen in die Heimat zurück, es ist zu schade, daß er uns nicht erhalten bleiben konnte. Heute um 5 Uhr haben wir im Hotel du Nord, wo wir so oft mit ihm zusammen waren, ein Abschiedsdiner arrangiert, und wollen wir dort mit ihm einen Abschieds=becher trinken und die Hoffnung ihm aussprechen: Auf baldiges Wiedersehen.

Eben hören wir durch unseren lieben Divisionsprediger, der Kirche abhält, daß die Friedenspräliminarien doch seitens der Regierung in Versailles auf Schwierigkeiten gestoßen seien, als Demonstration hätte der Kronprinz von Sachsen den Befehl erhalten, auf Versailles vor=zugehen, das wird wohl ihnen die trotzigen Köpfe brechen.

Gestern stand im Militärwochenblatt ein langer Artikel über uns Ulanen, der von unserer Kavalleriedivision hineingesetzt ist. In dem=selben ist der Gedanke der Umbewaffnung der Kavallerie mit einem weitschießenden Karabiner ausgesprochen, ein Wunsch, den ich ja auch Dir gegenüber, mein liebes Mamachen, schon den ganzen Feldzug geäußert habe. Zur Begründung ist meine damalige Pistolensalve in Bucquoy angeführt und die mir als Belohnung gewährte Chassepot=dotation von 50 Gewehren. Versucht Euch das Blatt zu beschaffen und lest es einmal, der Artikel ist recht gut geschrieben, der Verfasser ist, wie ich glaube, der Divisionsadjutant, Rittmeister N., die Gedanken sind aber die unsrigen. Ich habe neulich einen langen Bericht machen müssen über das Ergebnis und die Trageversuche der Gewehre, natürlich habe ich mich dafür ausgesprochen. Der Karabiner schlägt anfangs etwas bei dem Reiten, aber man gewöhnt sich daran, namentlich, wenn er über dem Mantel umgehängt wird, ich selbst bin probehalber manche Meile damit getrabt, und es ist zu ertragen. Vielmehr zu ertragen, als der Gedanke, unbewaffnet irgend einem im Busch versteckten Infanteristen gegenüber zu stehen und nichts gegen denselben thun zu können. Ich glaube auch bestimmt, daß wir die Waffen nach dem Kriege bekommen.

Ob die Nachricht des Herrn Vetters, die heute ankam, sich bestätigt, daß wir nach V. und L. kommen, wer weiß es? Ich käme dann nach letzterem, was mir gar nicht unangenehm wäre; Hamburg ist nah, die Stadt selbst soll nett sein, gute Pferdegegend, enfin gute Kavalleriegarnison, jedenfalls besser als J. Ich glaube aber jetzt nichts mehr, ehe ich es nicht schwarz auf weiß sehe. Jetzt muß erst Paris fallen und das soll, wie Madame Killerick sagt, nahe bevorstehen. Sie hat immer noch ihre ununterbrochene Korrespondenzverbindung mit ihrem Manne in Paris, trotz der Blockade der Regierungstruppen, ich glaube, dieser Weg geht durch die Katakomben, aber sie sagt's halt nicht. Einige Schreckensmänner der Regierung haben schon per Ballon sich retten wollen, die Ratten verlassen das Schiff, wenn das Ende nahe ist. Doch nun lebe wohl, mein Mamachen, das nächste Mal hoffentlich Bestimmteres über unser Schicksal. Grüße das junge Ehepaar vielmals, ebenso Tante Mila.

In treuester Liebe

Dein M.

VIII.

Sorcy sur Meuse, den 9. Juni 1871.

Geliebte Mama!

Nicht mehr aus stolzen Schlossesmauern, sondern aus einem kleinen Stübchen einer auberge im schönen Lande der Champagne entsende ich diese Zeilen an dich. Jacta est alea, der Würfel ist gefallen, oder richtiger die Würfel und zwar die für die Stadt Paris, der historische des endlichen Friedensschlusses, und der für die Allgemeinheit unbedeutende, für uns selbst aber so schwer in das Gewicht fallende unserer näheren Zukunft. Um also mit dem Persönlichen zuerst zu beginnen, so erhielten wir die Ordre, nach Lunéville oder Nancy zu marschieren und dort zur 20., unserer jetzigen Division zu stoßen. Diese aber — es muß ja nun einmal gesagt sein — bleibt als zu den Okkupationstruppen gehörig, bis zur Zahlung des letzten Francs in Lothringen stehen. Es war für mich nur die Erfüllung einer Ahnung, die ich längst gehabt. Wenn andere Truppen fröhlich von Rückfahrt und Einzug in die Heimat sprachen, ich hatte

mich nie mit freuen können, immer hatte wie ein Alp der Gedanke an diese Okkupation auf mir gelegen, und so ist er denn nun zur Wahrheit, zur Thatsache geworden. Ich glaube, ich habe Dir, mein Mütterchen, ja auch immer in diesem Sinne geschrieben, was hilft da nun das Klagen, das Auflehnen gegen die Schicksalsbestimmung? Wir müssen gehorchen, so schwer es uns auch wird. Wie hatte ich mich auf Euch, Ihr meine Lieben, wie auf meine Familie und ein Zu=
sammenleben mit ihr, wie auf das Heim in der Heimat gefreut! Nun ist das alles wieder auf unbestimmte Zeit hinausgeschoben, wir müssen versuchen, uns in dieses Interimistische der Verhältnisse einzuleben, so trübe es mich auch stimmt. Sind wir aber erst angekommen in unserer Okkupationsgarnison und haben dort alles eingerichtet, wie es für einen Jahre lang dauernden Aufenthalt gehört, dann werde ich erst einmal einen längeren Urlaub nehmen, um zu Euch zu reisen, dann kommt auch für uns ein Wiedersehen.

Am besten ist es, ich knüpfe dieses mein Schreiben an meinen letzten Brief vom 20. Mai an und erzähle Euch, wie alles kam, da komme ich am besten über den Schmerz der getäuschten Hoffnung fort. Wie ich Euch schrieb, waren in den letzten Verhandlungen über den Frieden bei der Regierung in Versailles im Gegensatz zu den Frank=
furter Abmachungen Schwierigkeiten entstanden, namentlich hatte die Abtretung einer Gebietsstrecke bei Thionville große Aufregung hervor=
gerufen, so daß Worte wie vom gänzlichen Abbruch der Verhandlungen gefallen sein sollen. Der von der Oberleitung verfügte Marsch mehrerer Divisionen unter dem Kommando des Kronprinzen von Sachsen auf Versailles hatte die aufgeregten Köpfe aber doch zur Raison gebracht, und so erhielten wir am Abend des 20. Mai die Nachricht von der Ratifizierung des Friedens. Die Friedens=
bedingungen habt Ihr längst in der Zeitung gelesen, und will ich sie deshalb nicht wiederholen; daß wir Belfort nicht mit bekommen haben, thut uns furchtbar leid, es ist das einzig offene Thor, das den Franzosen nach Süddeutschland hinein geblieben ist. Unsere Regierung hat dem allgemeinen Friedensbedürfnis aber nachgegeben, sonst wäre auch wohl Belfort zu haben gewesen, denn was hätten die Franzosen schließlich machen wollen, wo die Armee damals mit ihrer eigenen Hauptstadt und dem dort niederzuwerfenden Aufstand zu thun hatte.

Der Frieden war nun da, aber für uns brachte derselbe vorläufig noch keine Aenderung, wir blieben noch bis zum 25. in unseren Quartieren.

Wie ich Dir schon schrieb, drängten die Verhältnisse in Paris nach zweimonatlicher Belagerung der Stadt durch die Regierungstruppen, deutlich dem Ende zu. Die französischen Zeitungen, die wir jeden Abend mit der Baronin zusammen lasen, waren täglich gefüllt mit neuen Schauergeschichten aus der Stadt. Interessanter waren jedoch noch die Briefe, welche Madame Killerick trotz der Kämpfe noch immer aus dem blutigen Paris erhielt. Sie trugen als Aufzeichnungen eines Augenzeugen den Charakter der Wahrheit, während die Versailler Blätter meistens nur das, was vor der Linie passierte, schilderten, die Erstürmung von Barrikaden, das massenhafte Füsilieren der Aufständischen, da die Regierungstruppen absolut keinen Pardon mehr gaben, Herr Killerick aber teilweise selbst Zuschauer gewesen war von den Schreckensthaten im inneren Paris. So beschrieb er neulich den Umsturz der Vendômesäule durch die Kommune, eine That, die diese Verbrecher, welche jede Spur für Vaterlandssinn, für Ruhm und Ehre desselben längst verloren haben, vor der ganzen Welt brandmarkt. Am 16. Mai nachmittags ist das für Frankreich so stolze Nationaldenkmal, das aus der Bronze von 1200 eroberten Geschützen gegossen war und einen ungefähren Wert von 3 Millionen Franken hatte, der Wut der Kommune zum Opfer gefallen. 100 Schritt von derselben war eine Hauptbarrikade der Meuterer, um welche schon tagelang gekämpft war, nun wollten sie bei dem Gedanken an eine Eroberung in den nächsten Tagen wahrscheinlich dieses Denkmal des Ruhms der Armee nicht unversehrt in die Hände dieser fallen lassen. Bei dem Sturze der Säule flog die Statue des Kaisers Napoleon I., welche darauf stand, in weitem Bogen herunter und mit abgebrochenem Kopfe hat dieselbe dagelegen. Das war das Ende dieses historischen Kunstwerkes, welches nach dem Vorbilde der Trajanssäule von 1805—1810 gebaut worden war. Für uns Deutsche ist die Sache zwar nicht zu beklagen, da die Säule hauptsächlich aus der Bronze der uns abgenommenen deutschen Geschütze gebaut war. Herr Killerick schrieb, daß doch ein Wehschrei teilweise aus der zuschauenden Menge ertönte, als die stolze Säule fiel und in drei große Stücke zerbrach, ein Oberst Meier von der Kommune hätte sich aber sofort auf die Trümmer geschwungen, die rote Fahne entfaltet und „vive la commune" geschrieen, da hätte das geknechtete Volk natürlich mitbrüllen müssen. Herr Meier, gewiß ein Jude, gehört als solcher so recht in dieses internationale Gesindel hinein, denn die Juden sind und bleiben an sich ja international und ihre ewige Behauptung, zu der Nation zu gehören, in der sie leben, ist nur Mittel zum Zweck der besseren Ausbeutung. — Die Beschreibung der Schrecken in der Stadt wurde in den letzten Tagen bis zum 23. immer furchtbarer; da sie das Ende kommen sahen, versuchten die Kommunisten alles zu zerstören, was des ganzen Volkes Eigentum war, und als Mittel wandten sie dazu das Petroleum an; so fielen ihrer Wut die Tuilerien, das schöne Stadthaus und teilweise der Louvre anheim. Am Sonntag, den 22. Mai, waren die Versailler Truppen durch drei entgegengesetzte Thore in die seit 2 Monaten belagerte Stadt eingerückt und nach einem Kampf von Straße um Straße am Mittwoch bis zum Luxembourgplatz und zum Odeon vorgedrungen. Hier bei dem Odeon, welches von einer schützenden Steinkolonnade umgeben war und dadurch eine Art von Festung bildete, hatte der erbittertste Kampf stattgefunden, doch auch dieses Straßenviertel war schließlich genommen, und da die übrigen eindringenden Kolonnen auch überall gesiegt hatten, so war nach einem Kampf, der Tausenden von Einwohnern das Leben gekostet hatte, und in dem so viele der herrlichsten Gebäude und eine Unmasse von Kunstschätzen zu Grunde gegangen sind, die Stadt endlich ganz in die Hände der Versailler Regierung gefallen.

So war denn dieser in der Geschichte einzig dastehende Schauerroman beendet. Es ist nur ein Gedanke, den man haben kann, wenn man die Schar der Leiter dieser Kommune betrachtet, daß man dieselben für geistig Degenerierte, partiell Wahnsinnige hält, und diese ganze anarchistische Idee wie eine Epidemie betrachtet, welche mit Feuer und Schwert aus der Welt geschafft werden müßte.

Nachdem die Nachricht über Paris zu uns gedrungen war, hatten wir noch einige ruhige, angenehme, vom schönsten Frühlingswetter begünstigte Tage in unserem schönen Billancourt. Wir benutzten dieselben noch einmal zu weiten Ritten in der Umgegend und hatten auch in dem nahe gelegenen Nesle noch einige kleine Diners mit den 5. Ulanen. Wir waren so lange mit ihnen im Verbande gewesen, hatten soviel gemeinschaftlich Erlebtes, daß eine gewisse besondere Waffenbrüderschaft uns mit ihnen verband. So war denn am 22.

ein vorzüglich nettes Diner im Lion d'or zu Nesle, wozu außer den uns näherstehenden v. M., v. P., v. R., v. Br. von den 5. Ulanen auch noch unser Divisionsadjutant Rittmeister N. und unser lieber Rittmeister genannt „der Kegel" von den 7. Ulanen teilnahmen. N. brachte uns von der Division schon damals die erste Nachricht von unserer Bestimmung, das heißt, wir sollten nach der bevorstehenden Auflösung der Kavalleriedivision zum 10. Corps stoßen und nach der 3. Abmarschstaffel nach Haus instradiert werden. Schon hierüber waren wir traurig genug, ohne aber daran zu glauben, daß noch Schlimmeres uns bevorstände.

Sehr bedauerten wir, daß unser hochverehrter Divisionskommandeur Graf Gr. nicht vor der Auflösung des Divisionsverbandes noch einmal in Amiens, oder wo es sonst war, alle die Offiziere seiner vier Regimenter um sich versammelt hatte, wir hätten ihm so gern alle persönlich Adieu gesagt und auch noch manchen anderen der Kameraden, ich besonders hätte Karl Osten noch einmal gern gesehen, so ist denn nun alles ohne besonderen Abschied nach allen Himmelsrichtungen wieder auseinandergegangen.

Auch in Breuil haben wir noch einige angenehme Stunden mit unseren lieben Freunden dort verlebt und uns auch noch oft an dem schönen musikalischen Talent der Madame Killerick erfreut. Es ist eine ganz eigenartige Sache um diese französische Musik und ihre Vortragsweise, und habe ich das nicht nur bei dem Spiel und Gesange der Madame Killerick, sondern überhaupt gefunden. Derselbe ist viel ausdrucksvoller, als bei uns, dasselbe Lied, dieselbe Melodie klingt bei ihnen ganz anders, als wenn sie von einer Deutschen vorgetragen wird. Man kann sagen, der Vortrag ist hier und da zu theatralisch, zu pointirt in dem Vortrag, aber die Musik wird hierdurch auch weit effektreicher, dramatischer, wenn ich so sagen darf. Den einen Tag sang die Madame ein das jetzige Unglück Frankreichs enthaltendes und daraufhin komponiertes Lied, dessen Refrain von den anwesenden Franzosen im Chor mitgesungen wurde, sie alle waren durch die wehmütig klagende Melodie erregt, daß ihnen die Thränen in den Augen standen, und ich muß sagen, auch uns deutschen Gefühlsmenschen ging die Stimmung nahe. Die Franzosen lieben überhaupt diese Gesänge mit Chorbegleitung sehr und haben dieselben in ihren gesellschaftlichen Verhältnissen sehr geschult. Wie oft habe ich das gehört und muß sagen, daß mir die Lieder durch ihren Vortrag eigentlich besser gefielen, als viele von uns, die doch häufig nur als Kneip- und Trinklieder gemeinschaftlich gesungen werden. Auf die Bitten der Franzosen, doch auch einmal ein deutsches Lied zu singen, gingen wir nach vielem Widerstreben darauf ein und sangen: „Dort in dem Winkel am Thore ꝛc.", aber ich muß sagen, Sieger waren wir in diesem Sängerkrieg nicht, denn wenn auch der Cousin durch kräftigen Gebrauch des Pedals uns zu helfen suchte, so waren wir doch keine Kunstsänger, und W.'s Stimme, obgleich schön geschult, entbehrt auch des Wohlklanges sehr im Vergleich zu den französischen. Na, wir suchten uns durch monatelange Nichtübung, Erkältungen ꝛc. auszureden, aber es half nichts, im Gesang waren und blieben sie uns über. Ein wunderschönes Lied sang Madame an einem Abend, und will ich es Euch hier aufzeichnen und bei dem Wiedersehen auch versuchen, die Melodie Euch zu singen:

Je t'aime encore.

Comme les perles, les étoiles ornent déjà le front des cieux,
La nuit étend partout ses voiles, le someil va fermer mes yeux,
Reviendras tu dans un doux songe, o mon bel ange aux ailes d'or
Me répéter divin mensonge, me répéter: Je t'aime encore.

Sur un soupçon, tu t'es enfui, je pleure, helas ton abandon,
Dans un baiser, je t'en supplie, viens m'apporter un doux pardon,
Viens cette nuit, viens dans un songe, o mon bel ange aux ailes d'or,
Me répéter divin mensonge, me répéter: Je t'aime encore.

Ah crois le bien, ma douce amie, pour te revoir, viens qu'un seul jour,
Je donnerais plus, que la vie, je donnerais tout mon amour,
Viens cette nuit, viens dans un songe, o mon bel ange aux ailes d'or
Me répéter divin mensonge, me répéter: Je t'aime encore.

Und so wehmütig angehaucht waren ihre Lieder alle, aber wer sie nicht gehört hat mit ihrem eigentümlichen Zauber des Vortrags, der kann sich keine rechte Vorstellung davon machen. Madame soll übrigens auch eine vorzügliche Komponistin sein und versprach sie uns am letzten Abend, sie würde als Erinnerung an unsere gemeinschaftlich verlebte Zeit ein Capriccio komponieren, das den Namen „souvenir de Breuil" führen solle. Der Doctor Barciller würde es uns schicken und würde es uns eine Erinnerung an diese Episode unseres Lebens sein.

Nachher mußten wir uns auch an diesem letzten Abend in Breuil in das Album von Madame eintragen. Was da alles zusammenkam! Die meisten schrieben deutsch, und will ich nur wünschen, daß Madame nie unsere Sprache lernt, denn manches Citat war durchaus nicht der Situation angemessen. Es ist immer schwer, auf plötzliche Aufforderung gleich das rechte zu finden. Ich schrieb ihr Alphonse Karr's Bemerkung ein:

Une femme dans un salon est un fleur dans un bouquet,
Chez elle, elle est tout de bouquet.

Mag sie es für eine Schmeichelei halten, jedenfalls hat ihre Liebenswürdigkeit uns diese Wochen verherrlichen helfen.

Am 24., unserem letzten Tage hier, hatten wir, um noch einmal mit unseren Freunden zusammen zu sein und um uns auch etwas für ihre Gastfreundschaft zu revanchieren, dieselben nach Nesle in den „Lion" zum Diner eingeladen und nahmen sie unsere Einladung auch sämtlich an, die Baronin hatte auch anfangs zugesagt, schickte aber nachher als Vertreter nur ihren Schwager. Ich hatte es mir gleich gedacht, die Persönlichkeiten und ihre Ansichten waren zu verschieden. Mjr. Lot aus Brouchy war auch gekommen, der Herr Hôtelier hatte geleistet, was er konnte und was für Geld möglich war und so verlief das Fest angenehm genug, wenn seine letzten Stunden auch durch die Wehmut des Scheidens, durch das Gefühl, sich nie wieder zu sehen, getrübt wurden. Mögen den guten Menschen aus dem intimen Verkehr mit uns, den Feinden des Vaterlandes, nach unserem Fortgang keine Unannehmlichkeiten entstehen, wie es anderswo auch vorgekommen ist; sie haben es nicht verdient und haben nur menschliche Liebenswürdigkeit und Güte uns erwiesen.

Bei unserem Abmarsch am nächsten Morgen war unser Abschied von der Baronin auch ein wahrhaft rührender, Gaston weinte seine schönsten Thränen, und Madame gab uns ihr Bild und versicherte uns, es wäre eine wahre Freude für sie gewesen, uns die Zei bei sich zu sehen. Und wir glaubten ihr, es war wirklich eine reizende Zeit.

So haben wir uns denn, mein teueres Mamachen, am 25. wieder auf die Wanderschaft begeben, dem unerwünschten Ziel entgegen. Abermals Wechsel zwischen Bauernhaus und Schloß. Am ersten Tage kamen wir durch Noyon, wo meine Küraffiere so lange gelegen, nach Brelencourt, zum Bauer. Hier lagen wir mit dem Stabe zusammen;

der Herr Vetter war aber nicht dabei, er war nach Epernay geschafft, da er krank war; das trübte unsere Stimmung aber nicht. Wir kreuzen auf den Märschen jetzt häufig andere Truppen, die ihren neuen Bestimmungen entgegen marschieren. Da sah ich denn auch J. K., Ihr wißt, daß er schon Oberst geworden ist und denke Dir, er war sehr reserviert gegen mich, sprach nur von früherer Bekanntschaft 2c., er, mit dem ich 10 Jahre befreundet war, wie selten mit jemand, der Pate meines Jungen 2c. 2c. ist, genug, es war zum Lachen. Du kannst denken, daß ich auch kühl genug wurde. Er scheint auch zu der Sorte lächerlicher Idioten zu gehören, welche glauben, weil sie durch Glück, vielleicht auch Schusterei, oder eine sonstige Konstellation der Verhältnisse auf der militärischen Leiter ein paar Stufen höher geklettert sind, alle Erinnerung an die Vergangenheit und jahrelange Freundschaft aufgeben zu müssen. Diese Menschen vergessen, daß das nur ein Testimonium der Beschränktheit ist, denn wer suchen muß, dadurch eine Schranke zu ziehen, der giebt dadurch den Beweis, daß er durch andere Eigenschaften dazu nicht befähigt ist.

Das beste ist, man läßt diese Art von Menschen laufen, sie stehen sehr bald allein und lernen durch das Leben vielleicht selbst, was sie durch ihre Art und Weise verloren.

War es in Brelencourt mangelhaft, so war der nächste Tag in Bucy le long dafür wieder angenehmer. Wir sollten eigentlich nach Soissons, einem netten, freundlichen Städtchen, kommen, es war aber bereits voll Einquartierung, und gingen wir deshalb nach Bucy und hatten den Tausch nicht zu bereuen. Ein liebenswürdiger alter Herr Pinson mit seiner ebenso prächtigen alten Frau, waren meine Wirte und machten mir den Tag zu einem höchst amüsanten. Es war wieder solch eine Rentierfamilie, von denen ich Dir schon oft erzählt, nur in größerem Maßstab. Mjr. Pinson hatte 30 Jahre ein Hotel 1. Klasse in Paris in der Rue de Helder gehabt, ein Hotel, in dem besonders Staatsmänner, Gesandte, genug, berühmte Leute einkehrten, und hatte sich dadurch ein bedeutendes Vermögen erworben. Was der Mann viel des Hochinteressanten erzählen konnte, Du glaubst es nicht. Es that mir leid, nicht stenographieren zu können, um mir alle seine interessanten Geschichten in Erinnerung zu behalten, Bogen würden nicht hinreichen, Dir davon zu erzählen. Unseren Bismarck kannte er auch, er hätte bei ihm gewohnt und behauptete Pinson, schon damals den großen berühmten Mann in ihm gewittert zu haben. — Daß eine gute Küche in seinem Hotel geführt worden war, davon war das Diner und sein Weinkeller das beste Zeugniß, so etwas vorzügliches habe ich lange nicht gegessen; jetzt war sein Steckenpferd der prachtvolle Park und Garten, in letzterem zog er Gemüse, wahrhafte Riesen ihres Genres. Der nächste Tag führte uns nach Crugny in das Quartier, sonst unwichtig, aber der Tag selbst brachte uns die Nachricht, die für Jahre bedeutungsvoll für uns sein wird. Wir begegneten der Kürassierschwadron aus M., und der Rittmeister Frasper L. brachte uns die erste Kunde, daß wir bestimmt mit der 20. Division zur Okkupation vermutlich auf 3 Jahre in Frankreich blieben. Ich habe Frasper sonst sehr gerne, aber die Nachricht hätte ihn mir beinah unangenehm machen können, denn er lachte. Du kennst die Redensart, mein Mamachen:

Dans l'adversité de nos meilleurs amis, il y a toujours quelque chose, qui nous ne deplait pas.

Er marschierte nach M., und wir blieben hier, er war in seinen Gedanken schon dort bei dem lieben Midy, wir aber, die wir bisher dort gesessen, mußten hier bleiben. Das war für ihn zum lachen, für uns zum weinen. Der ganze Tag war für uns verdorben, und als Theodor und ich mittags bei dem Maire ein sonst vorzügliches Diner einnahmen, wobei wir ein junges Perlhuhn (pintade), ein sonst delikates Essen, bekamen, konnte weder dieses noch der vorzügliche Wein uns über unseren Kummer hinweghelfen, wir bliesen Trübsal bis zum Abend und verwünschten den dicken Frasper und seine Trauerbotschaft. Den nächsten Tag hatten wir dort Ruhetag. Ein wundervoller Sommermorgen fast schon begrüßte uns bei dem Erwachen, und die Stimmung hatte sich auch schon gebessert. Gegen das Unabänderliche ist nicht anzukämpfen, und wie Gott es will, dem müssen wir uns fügen. Theodor's Laune war auch eine glänzendere geworden, er hatte sich über Nacht überlegt, daß wir als Okkupationsarmee ja dann mobil blieben, dann also auch die Mobilmachungsgelder, die tägliche Okkupationszulage, Retablissementsgelder rc. erhielten, dieser Gedanke hatte seine Stimmung umgewandelt, da er bei seinen immer etwas brouillierten, pekuniären Verhältnissen solche Zubußen gut vertragen kann. Außerdem hat er als Unverheirateter nicht solche Verbindungspunkte mit der Heimat, wie ich, den durch

Familie, Freundschaftsbeziehungen und besonders durch meine An=
hänglichkeit an Euch, Ihr Lieben, alles nach der Heimat zieht.

Im Hause unseres Maires waren dessen zwei alte Schwestern,
die merkwürdigsten alten Jungfern, die Du Dir vorstellen kannst.
Eitel bis zur Lächerlichkeit trotz ihres hohen Alters von 60 Jahren,
etwas Schöngeister, rechthaberisch, aber liebenswürdig; wenn man
ihnen schmeichelte, waren sie zu komisch. Etwas erinnerten sie mich
in ihrer Originalität und ihrem schlagfertigen Witz an die beiden
Clarinetten. Ihr wißt die beiden Tanten M., von denen ich Euch
erzählte, und über deren eine der schöne Vers Otto B.'s lautete:

Hier unter dieser Fichte,
Da sitzt die M . . . . nichte.
Blöder Wanderer fleug von hier,
Sonst steht sie auf und tanzt mit Dir.

Genug, in diesem Genre waren die beiden Französinnen, nur viel
schärfer und boshafter, als unsere guten, harmlosen Tanten in M. —
Am Nachmittag fuhr ich nach dem 2 Stunden entfernten Epernay
hinüber, um mir dasselbe anzusehen. Es ist eine wunderhübsche, hoch
am Ufer der Marne gelegene Stadt, die namentlich bei Abend=
beleuchtung mit ihren weißen Häusern und den prachtvollen,
waldigen Ufern, aus denen die Villen der großen Champagner=
Fabrikanten hervorlugen, ein prachtvolles Landschaftsbild bietet.

Im Gasthof Mouton noir aß ich zu Abend und traf dort ganz
unvermutet den Grafen F., L.'s Onkel, welcher in Ulanenuniform eine
Kolonne führte. Ich verbrachte einen höchst amüsanten Abend mit
ihm, seine Phantasie spielte wieder in den schönsten Farben, und Ge=
schichten erzählte er von seinen Erlebnissen in Frankreich, wie sie zehn
andere Menschen zusammen nicht erlebt haben können. Da sagt man
nun, die Zeit der Originale wäre vorüber. Es mag ja sein, daß
der Einfluß der großen Städte sie mit der Zeit verschwinden läßt,
aber das Land und namentlich die Grenzen des deutschen Reichs
lassen sie doch noch glänzend fortbestehen, und J. mit seinen zwei
Brüdern gehört doch noch unverfälscht und echt zu dieser Kategorie.

Da leben die drei da hinten im Reich auf einem Gute zusammen,
drei Menschen, von denen jeder für sich Stoff zu einem Roman
genug bietet. Ursprünglich hatte die Familie großen Grundbesitz und
war sehr wohlhabend, von alle dem ist aber wenig genug geblieben.

Das Wort Geld und Geldeswert ist ihnen bei ihrem Leben voll=
ständig abhanden gekommen; haben sie etwas, dann wird es meistens
bald verbraucht, haben sie nichts, nun von, dann leben sie zu Hause,
schießen ihren Rehbock und lassen Gott einen guten Mann sein. Sie
sind hundert Jahre zu spät auf die Welt gekommen, und sind die
echten grandseigneurs des ancien regime. Eine Geschichte ist so
recht charakteristisch für sie; da machen sie nämlich von irgend wo her,
von einem alten Onkel oder Tante eine Erbschaft, für ihre Verhältnisse
immer glänzend genug, ich will einmal sagen von 20 000 Thalern,
die aber in P. erhoben werden mußte. Wie das nun anfangen?
Nach vielem Beraten wird K. von den Brüdern als der zuverläßigste
auserwählt, um das Geld zu holen. Der reist dann auch ab, aber es
vergehen Tage, Wochen, kein K. kommt zurück. Endlich, nach 3 Wochen
ungefähr, nachdem die beiden zurückgebliebenen Brüder doch angefangen
haben, Angst zu bekommen, man könnte Brüderchen erschlagen haben
oder sonst wäre etwas passiert, da kommt aus Monte Carlo eine
Depesche von dem Vermißten an die Brüder, sie möchten schleunigst
nach M. kommen und ihn auslösen, er hätte die ganze Erbschaft ver=
spielt und noch mehrere Tausende dazu. Genug, es gehörte ein großer
Pump dazu, um Brüderchen flott zu machen und ihn wieder zu er=
halten. Das haben sie ihm aber nicht etwa übel genommen, Gott
bewahre, sie freuten sich auf seine Zurückkunft und was er alles erzählen
konnte. So sind sie einmal und böse kann ihnen kein Mensch sein,
denn die guten Eigenschaften der alten grandseigneurs haben sie eben
auch, bestechende, vornehme äußere Erscheinung, große Liebenswürdigkeit,
Gefälligkeit und die angenehmste Gabe der Plauderei. — Nun könnt
Ihr Euch denken, diese Phantasie in einen Feldzug versetzt, wenn
auch hinter der Armee, nach Frankreich hinein, da müßten ja Geschichten
entstehen, wogegen die Irrfahrten des Odysseus Bagatelle waren.
Genug, mein Abend in Epernay verging wie im Fluge, und es wurde
mir recht schwer, mich von meiner männlichen Scheherazade zu trennen.
Vom Herrn Vetter hörte ich übrigens dort, daß es ihm gar nicht gut
ginge, er hatte eine Pferdekur mit sich vorgenommen, die ihm recht
schlecht bekommen war, da ahnte ich noch nicht, ihn bald wieder zu
sehen. Auch hier erfuhr ich die Bestätigung unserer Bestimmung und
erzählte mir die liebe, dicke Neune von den Kürassieren, daß unsere
Ersatzeskadron bereits Ordre habe, von M. nach B., ihrem neuen

Bestimmungsort, zu marschieren; unser teures, liebes M. gehört also für uns der Vergangenheit an.

Nach schlechtem Quartier in Chaumissy kamen wir am 30. Mai nach einem wunderschönen Marsch mitten durch die Champagne in dem Champagnerflecken Tours sur Marne an. Ich sage Champagner= flecken, denn 4 Fabrikanten dieses edlen Getränkes wohnten dort, und die Industrie des ganzen Städtchens dreht sich nur um diesen Geschäfts= zweig. Ich nahm mein logement bei dem größten Fabrikanten, einem Msr. Le Roi, in Firma Le Roi et fils (eine Marke, die auch bei uns viel getrunken wird, der Vertreter hat in Kassel eine Filiale). Wie es die Bedeutung seines Hauses verlangte, war die ganze Lebens= führung Msr. Le Roi's eine glänzende; eine wunderschöne Villa am Marneufer, zahlreiche Dienerschaft und ein fürstlicher Haushalt, was konnte man mehr verlangen? Madame eine zarte Blondine in den dreißiger Jahren, und Anais, eine allerliebste sechzehnjährige Tochter, machten in liebenswürdigster Weise die Honneurs des Hauses, und was es dort zu trinken gab, war gar nicht zu beschreiben. Mir gefiel von den vielen Champagnersorten am besten die „tisane", ein nicht moussierender Sekt, der nach der Suppe getrunken wurde, seine Bereitung soll viel Schwierigkeiten machen, da es sehr mühsam ist, das Moussieren zu unterdrücken, die ganze Kraft des Weines bleibt deshalb darin, und kann ich sagen, solches Bouquet bisher noch bei keinem Wein gefunden zu haben. Nach einem entzückenden Aufenthalt im Park, wo wir nach Tisch auf einem hoch am Ufer der Marne gelegenen Belvédère den Kaffee einnahmen, fuhr uns die liebliche Tochter mit ihren kleinen schwarzen Ponnies zu den Kellereien des Vaters. Dieselben haben mich sehr interessiert, wir sahen die ganze Fabrikation, den Zusatz des kleinen Glases Likör, je nach den Nationen, für welche der Sekt bestimmt ist, süß oder herbe, ich blickte hinein in die Korkereien, sah die großen Kühlräume und wurde schließlich in die riesigen Lagerungskeller geführt, wo die Hunderttausende von Flaschen der Versendung entgegen harren. Die letzteren lagerten in tief in den kreideartigen Felsen eingehauenen, langen Gängen, einer Steinart, welche sich wegen ihrer Trockenheit besonders zu diesem Zweck eignet. Abends musizierten die Damen uns etwas vor und schließlich tanzte Theodor mit der blonden Anais einen kleinen lanzier, den er ihr eilig beigebracht hatte. Genug, es war ein reizender Tag, wie man ihn sich angenehmer kaum denken konnte. Auch die anderen Offiziere lagen ebenso vorzüglich und der Stab, welcher auch dort lag, erzählte am anderen Morgen ganz entzückt von seinem Champagnerproduzenten, der Major v. Str. hatte sogar abends auf seinem Betttisch noch eine Flasche Sekt als Nachttrunk gefunden. — Als wir am Morgen aus diesen Musterquartieren schieden, hörte ich die Ulanen hinter mir erzählen, daß sie alle auch Champagner bekommen hätten, da war es kein Wunder, daß sie gern hier Ruhetag gehabt hätten, und daß sie sich unterwegs oft noch sehnsüchtig nach diesen Fleischtöpfen Egyptens umdrehten. Doch der Wechsel ist das Leben und im Wechsel liegt das Glück. Das nächste Quartier Chaintrix war schauderhaft und dort natürlich hatten wir Ruhetag. Hier bekamen wir schon Fühlung mit den 13. Ulanen, die gleich uns nach L. marschierten, und meldete ich mich unterwegs bei dem Brigadekommandeur v. B., der aber sagte, zu seiner Brigade, der 20., kämen wir nicht, sondern zur 19., wir wären seiner Brigade nur vorläufig attachiert.

Ueber Soudé St. Croix führte uns durch ewiges, ödes Heideland der nächste Tag, ich wurde von einem alten Curé freundlich aufgenommen, der mir in Verbindung mit seiner liebenswürdigen Nichte den Tag sehr angenehm zu machen suchte. Er war wieder einer von der angenehmen liebenswürdigen Sorte, und hatte mit seinen langen, weißen Haaren wirklich etwas Ehrwürdiges. Der Mann faßte seine Stellung als pasteur seiner Gemeinde richtig genug auf und bot für viele seiner Amtsbrüder ein nachahmenswertes Beispiel. Er rühmte stolz seine Gemeinde und sagte, es wäre seit den 40 Jahren seiner Amtsthätigkeit dort kein Prozeß, ja kaum ein Streit unter seinen Gemeindemitgliedern vorgekommen; so wie irgend etwas der Art sich ereigne, fänden sich die Gegner bei ihm ein, und er stifte stets den Frieden. Solche Unterordnung unter einen Geistlichen mag selten sein, hier aber fand sie thatsächlich statt, er war der wahrhafte Vater seiner Gemeinde und diese kam ihm mit kindlichem Vertrauen entgegen.

Am 3. Juni kam ich wieder in brillante Verhältnisse, nach einem Marsch von 5 Meilen wieder durch kahle Heidegegenden, die an die Lüneburger Heide erinnerten, in eine wahre Oase dieses Heidelandes, nach Châtellerault. Ein schönes, mittelalterliches Schloß mit Zinnen und Türmen nahm mich gastlich auf, und ein alter, französischer Divisionsgeneral, Marquis de Lingnère, streckte mir bei der Ankunft liebenswürdig beide Hände entgegen. Die alte Marquise, eine vornehme, distinguierte Erscheinung, erschien bald auch, und boten die beiden alten, kinderlosen Eheleute, ihr einziger Sohn war bei den Spahis gegen die Kabylen gefallen, mir eine Gastfreundschaft, wie sie idealer nicht zu denken war. Der General selbst hatte 20 Jahre in Afrika gestanden und erzählte in der interessantesten Weise von seinen Kämpfen gegen die Araber und seinen vielen Jagden und Abenteuern, Geschichten, die alle das Gepräge der Wahrheit trugen. Seine Zimmer waren voll von seinen Jagdtrophäen, und die schönsten Löwen- und Pantherfelle bedeckten die Fußböden. Der General hatte sehr viele interessante Bekanntschaften unter den Führern der Armee und beklagte tief das Unglück seiner alten Waffengenossen, das Mac Mahon's und besonders das Wimpffen's, der nur von Afrika hatte zurückkommen müssen, um, eben eingetroffen, die Kapitulation von Sedan zu unterzeichnen. Auch General Fleury war sein näherer Bekannter, von dem er viel erzählte, er sei ein kenntnisreicher, vornehmer Mann und hätte eine reizende, junge Frau. Von den vielen Bildern, die von dem Ehepaar im Hause existierten, hatte der Marquis die Liebenswürdigkeit, mir zwei zum Andenken zu verehren, worüber ich mich sehr freute.

General Fleury gehört zu den französischen Generalen, denen das undankbare Volk selbst nichts Schlimmes nachsagen konnte. Und das will bei dieser Nation viel sagen, da der General doch auch militärisches Unglück gehabt hatte. Nach einem mangelhaften Aufenthalte in Ambrières kamen wir am 5. Juni nach der freundlichen, kleinen Stadt St. Dizier. Bei unserer Ankunft hatten wir die unerwartete Ueberraschung, den Herrn Vetter wiederzusehen, er hatte sich gegen den Willen seines Arztes aus Epernay fortgemacht, war aber durchaus noch nicht wieder hergestellt. Dieses Schlechtbefinden zeigt sich auch in seiner Laune, die keine rosige zu nennen ist. — In Dizier hatten wir Ruhetag, und da wir uns nun mehr und mehr unserer Garnison näherten, infolge dessen auch neue Instanzen von Vorgesetzten, und deshalb wieder gewiß auch viele Besichtigungen uns bevorstehen, wurde der Tag zum Antreten mit Sachen, Verlesen und Revidieren von Stammlisten der Mannschaften rc. benutzt. An beiden Mittagen aßen wir im Gasthof mit den Offizieren der dort liegenden beiden Infanteriebataillone, welche die Stadt schon ganz als ihre neue Garnison eingerichtet hatten, und bekamen wir hierdurch schon einen Vorgeschmack, was uns in L. blühen wird. Genug, der Krieg ist aus, die Vorboten der Friedensplackereien beginnen. Von allen Seiten fängt die Völkerwanderung jetzt rückwärts zu fluten an, und alle Truppenteile wälzen sich den Einschiffungsstationen zu, ein Bild, daß immer wieder von neuem meinen Schmerz anfacht. So waren in Dizier die Quartiermacher der braven Bundesbrüder, der Bayern eingetroffen. Wir aßen mit zwei Herren von schweren Reiter= regimentern zusammen und einem Chevaurleger, netten, umgänglichen Menschen, der letztere war ein Herr v. d. Pf., ein Sohn des bayrischen Ministers. Am 7. hatte ich wieder ein schlechtes Quartier in Vellaines abermals bei einem Curé, wie meine Gesamtunterbringung im Durch= schnitt sich nur auf Schlösser oder geistliche Wohnungen beschränkt hat. Dieser war wieder einer von der schlimmsten Sorte; er war schon wieder sehr renitent geworden und gab mir nichts zu essen, so daß ich wünschte, ich hätte ihn einige Monate vorher Gebbert in die Be= handlung geben können, der hätte ihn schön weich bekommen sollen.

Da ich im Hause nichts bekam, mußte ich mit den Offizieren, denen es ähnlich ergangen war, in einer schauerlichen Kneipe essen, was mir nach den üppigen Genüssen der letzten Wochen gar nicht recht behagen wollte. Gestern sind wir denn wieder nach einem Marsch von 5 Meilen, anders thun wir es nicht mehr, manchmal sind es auch schon 6 gewesen, hierher nach Sorcy gekommen, von wo wir wohl in 2—3 Tagen unsere Garnison L. erreichen werden. Hier ist unser Unterkommen abermals schlecht genug, das Schicksal scheint uns in der Beziehung mit der bevorstehenden größeren Stadt aus= söhnen zu wollen. In einer Stunde will ich nach Void hinüber= fahren, wo der Stab liegt. Dort wird um 5 Uhr das Abschieds= Diner für Graf K. sei , welcher uns verläßt; er ist als Brigade= Adjutant nach St. versetzt, und wißt Ihr zu wem? Zu Euerem liebenswürdigen, chevaleresten Vetter H., der dort die Brigade bekommen hat; da wird der brave Tenere Gelegenheit finden, über die Verschiedenheit unter den Brüdern nachdenken zu können. Wir sehen ihn ungern scheiden, er ist ein guter, netter Mensch.

Von H., meinem Brüderchen, hatte ich vor einigen Tagen einen ausführlichen Brief, voll von Beschreibungen seines jungen Eheglücks.

Wenn seine Briefe nur nicht immer so in Hieroglyphen geschrieben wären, welche immer lange Zeit zur Entzifferung in Anspruch nehmen. Es geht mir mit seiner undeutlichen Schrift so, wie es mir einmal vor Metz in den Tuilerien bei Jey, mit der meines lieben Majors erging. v. Str. kommandierte damals auf unserem linken Flügel die Vorposten und hatte sein Quartier bei mir in Tuilerie genommen. Sein Zimmer, in dem er schlief, befand sich neben dem meinen, nur durch eine mangelhafte Thür getrennt. In jener Zeit erhielten wir unsere Befehle von den höheren Offizieren oft mitten in der Nacht. So auch damals, ich wurde durch eine Ordonnanz so um 1 Uhr nachts mitten aus festem Schlaf aufgeweckt. Der Ulan stand mit einer Blend= laterne, die nur mangelhaftes Licht gab, vor meinem Bett und hielt mir einen Zettel mit dem Befehl entgegen. Dieser Befehl ging natürlich an den Höchstkommandierenden und wurde von diesem dann mit dem Spezialbefehl versehen. So auch hier durch Major v. Str. Ich nahm das Blatt, versuchte die mit blassem Bleistift geschriebenen Worte für meine Eskadron zu lesen, aber so viel Mühe ich mir auch gab, ich konnte den Sinn der rätselhaften Inschrift nicht entziffern. Nach mehrfachen Versuchen wurde ich ganz wütend und fing an, in ganz unparlamentarischen Ausdrücken, wie Schw.... schrift 2c. zu schimpfen. Der Wachtmeister mußte kommen, und nachdem ordentlich Licht gemacht war, gelang es den gemeinschaftlichen Bemühungen, den Befehl klar zu legen, und beruhigt legte ich mich auf die andere Seite und schnarchte weiter. Wie aber wurde mir, als am Morgen mein lieber Nachbar in liebenswürdigen, erst zarten, dann aber verständlich werdenden Andeutungen, von Dünne der Wände, schlecht schließenden Thüren 2c., zu reden anfing? Da wurde mir erst klar, daß er jedes Wort in der Nacht und die ganze Kritik mit angehört hatte. Ein anderer wäre wahrscheinlich grob geworden, er aber in seiner vor= nehmen, liebenswürdigen Weise kannte mich und wußte, daß ich ihn nie hätte ärgern können, lächelte bei meinen Entschuldigungen und meinte nachher, er hätte sich von dem Wachtmeister den Befehl zeigen lassen und könnte ihn selbst nicht lesen. Bei Laternenbeleuchtung sieht eben manches geschriebene Wort anders aus. So geht es mir auch häufig mit H.'s Briefen, er denkt gewiß bei seiner Schreibweise, daß ich mich auf die Art desto länger mit seinen Briefen beschäftigen soll, und den Zweck erreicht er wirklich.

Soeben erhalte ich Deinen letzten Brief, mein teueres Mamachen, er ist die ganzen Tage hinter uns hergewandert. Er enthält die Nachricht von dem Tode unserer lieben Tante v. T., und Euer tiefes Leid bei diesem so schmerzlichen Verlust. Wer Euer ganzes Leben gekannt, in dem Ihr Beide mit der Tante nicht wie Cousinen, nein, wie treueste Schwestern gelebt, wer die liebe, teuere Tante selbst kannte mit ihren hohen Geistesgaben und ihren Interessen für uns alle, nur der kann Eueren, unseren Schmerz verstehen. Wie hübsch ist es, daß Ihr die liebe Tante noch so kurz vor ihrem plötzlichen, ungeahnten Ende gesehen habt. In aufrichtigstem Mitgefühl bin ich bei Euch, Ihr meine Lieben. An Otto und Ernestine werde ich gleich heute Abend schreiben. Lebt wohl für heute, meine liebe teuere Mama und meine liebe Tante. Euer Schmerz ist der meine.

In treuester Liebe

Euer M.

IX.

Lunéville, den 20. Juli 1871.

Meine teuere Mama!

Nach mehr als vierwöchentlichem Schweigen nun also der erste Brief aus der neuen Garnison. Ich kann dieses L. eben nicht anders nennen. Wir stehen hier für Jahre in fester Garnison, wie die vier französischen Kavallerieregimenter, welche bis zum Feldzug hier waren, nicht anders gestanden haben können. Auf wie lange? Wer kann es wissen? Wir haben die Kasernen, Kammern, Reit= und Exerzierplätze von der Stadt übernommen, es wird exerziert, gedrillt wie zu Hause, ja noch mehr als das. Ein jeder Vorgesetzter geht von dem Gedanken aus, die nach seiner Ansicht bei den Truppenteilen eingetretene Kriegs= bummelei und Unordnung möglichst schnell wieder aus den Truppen= cadres herauszubringen, und der Paradermarsch thut wieder seine alt=

preußische Schuldigkeit dabei! Wir sind ja hier als Vorhut der deutschen Armee zurückgeblieben, wir sollen als starker Schutz für alle Eventualitäten hier dienen, und die starken garants sein, deren Pflicht es ist, die pünktliche Zahlung der Kriegskosten zu decken, deshalb müssen wir dem Lande zeigen, was wir können, müssen den Franzosen klar machen, was sie eintretenden Falls zu erwarten haben. Das ist so ungefähr der Tenor all der Direktiven, welcher uns von allen Instanzen klar gemacht wird. Diese stolzen Worte haben ja ihre Begründung, sie haben ja auch ihr ideal Ehrenvolles in dem Sinne, aber nach all den Mühsalen des langen Winterfeldzuges etwas Angenehmes für uns haben sie nicht. Wer ist aber der Gequälteste, wer der Verantwortliche für alle diese Instruktionen und Befehle, in denen ein jeder Vorgesetzte glaubt, sich besonders hervorthun zu müssen? Es ist der unglückliche Kompagnie- oder Schwadronschef allein. Für uns als nur zu der Division hinzugetretenes Regiment ist das natürlich am empfindlichsten: man weiß ja, daß ein neu eintretender Truppenteil, und wenn er das beste Renommée mitbringt, wenn er das größte Lob bis dahin sich erworben hat, dieses Lob doch noch nicht das des neuen Vorgesetzten, es noch nicht seine Anerkennung bedeutet, die muß erst neu erworben werden und das ist nicht immer ganz leicht; es gehören erst Wochen, ja lange Monate dazu, dieses allerdings menschliche Vorurteil zu überwinden.

So ging es uns denn nun vom ersten Tage des Einrückens an.

Mein letztes Schreiben, mein Mamachen, schildert Dir diesen Tag als noch bevorstehend, wir hatten allerdings damals noch immer mehr an das schöne N. als an L. als Bestimmungsort gedacht, in Verzelise, unserem Quartier des 11. Juni erfuhren wir aber bestimmt, daß wir hierher kommen würden.

Dieses letzte Marschquartier wurde von uns dazu benutzt, die Leute und Pferde in das beste ajustement zu bringen; da wurde geputzt, angestrichen und blank gemacht, wie es nur möglich war, und jeder trachtete darnach, dem neuen Vorgesetzten zu gefallen. Am Abend fuhr ich nach einer Sehenswürdigkeit der ganzen Gegend, dem Berge Sion, auf welchem ein hoher Turm mit einer 20 Fuß hohen versilberten Jungfrau Maria sich befindet, welchem Platze besondere Wunder zugeschrieben werden und der ein berühmter Wallfahrtsort für die ganze Gegend ist. Von Wundern habe ich zwar nichts bemerkt, jedenfalls hatte man aber eine wundervolle Aussicht von dort oben weit in das schöne fruchtbare Land hinaus. Um die silberne Jungfrau war in schwindelnder Höhe ein Balkengerüst erbaut, das dazu diente, den Künstlern Platz zu schaffen, welche dort oben das schöne silberne Kleid neu versilbern sollen. Ich hatte Hans Hilsen v. L. mit und der gab dem erstaunten anwesenden Volke unten ein Schauspiel seiner affenartigen Behendigkeit, indem er bis auf den obersten Balken des Gerüstes hinaufkletterte und dort, schwindelfrei wie er ist, sein Hurra Germania erschallen ließ. Mir schwindelt noch, wenn ich nur daran zurückdenke. Mich erinnerte der ganze Berg mit seinen Prozessionsstationen auffallend an den Annaberg in Schlesien, von dem man eine ganz ähnliche Aussicht hat. Das Merkwürdigste an dem Berge aber war die dort befindliche Roßtrappe, ein Beweis, wie Volkssagen sich an mehreren Stellen wiederfinden, ein tief eingeschnittenes groteskes Felsenthal, gleich unserm Bodethal im Harz, und dieses Thal hat dieselbe Sage, wie bei uns. Auch hier war eine keusche Jungfrau auf flüchtigem Pferde vor dem Bedränger geflohen und hatte im mächtigen Sprunge das Felsenthal übersprungen, während der Verfolger in den Abgrund versank. Sogar die in den Felsen eingegrabene Hufspur, wie bei unserer Roßtrappe, fand sich vor. Ist das nicht merkwürdig? Leider gelang es mir nicht, den Ursprung der Volkssage zu erkunden.

Am nächsten Morgen 6 Uhr marschierten wir denn hierher ab und kamen nach einem Marsche von beinahe 6 Meilen bei glühender Hitze um $11^{1}/_{2}$ Uhr vor dem Thore Lunévilles bei dem Rendezvous des Regiments an. General v. B., dessen Brigade wir vorläufig attachiert sind, empfing uns und führte das Regiment geschlossen in die Stadt hinein. Vor dem großen Schloß, das im Style des Versailler gebaut ist, gingen die Schwadronen auseinander, drei bezogen die Kaserne der französischen Dragoner, die zweite kam vorläufig nach Moncel, bis Platz in den Kasernen gemacht ist; in diesen liegen noch bis zum Abmarsch nach Hause die 13. Ulanen und 17. Husaren.

Ich selbst hatte vorläufig in der rue Banaudon ein Quartier seitens des Garnisonkommandos angewiesen bekommen: ich beschloß aber gleich, da meine Pferde nicht mit dort stehen konnten, mir ein festes Quartier näher an der Kaserne zu mieten, und habe auch ein solches in der rue du château bei einer Madame la Saque gefunden. Es besteht aus drei hübschen Zimmern, Garten und sehr gutem Pferdestall, und kostet 80 Fr. monatlich ohne Meubles, welche ich mir von einem Möbelvermieter Msr. François geliehen habe. Früher hat ein französischer Rittmeister darin gewohnt, dessen Sattelzeug, Geschirre und Coupé ich noch vorfand. Letztere Sachen habe ich von demselben durch Vermittelung der madame la Saque gekauft und denke damit manche Fahrt in die Umgegend noch zu machen. Brittish Queen habe ich mir in dem hiesigen Pferdedepot gegen einen dicken Braunen, der gut im Coupé geht, eingetauscht, sie war durch den Feldzug doch unheilbar lahm geworden, und bin ich mit dem Tausche ganz zufrieden. Das Pferdedepot, welches hier stationiert ist, dient für den Ersatz der Offizierpferde, welche im Laufe des Feldzuges dienstunbrauchbar geworden sind, und ist eine Einrichtung, welche wir der persönlichen Initiative unseres erhabenen Kaisers verdanken. Wenn man die Bestände desselben mustert, so findet man dort eine bunte Musterkarte von allem möglichen Material; da waren schwere Trainpferde, Augmentationspferde, welche im Laufe des Krieges schlapp geworden waren und sich inzwischen wieder erholt hatten, manches vornehme Generalspferd, das hier gleichfalls anskuriert war; ja sogar einige Steapler fand ich zu meinem Erstaunen, darunter Trianis des bekannten Major v. R., genug, die Auswahl war groß genug. Zur Versüßung der bitteren Pille des Hierbleibenmüssens wird überhaupt von oben herab viel für uns gethan, wir erhalten tägliche Okkupationsgelder, die Rittmeister 15 Mark, so daß ich mich hier ungefähr des Gehaltes eines Stabsoffiziers erfreue, dazu Service und Wohnungsgeldzuschuß wie zu Hause. Auch sogenannte Retablissementsgelder haben wir schon zweimal zur Neuequipierung an Sattelzeug, Uniform ꝛc. erhalten; genug, pekuniär sind selbst Theodor Geyer's hochgestellte Hoffnungen übertroffen. Demgegenüber stehen allerdings die immensen Preise, welche die Gasthöfe und Restaurationen uns abfordern; sie haben es schnell begriffen, daß sie uns für die ganze Zeit als gut melkende Kuh betrachten wollen. — Ein unangenehmer Zwang, den der Kommandeur uns auferlegt hat, ist der eines gemeinschaftlichen Mittagessens im Gasthof eines Herrn Favier um 12 Uhr. Wenn den Lieutenants so etwas oktroyrt wird, so hat das seine Berechtigung; daß wir älteren, verheirateten Rittmeister aber sämtlich daran teilnehmen müssen, ist eine unangenehme Pflicht, die durch die Dienstgespräche bei Tisch sowohl, wie durch die stete Anwesenheit des Herrn Vetters für uns nicht gerade angenehm wirkt. Wir haben uns aber zu helfen gewußt, betrachten dieses Diner um 12 nach französischer Sitte als Frühstück und finden uns nähere Bekannte täglich um 6 Uhr bei Mſr. Thierry in einer anderen Restauration zum Diner zusammen.

Hier, wo das Offiziercorps des jungen Regiments zum erstenmal vollständig zusammensteht und nicht, wie in Westfalen, drei Garnisonen besitzt, da treten die eigentümlichen Verhältnisse desselben aber auch viel schärfer zu Tage, als daheim. Um Dir, liebes Mamachen, dieses Mißverhältnis, daß ich Dir schon mehrmals in meinen Briefen angedeutet habe, ganz klar zu machen, muß ich etwas weiter ausholen. Es giebt in den Offiziercorps der Kavallerie gewisse Unterschiede, welche auf Namen, Herkommen, Garnisonen, Offizierziehung in den Regimentern, Manövern, Ausgaben und Einrichtungen derselben überhaupt beruhen. Infolgedessen hat sich in der Ansicht der gesamten Kavallerie eine Wertschätzung der einzelnen Offiziercorps ausgebildet, welche sich in gewisse, nun sagen wir einmal, Klassen scheidet. Es giebt also Offiziercorps 1., 2. und 3. Klasse. Es liegt darin nicht etwa eine Mißachtung eines Regimentes vielleicht 3. Klasse, denn es ist ja zu natürlich, daß ein Regiment in Oberschlesien oder an der russischen Grenze nicht solch einen Offizierersatz haben kann, als ein solches in den Hauptstädten, den größeren Städten, oder aber auch in kleineren Garnisonen, in welchen seit Generationen der Adel der Umgegend seine Söhne eintreten läßt. Das Leben bei der Kavallerie ist aber ein teueres, und man kann es keinem Vater verdenken, wenn er seinen Sohn bei dem Zuschuß, den er ihm geben muß, lieber in ein sogenanntes Regiment 1. Klasse eintreten läßt, als in ein Regiment, in welchem für ihn keine Tradition, kein Familienzusammenhang ꝛc. existiert. Infolgedessen haben die bevorzugteren Regimenter eine Ueberfülle von Offizierersatz, können wählerischer darin sein, als andere, die nehmen müssen, was sie bekommen, nur um keine Vakanzen in den Offizierstellen zu haben, sind infolgedessen aber auch durchaus anders zusammengesetzt. Bei der Gründung unseres Regiments aus vier Regimentern war eigentlich nur eins der je eine Schwadron abgebenden ein solches 1. Klasse, die anderen nach dem Maßstabe in der Armee nicht. Das war aber von keiner weiteren Bedeutung, da die Offiziere selbst aus etwa 20 Regimentern verschiedener Klassen zusammentamen. Solch ein neues Offiziercorps ist daher ein unfertiges Ganzes und muß erst durch den ersten Kommandeur und durch den Einfluß der Mehrzahl der älteren hinein versetzten Offiziere zu einem wirklichen Ganzen zusammengeschweißt werden. Für unser junges Offiziercorps lagen nun die Verhältnisse in jeder Beziehung besonders günstig, um daraus für alle Zeit ein solches allererster Klasse zu machen. Die Mehrzahl der älteren Offiziere war durchaus hierzu geeignet, die Garnison sehr gut, schon wegen der Traditionen des früheren dortigen Regiments, in die wir eintraten, der Offizier=ersatz war aber durch unsere vielen Beziehungen zu den west=fälischen Familien ein so vorzüglicher, wie er überhaupt nur gedacht werden konnte. Wir gingen deshalb bei der Gründung des Offizier=corps mit frohester Zuversicht der Zukunft desselben entgegen. Trotzdem hat diese Hoffnung sich im Laufe der verflossenen Jahre leider nicht ganz erfüllt. Wir, die das Beste wollten, wir warben und warben, schafften uns durch unsere Verbindungen auch sehr nette Avantageure, wir waren in unseren Ansichten im Offiziercorps in der überwiegenden Mehrheit, und trotzdem wurden unsere Bemühungen stets paralysiert durch den Einfluß des ersten Kommandeurs, welcher sich auf die Seite der Minderzahl stellte und stets Ersatz annahm, welcher nach unserer Ansicht nicht dem entsprach, was wir erstrebten. — So kann ein solcher erster Leiter eines Offiziercorps durch seine gemachten Fehler die Zukunft eines ganzen Regiments für lange Zeit verderben und ein Nachfolger findet für seine etwa anderen Be=strebungen Elemente vor, mit denen er dann rechnen muß, und die er schwer beseitigen kann.

Unser erster Kommandeur hatte im Laufe der Jahre einige Herren, teils von der Infanterie angenommen, die nach ihrer Herkunft, Erziehung ꝛc. teilweise nicht in den Kreis des Offiziercorps hinein=paßten. Derselbe hatte das auch häufig genug empfunden, aber wie er nun eben war, hatte er nicht die Ansicht der Mehrzahl zu der seinigen gemacht, sondern hielt sich für seine Person stets zu der Minderzahl, schloß sich deren Auffassung stets an und stieß uns anderen zurück, die wir doch nur das Beste für das Ganze wollten. Naturgemäß entstanden nun aus diesem Verhältnis in dem Offizier=corps Kategorien und Cliquen, das Gleiche fand sich zum Gleichen, und es waren gewissermaßen zwei Corps in einem vereinigt, die doch dasselbe Kleid trugen. Daß hieraus zahlreiche Unzuträglichkeiten entstanden, kannst Du Dir denken, und für uns besonders, die wir von unseren lieben alten Regimentern so etwas nicht kannten, war dieses forcierte tägliche Zusammenessen oft eine wahre Qual. Es entstand dadurch in gewisser Beziehung ein Verhältnis wie bei der früheren österreichischen Armee, und keinem fiel das natürlich mehr auf, als den Offiziercorps der anderen Regimenter, welche mit uns die hiesige Garnison teilten und noch teilen, wir hörten von ihnen oft darüber die seltsamsten, aber oft sehr richtigen Urteile. Das wunderbarste aber von allem war, daß der erste Kommandeur nach seiner Familie, nach seiner ganzen Vergangenheit und nach fast allen den Regimentern, bei denen er früher gestanden, ganz unserer Ansicht hätte sein müssen, und es nur aus falschverstandenem Oppositionsgelüst nicht war. Nun, sein zehnter Nachfolger wird es ihm vielleicht noch zu danken haben, daß es so und nicht anders kam.

Diese Verhältnisse, mein liebes Mamachen, bilden hier für uns manchen Stein des Anstoßes, wir wissen uns aber, wie bereits gesagt, zu helfen, wir haben uns einen sehr netten Kreis gebildet, der zuerst mit den Offizieren des anderen Ulanen-Regiments, jetzt mit denen der 19. Dragoner, die sich dazu gefunden haben und uns in höchsterweise konvenieren, manchmal 40 Offiziere beträgt, da essen wir abends stets zusammen, und unser lieber Major kommt, wenn es ihm da drüben zu unerträglich wird, häufig zu uns, um sich wieder aufzufrischen.

Ein sehr komischer Herr war bei dem anderen Ulanen-Regiment, ein Engländer, Mister L., der auf das amüsanteste in seinem gebrochenen Deutsch von seinen Irrfahrten bei dem Beginn des Krieges erzählt. Er ist zum Feldzug herübergekommen und hat ein Anstellungspatent bei dem Regiment bekommen. Als er nun auf der Suche zum Regiment war, nur mit einer Ulanenmütze, sonst noch in Civil, ist es ihm recht schlecht ergangen, er ist von unseren Truppen als Spion aufgefaßt und wäre beinah fusiliert worden, im letzten Augenblick hat ihn ein Generalstabsoffizier zu seinem Glück noch erkannt und gerettet. Er ist übrigens ein ganz vorzüglicher, schneidiger Herr, der dem schönen Regiment, in dem er steht, nur Ehre macht.

L. will ich Euch nun auch noch beschreiben: da wir hier Jahre lang sein werden, muß ich Euch doch etwas über die Oertlichkeit orientieren. Es ist eine hübsche freundliche Stadt, von ungefähr 20000 Einwohnern; das schöne Schloß, von dem ich Euch schon schrieb, macht mit seinen beiden weitvorspringenden Flügeln einen imposanten Eindruck, auch die Kirchen mit ihren hohen Türmen, alle in dem sogenannten Zopfstiel erbaut, sind zwar etwas bunt, dienen aber doch zur großen Zierde der Stadt: sie sind sehr zahlreich, so daß man bei dem Anblick Lunévilles von weitem glaubt, die Stadt wäre viel größer, als sie in Wirklichkeit ist. Zahlreiche gute Läden innerhalb der Stadt, jetzt wieder mit allen möglichen Pariser Artikeln versehen und die rein gehaltenen Straßen mit den hübschen Häusern erhöhen den Eindruck. Viele Fabriken, besonders Porzellan- und Glasfabriken, sind ein Zeichen der Industrie, die hier herrscht. Für die Einwohner und jetzt für uns bietet der große wunderschöne schattige Schloßpark, der an drei Seiten das Schloß umgiebt, mit seinen dunklen Gängen und großen grünen Plätzen einen schönen Spaziergang; allabendlich spielen vor der Restauration dort unsere Trompetercorps und rivalisieren um die Gunst des Publikums, das sich schon zahlreich dort einzufinden pflegt. An den Schloßpark grenzt gleich unser großer, etwas steiniger Exerzierplatz an, an jedem Morgen sammeln sich viele Zuschauer auf den Balkons der Parkmauer und sehen unserem Exerzieren zu, meist aber mit gehässigen Blicken, da die Stimmung der Bevölkerung trotz aller Erwerbsquellen, die sie durch uns haben, doch noch immer sehr feindlich ist. Das wird sich aber wohl mit der Zeit geben.

Ende Juni verließen uns die Ulanen, und unser neues Brigaderegiment, die Dragoner aus O., rückten hier ein. Es ist ein sehr angenehmes Offiziercorps, mit dem wir, wie bereits oben gesagt, teilweise auf gutem Fuß stehen. Von diesen haben einige verheiratete Herren bereits ihre Frauen hierher kommen lassen und mit ihnen Chambregarnie-Quartiere bezogen. Die armen Damen bekamen einen schönen Schreck in den ersten Tagen ihres hiesigen Aufenthalts. Unser Oberkommandierender der Okkupationsarmee, der uns vollständig bekannte General M. in Nancy erließ ein Dekret, wonach keine Frauen der Offiziere und Unteroffiziere herangezogen werden dürften und die schon eingetroffenen zurückkehren müßten. Das war denn eine schöne Aufregung, telegraphisch in Berlin angefragt, gestattete Majestät jedoch deren Verbleiben. Angenehm ist der Aufenthalt für dieselben hier nicht sehr, da sie sich allein kaum auf der Straße zeigen dürfen. Die Gattin unseres lieben Oberstabsarztes W. ist auch gestern angekommen und trotzt der Gefahr in dem Glück des Gedankens, bei ihm zu sein. — Unsere Residenz, das schöne Nancy, habe ich mir auch vor einigen Tagen angesehen. Der Oberkommandierende wohnt dort im Schloß und war ein riesiges Offiziertreiben in der Stadt. Dieselbe gilt als eine der schönsten Städte in ihrer Bauart, nach meinem Geschmack ist sie zu gradlinig, breite neue Straßen, alle von dem allerdings wunderschönen Stanislaus place radienweis ausgehend, die Häuser alle weißlich angestrichen, macht sie einen Eindruck, wie eine Kinderspielzeugsstadt. Der Stolz Nancy's ist aber der Stanislausplatz, in dessen Mitte die Statue des vielgeliebten Wohlthäters der Stadt, des Königs Stanislaus, steht. Die Ecken des Platzes sind künstlerisch abgerundet durch Eisengitter mit Marmorgruppen und Springbrunnen. Es war ein kolossales Leben abends auf dem Platz und Hunderte von Offizieren sitzen jeden Abend vor der Restauration Stanislaus auf Stühlen, deren Kreis bis weit auf den Platz hinausgelegt ist. Als wir abends dort saßen, schritt ein Graf Mirabeau mit seiner Tochter, die blendend schön war, in stolzer Grandezza vorüber, würdigte uns aber keines Blickes, die übrigen Nancyer Damen schienen darüber aber anderer Ansicht zu sein. Ich hatte die Tour nach Nancy zum erstenmal mit meinem Coupé gemacht, Waldemar fuhr mit mir und ging der Braune so gut, daß wir den Weg in 2 Stunden zurücklegten. Sonst kann ich Euch, meine Lieben, eigentlich wenig noch von hier erzählen. Anfang des Monats lagen zwei bayrische schwere Reiterregimenter mehrere Tage vor ihrer Einschiffung in der nächsten Umgegend im Quartier; sie exerzierten sogar zweimal auf unserem Exerzierplatz und freundeten wir uns recht mit ihnen an. Was in den Tagen für Verbrüderungsreden gegenseitig gehalten sind, es war gar nicht zu sagen und die Feste und nun erst der Durst! es war erst recht nicht zu sagen; aber nette Menschen waren dabei, wir hatten besonders drei in unseren Kreis aufgenommen, einen Rittmeister W., der von der ganzen französischen Sprache nur ein Wort gelernt hatte und das war „oui", er hieß der Rittmeister Oui. Er soll bei der Antwort eines Franzosen mit „non" stets gleich sehr grob geworden sein; dann war noch ein Baron Hartling und der früher schon genannte v. d. Pf. Alles nette, manierliche Leute, mit denen wir recht befreundet wurden. Sie versprachen uns von München ein Faß Münchner Hofbräu zu schicken und richtig, gestern kam es an.

Mit meinem kleinen Braunen, dem „petit Français", habe ich ein recht gutes Geschäft gemacht, ich habe ihn, da er mir etwas klein war, gegen einen großen jungen Fuchs des Lieutenant v. B. von den Dragonern umgetauscht, und wir beide sind recht zufrieden.

Das wäre wohl das einzige, was ich Euch, Ihr Lieben, noch erzählen könnte. Sonst ist alles die gewohnte Garnisongeschichte und nun sollen Monate und Jahre noch ebenso vergehen. Der Gedanke ist kaum ausdeutbar. Aber auch hier gilt das Wort „durch", und die Sonne scheint auch durch die längste Zeit. Hoffentlich bald auf Wiedersehen.

R. und Sch. sind jetzt auf Urlaub, wenn sie zurückkommen, dann gehe ich. Euere kleine Reise nach A. zu dem jungen Ehepaar hat mich sehr interessiert und gefreut. Wenn ich bei Euch bin, fahren wir zusammen hin. Gott behüte Euch, Ihr meine Lieben.

In treuester Liebe

Euer M.

Letzter Brief aus Frankreich.

Lunéville. 27. Juli 1871.

Mein teueres Mamachen!

Alles ist anders geworden, wie ich es Euch im letzten Briefe schrieb. Soeben vom Exerzieren gekommen, werde ich zum Kommandeur gerufen, und derselbe teilt mir mit, daß ich durch telegraphische Ordre vom Generalkommando unseres neuen Corps zur Uebernahme der Ersatzeskadron, als Kommandeur derselben, nach B. versetzt sei. Soll ich mich darüber freuen, als vorjüngster Rittmeister den anderen vorgezogen zu sein, um diese selbständige, verantwortungsreiche Stellung zu übernehmen, oder soll ich traurig sein, meine liebe Kriegsschwadron und den Freundeskreis aufzugeben? Noch weiß ich es kaum, da die plötzliche unerwartete Nachricht mich halb betäubt. Euch und die Familie, die deutsche Heimat wiederzusehen, ist ja prachtvoll, aber ich hatte es mir doch anders gedacht, wenn wir ins Regiment zurückkehren würden. Der Herr Vetter sagte mir anerkennende, mein teuerer Major herzliche liebe Worte, die Kameraden wissen noch von nichts. Morgen Mittag ist Abschiedsdiner für mich, gleich nachher reise ich ab. Für mich ist es mit Frankreich aus. Viele, viele Grüße und nun wirklich auf baldiges Wiedersehen mit Euerem, Euch innig liebenden

M.

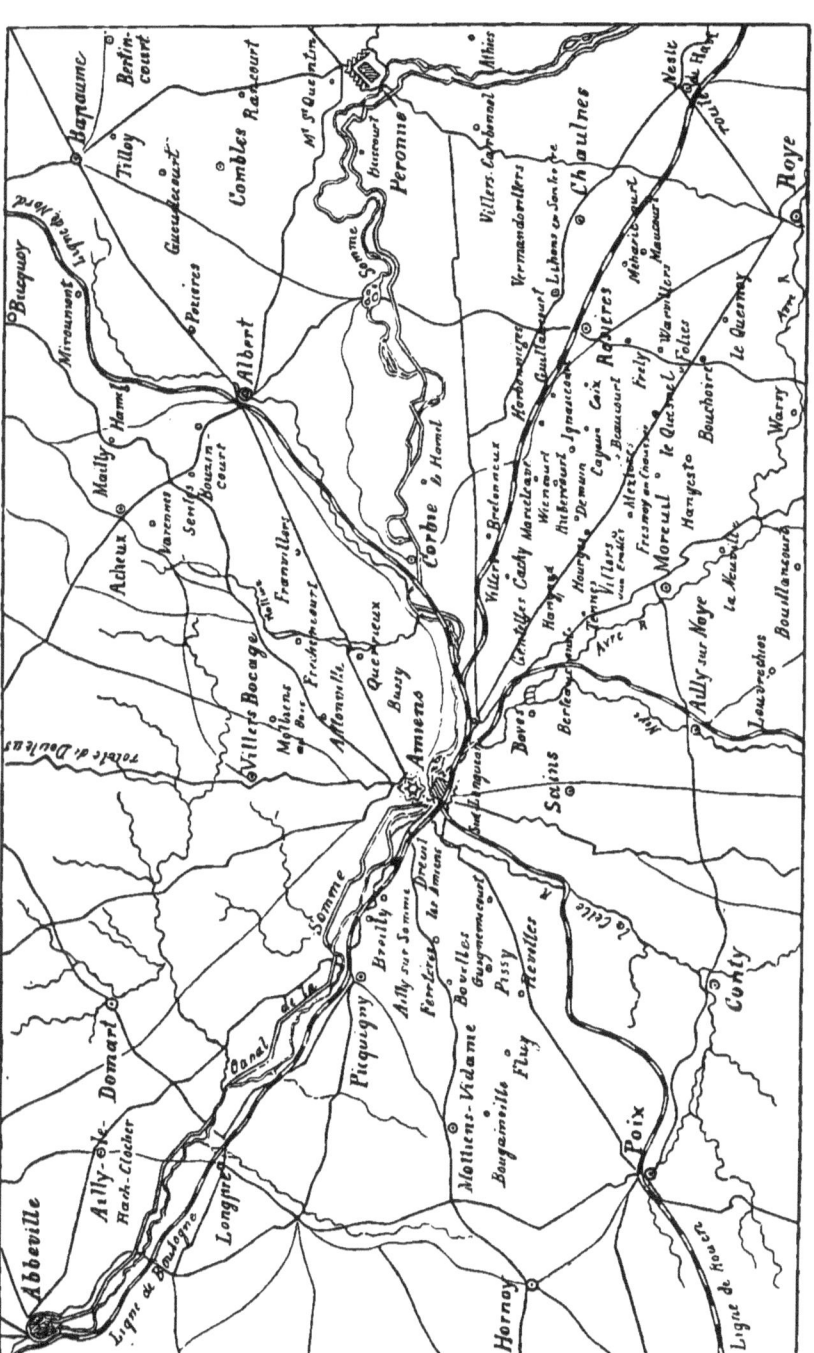

www.ingramcontent.com/pod-product-compliance
Lightning Source LLC
Chambersburg PA
CBHW020756230426
43666CB00007B/717